코미디언 엄영수의

연예 비사,

남기고 싶은 이야기

연예 비사,
남기고 싶은 이야기

펴 낸 날 2025년 07월 31일

지 은 이 엄영수
펴 낸 이 이기성
기획편집 서해주, 이지희, 최인용, 권희연
표지디자인 서해주
책임마케팅 이수영, 김정훈
펴 낸 곳 도서출판 생각나눔
출판등록 제 2018-000288호
주 소 경기도 고양시 덕양구 청초로 66, 덕은리버워크 B동 1708호, 1709호
전 화 02-325-5100
팩 스 02-325-5101
홈페이지 www.생각나눔.kr
이 메 일 bookmain@think-book.com

• 책값은 표시 뒷면에 표기되어 있습니다.
 ISBN 979-11-7048-902-3 (03810)

연예비사,

남기고 싶은 이야기

엄영수 에세이

웃기고도 뼈 있는 이야기,
그 누구도 몰랐던 진짜 연예계 비사

생각나눔

추천사

전유성

"엄영수,
자기 일을 사랑하고 남의 일도 사랑하는 사람"

아주 오래전 일이다. 엄영수가 아침에 전화를 했다. (데뷔한 지 8년인가, 12년인가? 확실치 않은데.) 전화를 건 용건은 처음으로 일이 없는 날이 생겼다는 거다. 나는 일하는 날이 일주일에 한두 번, 노는 날이 대여섯 번인데 말이다. 정말 모처럼 만에 쉬는 날이라서 뭘 해야 좋을지 몰라서 전화를 했단다. 그래, 노는 날이 더 많던 나는 그럼 북한산에나 놀러 가자고 했다. 차편도 생각 안 나는데 어찌어찌 북한산 어딘가에 올랐다. 엄영수가 늘 가지고 다니던 녹음기를 꺼내 들더니 산에 놀러 온 사람들을 인터뷰하기 시작한다.

"자주 올라오세요? 올라오니까 기분이 어때요? 누구랑 같이 왔어요?" 등등을 물어보더니 "그럼 큰소리로 야호! 한번 외쳐주세요!" 하는 거다. 몇 년 만에 쉰다면서 바로 일을 시작하는 거다.

그뿐이 아니다. 산에서 내려오는데 김삿갓 복장을 한 사람이 색소폰을 불면서 술집인가, 밥집인가? 광고지를 나눠주는 거다. 다시 한번 녹음기를 꺼내든 엄영수.

"색소폰은 언제부터 불기 시작했나요? 왜 하필이면 김삿갓 복장인가요? 이렇게 광고하니까 손님들이 늘어나던가요?"

"네, 늘어났답니다. 지금 라디오를 들으시는 가게 사장님들, 참고하시기 바랍니다."

몇 년 만에 놀면서도 몇 건 올리는 부지런한 엄영수.

언젠가는 둘이 남이섬에 놀러 갔는데 남이섬을 건너가는 방법은 두 가지다. 남이섬 입장권을 사서 남이섬에서 공짜로 태워주는 단체선 타는 방법과 입장권을 구매 후 모터보트 업자들에게 제법 큰 돈 주고 사재로 건너는 두 가지 방법이었다. 단체선을 타고 남이섬으로 건너간 우리는 거기서 뭐 했는지는 지금 생각 안 나고, 나오려는데 모터보트 선착장으로 보트 선장이 우리를 태워주러 건너왔단다. 평상시 엄영수의 팬이라는 선장 아저씨는 우리를 집으로 초대하여(특별히 준비한 민물회도 있었던 거 같다.) 음식 대접을 해줬다. 엄영수 팬에게 거하게 얻어먹고 마시고 했다.

나중에 선장도 엄 씨였고 엄영수에게 돈을 빌려달라고 연락이 왔단다. 이 선장 아저씨를 나쁘게 말하려는 게 아니다. 엄영수는 방송국에서도 동료들에게 돈 잘 빌려주기로 소문이 났었다. 케이비에스 방송국 근처 빌딩 입구에서 라이터 장사하는 분도, 심지어는 엠비시 의상실인가? 소품실에서 일하는 아주머니도 돈을 빌려줬단다. 남들이 빌려달라고 하면 거절하지 못하는 성격이라서 자기가 정작 큰돈 쓸 일이 생기면 은행에 대출받으러 다니던 엄영수다. 어느 해, 연말 개그맨들끼리 송년회 자리에서 개그맨들이 뽑는 우정상에 엄영수가 뽑혔다. 기분 좋다고 돈 빌려준 거 적어놓은 노드를 불살라버리고 없던 일로 하겠다던 엄영수.

엄영수가 코미디언 협회장을 종신으로 할 뻔하기도 했다. 그만큼 책임감 있고, 인정이 많았다는 이야기다.

할 말은 태산 같지만 이만 줄인다. 책 내용보다 길어질까 봐 두렵다.

전유성

연재를 마치며…

엄영수

"코미디언이 칼럼을 쓴다니 웃길 거야!"
"다음엔 뭔가 색다른 게 실리겠지?"
"더 화끈한 비사가 폭로될 거야!"

속는 줄 알면서도 기대를 걸고 지난 일 년간 열심히 구독해 주신 LA 조선일보 팬 여러분께 감사의 인사 말씀을 전해드립니다. 유명인과 스타들의 삶과 진실, 흥미로운 일화와 오랜 세월 비밀로 간직해온 이야기를 충실히 전하려 노력했으나, 기대에 미치지 못한 채 아쉬운 작별의 인사를 올리게 됐습니다.

LA 조선일보 이기욱 회장님께서 "엄영수 씨는 다양한 삶과 파란만장한 일을 많이 겪으셨으니 남에게 들려줄 이야기가 많을 것입니다."

"우리 신문에 칼럼을 한번 써보시면 어떨까요?" 권유와 배려에 대해서 "글을 써서 발표해본 경험도 없고, LA 독자들 수준에 맞추지 못해 신문사에 폐를 끼칠지도 모릅니다."

엊그제 이러한 대화를 나누며 두려움 반, 망설임 반으로 시작한 칼럼이 연예계 비사라는 또 하나의 작품으로 남게 됐습니다.

열성적으로 제작에 임해주신 조선일보 가족 여러분께 고마움의 말씀을 드립니다. 연재됐던 글은 양심의 소리로서 듣는 이에게 큰 울림을 줄 것이며, 평생의 교훈이 될 것입니다. 이를 널리 알리고 보전하기 위해 곧 책자를 만들 것이며, LA와 서울에서 출판기념회를 가질 예정입니다. 그간 성원해주신 독자 여러분, 교민 여러분도 초청하여 공연과 함께 즐거운 축제의 자리를 마련하겠습니다. 한국에서는 전국을 돌며 책을 읽는 국민, 책을 읽는 국가가 잘산다는 주제로 코미디 북 콘서트를 개최할 것입니다.

옛날부터 사람들은 책을 잘 읽지 않았습니다. 지금에 와서는 더욱 심해졌습니다. 책은 계속 쏟아져 나오지만, 읽는 사람을 쉽게 볼 수 없습니다. 그러나 우리가 보지 못하는 곳에서 꾸준히 읽는 사람이 있었고, 그러한 사람들로 인하여 우리는 세계 10강 이내의 국가가 되었습니다. 다시 독서 붐을 조성하고 책을 읽도록 하여 제2의 도약을 이뤄야 할 때입니다. 모바일 시대에 와서 글은 천대받고 책을 멀리하면서 오직 전화기 영상에만 몰두해 있습니다. 우리의 영혼을 핸드폰에 맡기고 다닙니다. 위험한 도로, 횡단보도를 지날 때도, 층계를 오르내리면서도, 운전을 하면서도 화면에 중독되어 있습니다. 이런 시대에 글을 쓴다는 것이 맞는 일인지는 모르겠으나, 칼럼 쓰기를 이미 시작한 바에 계속해서 이 길을 가겠습니다. 노후까지 방송에서 버틸 힘을 글쓰기에서 얻고 꿋꿋하게 버텨 나가겠습니다. LA 조선일보 팬 여러분께 다시 한 번 감사드립니다.

엄영수

Contents

제1장 LA 조선일보 인터뷰

제2장 국내 인터뷰

Uhm Young Soo

어디로 튈지 아무도 모른다.

그냥 서있기만 했다.

밀어주고 아껴주고 빛내주고 주변에서 만들어 줬다.

이쯤 되면 가히 하늘에서 낸 사람이라 해야 되지 않겠는가?

어떤 경우도 절망하지 말고 포기하지 말아야 한다.

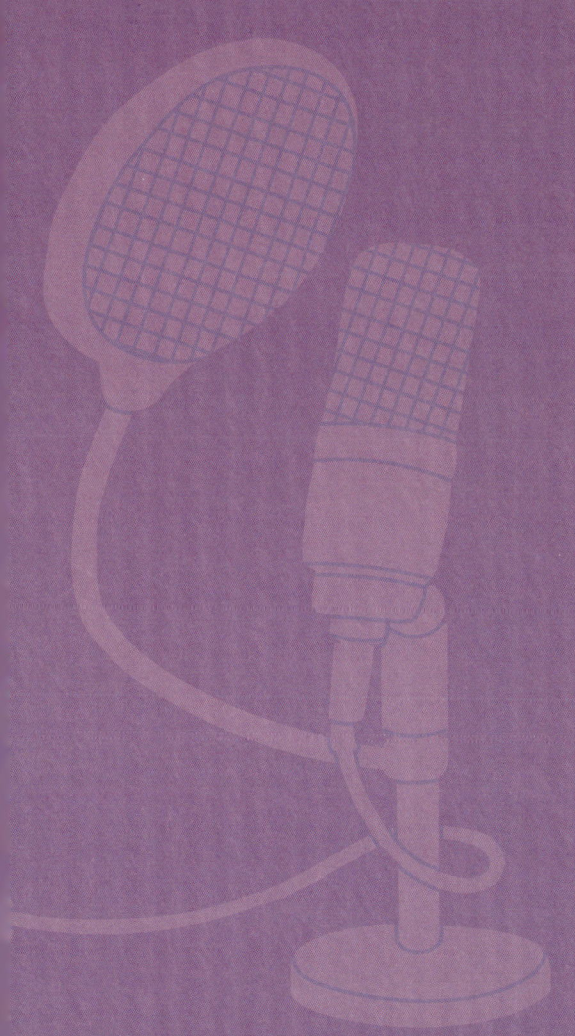

제1장 · LA 조선일보 인터뷰

거꾸로 태어난
화성인

남수원사람들은 발가벗고 100리를 뛴다는 말이 전해오
는데, 칭찬인지(생활력이 강하다) 비난인지(목적을 위해 물불 안 가린다)는 몰
라도 하여튼 경기도 화성시 향남읍 평리 101번지. 바로 그 남수원에서
1952년 8월 8일 저녁 6·25사변 통에 태어나다가 한쪽 발이 걸려서 난
산 출혈이 심해져 산모가 위험했다. 사산아를 낳아야 한다는 의사에
맞서 어머님이 아이를 죽일 수 없다며 극렬 저항을 했다. 과다출혈로
혼절하니 완전히 맥이 풀려 쓰러졌다.

기다렸다는 듯이 그 틈을 타고 튀어나와 세상 땅을 밟은 이가 있어
그를 엄영수라 한다. 세상을 변화시킨 위인들의 출생 신화와 거의 근
접하지 않는가? 어머님 실신하지 않았으면 난 죽었을 것이다. 어머님의
지혜 감사드린다. 어머님! 이럴 때 나오는 노래, 「불효자는 울지 않습니
다!」 계산으로 합니다.

산모와 갓난아이는 출산 후, 후유증 때문에 건강이 극도로 악화된
상황이었다. 죽을 것 같아 출생신고를 미뤘는데 1년이 지난 후에 죽지
않고 똘망하게 숨을 쉬니 그제야 1953년생으로 신고가 돼서 1년 더
산다. 득 봤다. 현명한 아버님께도 감사드린다. 유년시절 순 미제유치원
을 다녔다. 인근 미군 부대에서 천막, 시소, 그네, 풍금을 전부 미제로

공수했다. 우리 시대에 초호화 특수국제유치원 다닌 사람 별로 없다.

어머니께서 우측 사강에 조용필이 살고 좌측 오산에 차범근이 살고 앞 조암에 조항조가 살고 뒤 정남에 박지성이 사는 바로 그 동네 정중앙에 측량도 안 해보고 발안 땅 명당자리를 찾아 나를 낳으셨다. 중앙에서 둘러보니 대스타들의 어린 시절 생활을 바로 커닝하게 돼 그대로 흉내 내서 살았

팽리 마을이장 20년 근속
엄문구(아버지), 김창인(어머니)

더니, 약간의 스타성이 생겼는데 그 덕분에 이렇게 개그맨이라도 해서 먹고사는 것이다. 우리 동네 주변에 살던 한국의 최고 스타분들 더없이 고맙다.

어머님은 천재셨다. 맹모삼천지교를 단 한 번의 이사도 없이 실천하셨다. 발안 초·중·고 학창시절에 우등생 모범생 수석입학 학생회장 반장만 해도 되는데 욕심이 많았다. 가출, 재수강, 자퇴, 휴학, 재입학 할 건 원 없이 다했다.

대학에 가자마자 사고를 친다. 데모에 앞장서고 민주화한답시고 독립군인 양 나

중학생 시절

라를 구할 것처럼 나대고 설치다가 육군에 입대했다. 소양강 줄기 타고 올라가서 인제 가면 언제 오냐는 인제 땅에 떨어졌다.

향로봉 밑 진부령에 근무할 때 강○○ 중위에게 안 죽을 때까지 맞았

는데 그래서 결국은 안 죽었다. 가슴을 너무 맞아서 온몸이 새까맣게 멍이 들었다. 치료를 받았고 의무지대장이 위험 상황이라고 대대장에게 보고까지 했다. 당시 대대장은 10·26사태 가담으로 사형 선고를 받은 김재규 중앙정보부장 수행비서관이었던 박흥주 대령이었다. 자상하고 온화한 분이었다. "엄 병장 전방에 와서 고생한다. 많이 아픈가?" 위로와 격려였다. 사실대로 답했다. "죽지는 않을 것 같습니다."

전방 자매부대 훈련

좀 더 인간적인 사회가 되면 미투, 학폭에 이어 군폭도 까발려야 한다. 왜 가장 중요한 군폭에 대해서는 침묵하는가? 강 중위, 오래 살아서 한번 만나고 싶다. 강○○이라고 쓴 것은 명예훼손 문제로 겁이 나서 감춘 게 아니다. 그날 머리도 많이 맞아서 기억력이 떨어졌다. 죽기 전에 반드시 이름을 기억해 내야 하는데….

강 중위가 투스타까지 진급했다는 얘기 전해 듣고서 연예인이지만 스타가 되고 싶은 생각을 접었다. 때린 놈은 투스타가 되는데 맞은 놈은 원스타도 못 된다. 세상이 그렇다.

한번 따져보자. 개구리복 갈아입으며 살아 나왔으니 일단은 성공이다. 제대할 때는 누구나 천하가 내 것 같고 무슨 일이든 큰일 할 것 같은 자신감이 있었는데 정말 큰일을 치렀다.

바로 서울시청 쓰레기 운반차에 치여서 그것도 왕십리서 발등 깨지고 엄지가 날아가는 병생의 장애를 입게 된다. 의사 선생님 잘 만나 그래도 표시 안 나게 절지 않고 잘 걷게 되어 불행 중 다행이다.

81년 MBC 개그콘테스트에서 금상을 받아 방송에 데뷔했는데, 그때 벌써 29세 개그맨 할배 한계 연령이었다. 최양락, 이경규, 김보화, 이상운, 김정렬, 김종국, 어린 것들과 MBC 1기 동기가 됐다.

내가 태어나고 자란 내 고향 화성, 세계적인 갯벌로 유명하고 제암리 3·1 운동 유적지가 있고 매향리 미군 사격장이 남북 분단의 아픔 민족의 한을 말해준다.

고물 장수 아버님 때문에 전투기 야간 사격 시 조명탄 불빛 아래서 포탄 껍질 주우며 사선을 넘나들었는데, 당당하게 안 죽고 멀쩡하다. 동작이 빨랐던 거다. 초음속 전투기를 보고 배웠다. 그래서 다다다다 하는 말재주가 생겼고 말이 매우 빨라졌다. 빨라도 다 알아듣게 정확히 발음하는 기술이다.

훌륭한 코미디언이 되려면 어릴 때 꿈을 많이 갖고 자연 환경 속에서 휴머니즘을 익혀야 한다. 대가족제도의 인간관계는 매우 중요하다. 될 수 있는 한 온천지를 돌아다니며 다양한 꿈을 많이 꾸어야 한다.

초등학교 시절 넝마주이를 한 경험으로 도시로 가출하여 스스로 자립한 개척정신, 이런 것들이 경쟁력을 키웠다고 생각한다. 엄청나게 발전하는 명품도시 화성의 아들 엄영수가 하는 일이 무엇인가? 물론 화성시 홍보대사 당연하고, 한국방송코미디언협회장 13년. 그 전에 KBS, MBC, SBS 코미디언 연합회장 11년, 합계 24년 협회장을 했고 지금도 하는 중인데 금년에 선거가 있다. 신거하면 또 된다. 종신, 나만 하는 것이다.

초등학교 졸업 '큰형'과 함께

900명 코미디언이 대부분 가난하다. 방송은 겨우 150명만 하니까 나머지는 실업자다. 회비를 걷을 수 없다. 협회 살림을 하려면 엄청난 비용이 드는데 회장이 하는 업무 중에 가장 큰 업무는 자금 마련이다. 24년간 회원 기부를 한 푼도 못 받았는데 최근에 작고하신 송해 선생님 유가족이 1억, 강호동 개그맨 2억, 김구라 1천, 안영미 3천을 협회에 기부했다. 계속 성금이 답지하고 있다. 희망적이다. 이참에 코미디센터를 건립하는 것은 어떨까? 너무 나갔다면 좀 참았다 하겠다. 방송국에 와서 한 일이 좀 있다.

방송문화예술단체 중 가장 늦게 2010년에 유인촌 문광부 장관의 협조를 받아 코미디언협회를 만들었다. 코미디언 실 안에 집합 문화를 청산해서 폭력 선배를 탄핵해 후배들을 편하게 해주었고, 기수문화 폐지해서 나이 든 코미디언 예우에 앞장섰다.

어려운 사람 수술도 시켜주고 생활비도 조달해 주었다. 코미디언협회에 셀프 기부를 하여 3억 3000만 원의 헌금도 했다. 그래서 노후자금 없고 살림 거덜 났다. 나라를 일으킨다는 신념으로 전립선 약하신 분에 전속 회사에서 제가 선전하고 있는 쏘팔매토 코사놀 킹파워골드를 100세트 지원받아 전립선을 바로 세워주었다.

돈이 없어 가발 못 쓰는 사람에게 내가 촬영 때 한두 번 사용했던 거지만 새것이나 다름없는 가발 또 신형 새 가발을 합쳐서 50여 명에게 새 생명을 주었다. 머리를 줬으니까 대단한 일이다.

3번의 결혼에 성공했고 두 번의 이혼에 성공했고 계속 성공 신화를 이어가며, 허준영 경찰청장 시절에는 경찰청이 선정한 바른 가정 지킴이로 선정됐다나 어쨌다나? 이유는 헤어져도 늘 살던 집을 그대로 지키고 산다고…. 그것보다는 남자들이 헤어지면 쫓겨나고 열악해지고 좌절하는데, 별 탈 없이 살던 집에 변함없이 집 잘 지키고 재기하니까 격려 차원에서 했던 거 같다….

갈 때가 다가오는 것을 문득문득 느끼는 70을 넘어서면서 징검다리 건너듯 살아온 길을 대충 돌아보았다. 한 개그맨이 겪은 연예계 50년 동안의 희로애락을 갖고 가봐야 천국에서는 짐만 되고 쓸데도 없을 것이라 연예계 야사, 비사, 아사 모두 털어놓고 가볍게 가고 싶다.

LA서 하려는 건 국내에서 계기가 없었을 뿐이지 LA건 서울이건 장소가 아니라 재미가 문제다. 공개되지 않은 부조리, 살면서 나만이 느끼는 아쉬움, 주고받으면 웃음이 나올 것 같은 이야기, 떠도는 이야기 남기고 싶은 미담을 모아보겠다. 사력을 다하지 않아도 어차피 인생은 매일 조금씩 깨져가고 있으니 생력을 다해 살려 보려한다.

많은 기대와 성원을 부탁드린다. 지면을 내주신 LA 조선에 감사드린다.

월드컵 코미디언
김형곤

김형곤은 1981년부터 25년간 긴 세월을 KBS 개그맨 실에서 생사고락을 같이 한 개그맨 동지이고 우정어린 절친 후배이며 한 가족처럼 애증의 세월을 함께한 사이였다. KBS 개그프로그램『유머 1번지』1주일 일정을 살펴보면 대본 만들기 아이디어회의 1일, 소재가 모자라면 추가 1일, 대본연습 1일, 본 녹화 1일, 야외녹화 1일, 추가녹화 및 더빙 1일이다. 적어도 일주일에 4일 많게는 6일을 서로 만나야 한다.

그리고 밤마다 8시에는 강남 성인코미디 클럽에서 주인 김형곤과 연기자 엄영수로 다시 만나 공연한다. 그뿐인가 지방공연, 해외공연, 각종 이벤트, 특집녹화, 1년 365일 줄곧 만나니 같이 사는 것과 무엇이 다른가? 개그맨 실은 가로세로 3m가 안 되는 작은 방인데 예전 TBC 시절 여성 톱 탤런트 1인 녹화 개인 대기실이었다고 한다.

$3 \times 3 = 9m^2$ 가 안 되는 좁은 곳에서 화장실 면적을 빼면 너무 작은 초라한 방인데 여기서 적게는 26명 많게는 50~60명의 개그맨이 부딪치고 생활했으니 80년대 개그맨 연기자가 어떤 대우를 받고 작업을 했는지 짐작할 수 있겠다. 활동이 왕성한 젊은이들이 전 프로에 나가 활약을 하는 터인데 코미디언 실에 정식 입성을 아직 못했고 떠돌이로 개그맨끼리 뭉쳐 다녔다.

아마추어에 가까운 가장 낮은 등급의 출연료를 받았다. 우리에게는 특별출연료도 후원금도 없었다. 가리지 않고 주는 대로 받고 시키는 대로 일해 시청률을 올려놓은 성과도 있는데 탤런트 한 분이 쓰던 방에 개그맨 전체가 생활한다니 서글펐다. 김형곤은 스탠딩코미디의 달인이었다 시사 문제, 토크쇼를 특히나 잘했는데 항상 준비가 철저했다. 개그맨 중에 신문잡지, 신간 도서를 제일 많이 읽고 보는 사람이고 유명한 노래나 시, 영화는 바로바로 자기 것을 만들어 사회변화 그 흐름을 훤하게 뚫어보고 있었다.

유머1번지 '회장님 우리 회장님' 녹화 중에

　같이 파트너가 되어 많은 공연을 했는데 항상 내가 받쳐주었고 웃기는 역할은 김형곤의 몫이었다. 우리가 오래갈 수 있었던 이유는 나를 MBC에서 KBS로 영입하는데 일등공신이 김형곤이었고 1980년대에는 MBC, KBS 방송국간 교류가 금지돼 있었고 서로 경쟁과 견제가 심하여 상대방송국에 출연하면 출연 정지를 때렸다. 연기자가 자유롭게 프로그램을 선택할 수 있는 권리가 없었다. 전속금 없이 전속을 강제하고 명목 없이 아무 때나 바로 아웃시킬 수 있다. 그 살벌한 시대에 나는 KBS『유머 1번지』, MBC『청춘 만세』두 프로를 다했다는 것은 행운이었으며 적국의 경쟁 상대에서 같은 프로그램의 동지가 된 유일한 개그맨이 되었다. 물론 김형곤의 덕이었다.

유머 1번지 녹화중에 심형래와 함께

나이 들어 개그맨이 되니 기수문화, 서열 중심인 방송국 분위기 때문에 어린 사람들과 거리가 있었다. 그렇다고 신인이 나를 대우해 달라고 할 수도 없지 않은가? 김형곤이 한 방에 해결했다.

"엄영수 형은 늦깎이로 데뷔해서 나이가 많은 분이다. 지금 여러 프로에서 두각을 나타내고 있지만, 항상 겸손하고 예의 바른 분이다. 내가 오늘부터 형님으로 깍듯이 모시니 여러분도 그렇게 해달라 실장으로서 부탁한다."

어느 날 김형곤이 우리 사무실을 찾아왔다.

"영수형! 미국 월드컵 응원 가자. 애국애족도 해야지. 내가 단장인데 형이 부단장 해. 월드컵 조직위원회 와. 내가 얘기가 다 돼 있어. 협찬

사인 건설사와 스포츠용품사가 세계 중계 방송에 나간다니까 형수도 같이 가자. 돈 좀 벌 거야."

바로 OK 했다 우리는 계약서도 필요 없이 모든 일은 말이 법이었다. 내용은 이렇다. '제15회 미국월드컵 1994년 6.7~7.17 응원 경유지 LA-라스베이거스-보스턴-뉴욕-댈러스. 응원단 연예인출연 김형곤, 엄영수 부부, 심형래 부부, 양종철, 변진섭, 최성수, 서인석, 협찬OO건설 2억 원, OO스포츠용품사 응원복 10

미국 월드컵 응원복장 (보스턴 경기전)

가마, KAL 대형 보잉점보제트기 2대 전세기, 응원관광단 1,000명 모집.' 다음 날부터 국내 주요 전 일간지에 5단 광고가 나기 시작했다. 김형곤이 이제 국제적인 일에 기획 솜씨를 발휘하기 시작했다.

역시 김형곤! 과연 김형곤! 그래, 김형곤이었다. 김형곤은 그간의 행적이 보통사람은 아니었다.

코미디 클럽을 만들기 시작해서 '트랜스젠더 게이 성인클럽', '연예기획사 비룡 그룹' 설립, 「회장님 회장님 우리회장님」 대학로 장기 연극공연 3년 성공, 영화 제작, 미국 전역 순회공연, 전국 유명 호텔 순회공연 수익금 시설기증, 하는 일마다 성공적이었다. 내가 미국 월드컵 축구 한국팀 응원을 위해 부부 동반으로 참가한다니 꿈만 같았다. 현지까지 가서 직접 축구단 응원하는 것도 감격스럽고 영광인데, 거기에 라스베이거스 가서 쇼도 보고 관광도 하고 보람된 일을 한다는 데에 너무나 기분이 좋았다.

드디어 관광단 모집이 마감되고 발표를 보니 너무나 쇼크! 경악을 금치 못했다. 참가자가 분명 0명은 아니다. 있기는 있다. 몇 명인지 당일 봐야 한다. 너무 적으면 재미없어 그 몇 명마저도 포기할 것 같다고 한다. 아니 이럴 수가 있나? 응원단이 천 명이 넘으면 어떻게 하나? 걱정을 했었는데 우리가 인기가 없어서? 누가 방해를 해서? 국제적으로 무슨 사건이 생겨서? 여행사는 점보기가 뜨기도 전에 부도가 나서 파산을 했다고 한다. 그래도 가기는 간다. 남은 한두 명 때문에 어쩔 수 없이 간다.

미국은 예약을 미리 하면 대폭 할인을 해주는 제도가 있어 미국 항공사, 버스 회사가 호텔에 전액을 현금으로 오래전에 지급한 결과다. 완전 참패, 이런 망신이 있나? 미국에 응원 간다고 자랑하고 다녔고 고정프로그램 녹화도 한 달 이상 빠진다고 양해를 받아냈는데, 받기로 했던 출연료는 못 받는 것은 물론, 오히려 응원 관광비를 500만 원을 내야 했다. 내 연예인 생활 중 이런 수모, 이런 적자는 처음 있는 일이었다. 응원단 없이 응원을 가다니, 기가 막히다.

곧, 기사가 뜨고 거센 비난이 쏟아질 텐데 그래도 다행이다. 보도가 안 돼서 아직 아무도 모른다는 것, 경기장 가면 현지에는 미국 교민들이 전 지역에서 몰려올 것이고 미국인들까지 합세해서 응원하면 어쨌든 응원은 될 것 같으니, 그런대로 돈은 못 벌어도 체면 유지는 할 수 있지 않을까? 미국이 우리에게는 멀고도 가까운 나라라더니 정말 실감이 난다.

월드컵 조직위원회와 얘기가 돼서 중계방송에 넣어준다는 조건으로 스포츠용품 회사에서 유니폼을 받았고 건설 회사에서 돈도 받았는데, 이것 또한 중계가 안 되면 물어내야 할 텐데? 걱정이 생겼다. 비행기를 타고 미국에 오면서 물었다.

"중계는 어떻게 되나? 조직위와는 확실히 약속했나?"

조심스러웠다. 김형곤이 한 번도 이 문제로 고민하거나 통화하는걸 못 봤고 내게 아무 얘기도 없었다.

"영수형 내가 조직위가 어디 있는 줄 알기를 해, 보기를 했어? 근데 안심해. 축구란 거 중계하다 보면 공 차는 것, 패스, 숏 이런 거밖엔 없잖아? 짜증이 난다고, 뭐 꺼리가 없을까? 카메라가 특이한 장면을 찾으려고 별수단을 다 쓰거든. 그때 하얀 옷을 입은 사람들이 단체로 통일해 갖고 모여서 질서 있게 응원하면 카메라가 틀림없이 온다니까? 영수형이 왼쪽, 내가 오른쪽. 올챙이 춤을 유도하면 사람들이 따라 한다니까? 옷 공짜로 나눠주면 미국도 공짜 좋아해."

운동복이 한 벌 생기는데 훌렁훌렁 벗고 신나서 즉석에서 갈아입고 올챙이 춤 난리가 난다.

"카메라 앞으로 펄쩍펄쩍 뛰면 가슴에 새긴 광고 문구가 세계로 나

그랜드케니언에서

간다? 나간다니까? 보라구. 한국 교민들 분위기에 감격해 잘 따라와 여기 사람들은 순진해 아무 걱정 마. 그리고 경기장 전체가 중계되면 우린 분명 운동장에 있었고 응원을 했잖아? 카메라가 작게 비춰서 그림이 작아서 못 찾았거나 빨리 스쳐서 못 봤으면 자기들 눈이 잘못된 거지. 왜 우리가 책임을 져야 해? 화면 안에 작더래도 다 있기는 있었잖아. 맞지?"

노플로브럼 노플로브럼. 전 경기장을 위에서 잡는 부감 샷이 나가면 끝난 거라니까 그러네…? 졌다! 졌어! 역시 통 큰 김형곤! 대단한 대한의 아들! 봉이 김선달 정수동에 김삿갓의 후예 개그계의 최고 스타 김형곤의 이 코미디는 영원히 역사에 남는다. 어떻게 이렇게 기발한 생각을 했을까? 방송을 알고 기업을 알고 코미디를 알기 때문에 가능했다.

기업인들이 어떤 사람인가? 만에 하나 기업에 손해나는 일을 기업이 자처하겠나 깊은 생각을 한 것이다. 기업체 회장님들께서는 알면서도 젊은이들이 조국을 위해 응원 간다니 기왕이면 기분 좋게 보내준 거다. 기업의 사명이다 생각하고 격려차 속아주신 거다. 기업인 여러분 감사합니다.

조영남의
까여도 버텨라

       1981년 개그 프로 『청춘 만세』에서 다른 이유도 있었겠지만, 이삿짐 나르지 않았다고 잘렸다면 세상에 별일일 것이다. 그러나 그땐 그랬다.

  경쟁자가 하나씩 제거될 때마다 불안감에 시달렸을 동료들이 걱정됐다. 어차피 대중과의 승부 세계인데 개인에게 잘 보여서 편하게 가는 것이 국민을 웃기는데 무슨 도움이 되겠나? 죽을죄를 지었습니다. 한 번만 은혜를 베풀어 주시면 열심히 하겠습니다. 선처해 주십시오. 사과나 해명 반성할 틈도 주지 않고 내쳤다. 사고는 났다. 수습이 문제다.

  연기자 파리 목숨이란 말은 들었지만 이렇게 쉽게 빨리 허무하게 예고 없이 쫓겨날 줄이야….

  배역에서 제외됐다는 말은 고급스럽다. 우리 보통 하는 말로는 까였다고 한다. 정확한 용어로는 도중 하차했다. 사실을 말하면 개그맨은 개인기를 기르는 게 훨씬 더 빠른 길이다. 경쟁에서 살아남아아 해서 일하던 곳을 조용히 떠났다.

  당사자가 억울함을 토로하고 저항하면 그건 다혈질로 낙인 찍힌다. 구제 불능이 되는 것이다. 이 바닥에선 이런 경우 연기자 편에 서면 동시 패션으로 가는 거다. 연예계 방송계 그 많은 사람 중 구제와 위로를 위해 누구 하나도 나설 수 없도록 훈련이 잘 돼 있는 집단이다. 자신이 알아서 기는 거다. 남은 자들은 나보다 더 잘 알고 있다. 힘없고 결정적으로 기획사가 없는 사람들이 무엇을 어떻게 할 수 있단 말인가? 갑질 없는 동네가 있겠나?

권력은 쓰지 않으면 칼인 줄 모른다. 그러니까 있을 때 마구 휘두를 수밖에. 잘나가던 문화예술인이 하루아침에 아니 오후 4시 반쯤에 오밤중에 초저녁이면 어떤가? 점심에도 괜찮다. 그냥 아무 때나 이유 없이 사라지는 일을 우리는 수시로 볼 수 있다. 그리고 다들 쉽게 이야기해 버린다. 실력이 없어서 인간성이 나빠서 돈을 너무 밝혀서 남녀 간 이성 관계가 복잡해서 떠난 거라고…. 방송국 문은 언제나 열려있지만 떠나면 다시 돌아올 수 없다는 것을 안다. 위기가 왔다. 불과 1년 방송을 했고 아직 이름도 제대로 올리지 못했는데….

그 무렵에 최고의 전설적인 DJ 이종환 선생님과 「달려라 팔도강산」이란 라디오 프로그램을 하고 있었는데, 그 프로에 쓰려고 리포터 자격으로 뮤지컬 「에비타」를 연습 중인 조영남 형님을 찾아갔다. 서울극장 야간무대에 출연 중이었는데, 옆 삼겹살집에서 생에 처음으로 나의 우상을 만났다. 약간 이상으로 흥분 상태였다. 미국에서 신학대학을 마치고 귀국해 뮤지컬을 한다니 장안의 화제였다. 그래서 이종환 DJ가 리포터를 급파했고 인터뷰가 이루어졌다. 녹음 후, 형님·동생 인연을 맺은 기념으로 내게 금쪽같은 삶의 지침을 소주 한 잔에 안주로 곁들여 주었다.

"인생은 버티는 것이다. 버텨야 살아남는다."

대선배의 명언이다.

"일 년이면 수백 명의 탤런트, 가수, 코미디언이 쏟아져 나온다. 뽑으니까 뽑히는 것이다. 뽑힌 것은 시작일 뿐 버티는 자가 승리하는 것이다. 죽을 때까지 끝날 때까지 버텨라!"

멘토에 말씀대로 일터를 떠나 악착같이 죽을 각오를 하고 버텼다.

식음 전폐, 두문불출 투쟁이 시작된 건 다른 것은 아무것도 할 수 있는 게 없었다. 그렇게 버티기를 3일쯤하고 있을 때 KBS 개그맨 실장 김형곤이 찾아왔다.

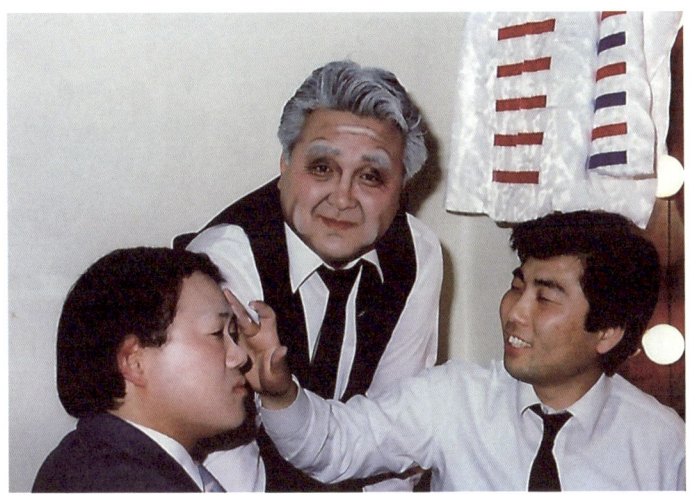

김형곤, 엄영수 – 유머 1번지 회장님 우리 회장님 녹화 분장실에서

"영수형! 큰 데 가서 놀자. 김 부장님이(『유머 1번지』 PD) 꼭 데려오래! 우린 방송망이 넓고 일이 많잖아? 가자고!"

의외였다. 너무 놀랐다. 김형곤을 몇 번 만난 적은 있었지만 친하지는 않았다. 데뷔하자마자 장두석과 『더불어 쇼! 젊음의 행진』에서 '돌찌개'로 인기스타가 되었고 『유머 1번지』 간판으로 KBS를 대표하는 연기자가 되었는데 특별한 재주를 보인 적도 없고 영입할 만큼 인기가 있는 것도 아닌 나를 위해 심부름을 다닐 군번은 아니었다. 혹시 나를 과대평가했던 것은 아닐까…?

『유미 1번지』에서 『청춘 만세』를 관찰하고 있다가 내가 방송에서 사라지자 사건이 생긴 것을 알고 신속히 스카우트 제의를 해온 것이다. 기적 같은 일이다. 다음 주부터 바로『유머 1번지』에 출연했고 거기서 심형래를 만났고『유모어극장』을 같이 했고「하룡 서당」코너로 대박이 났다. 임하룡, 심형래는 스타가 됐고 나는 거기 붙어 있었기 때문에 이름을 알리는 계기가 되었다.

영화 외계에서 온 우뢰매 일부 장면   영화 홍콩 할매 귀신 촬영장(할매귀신-엄영수)

유명세도 붙었고 돈도 벌었다. CF도 찍고 밤무대도 뛰게 됐다. 해외공연도 가고 내친김에 심형래와 영화「우뢰매」를 그리고 속편까지 찍었다. 자그마치 6편이나 나왔다. 이건 영화 역사상 처음 있는 일이다.「홍콩 할매 귀신」은 또 어땠나 주가가 뛰고 하는 것마다 대히트가 되어 그야말로 전성기를 맞았다. 인생이 뒤바뀌어 버렸다. 어제의 엄영수가 아니다.

만약『유머 1번지』에서 그때 부르지 않았으면 김형곤이 총대를 메지 않았으면 이삿짐 운반의 신성한 명령을 거부한 세상 물정 모르는 주책 없는 인간이 되어 은퇴 당했을 것이다. TV 화면에 나가 무엇을 하든 이 세상 어디에선가 누군가는 보고 있다. 그리고 기억한다. 연기자의 일거수일투족이 역사가 되고 재산이 된다.

보라! 각본을 쓰고 기획과 연출을 하여 꼭! 짜 맞춘 것처럼 지난 40년간 연속적으로 예기치 못한 일들이 들이닥쳐 코미디협회장 24년 근속까지 오게 했다. 그리고 어디로 튈지 아무도 모른다. 그냥 서있기만 했다. 밀어주고 아껴주고 빛내주고 주변에서 만들어 줬다. 이쯤 되면 가히 하늘에서 낸 사람이라 해야 되지 않겠는가? 어떤 경우도 절망하지 말고 포기하지 말아야 한다.

잘린 것은 행운이었다. 전화위복이 됐다. 잘리면 죽는 것이 그 시대의 방송 공식이었다. 잘리지 않으려고 수단 방법을 가리지 않았다.

그것이 방송 생태계를 오랫동안 낙후시켰다. 데뷔와 동시에 초짜 시절에 겁 없이 역행하며 지금까지 잘려왔고 버텨왔다.

『유머 1번지』개그맨은 경쟁 프로그램 『청춘 만세』개그맨보다 평균 연령이 10년 이상 젊었다. 『청춘 만세』는 노련했지만 젊은 피를 수혈하지 않으면 한계에 부딪힐 정도로 위험했다. 개그 프로는 젊어야 한다. 방송은 젊어야 살아남는다.

고맙다, 잘라줘서! 인생역전 은혜 주신 자르신 분 찾습니다! 잠실 13평 전세에서 내일 신길동 새로 지은 아파트로 이삿짐 나르러 가야 한다. 경험상 용역 회사에서 당당히 인건비 주고 인부를 쓴다. 웃겼다.

전시회에서 엄영수와 조영남

권노갑 고문의
건강 비결

　　　　현존하는 정치인 최고참이며 정치사에 가장 의리 있다. 지금까지도 바른 생활 밖에 다른 길을 모르는 모범적인 삶을 산다는 권노갑 고문의 생신 축하연이 2월 8일 PM 6시에 서울 클럽에서 축하객 일반인 정치인 등 200여 명이 자리 한 가운데 화기애애하게 진행되었다.

　공식의식 사회는 김민석 국회의원, 축하 공연 사회는 그간 생신을 비롯해 산수연, 미수연 사회했던 개그맨 엄영수가 맡았다.

　김대중 대통령의 영원한 그림자, 영원한 비서 민주당 평생 고문, 실세이지만 배후에 있었고 정치 전면에 나서는 일이 없었어도 영향력은 미치지 않는 곳이 없었다.

　정치인은 보통 청중에게 말하기를 좋아한다. 지지 세력을 만드는 것이다.

　직업상 당연한 일이다. 나도 코미디협회장 직책을 맡고 있어서 축사, 격려사, 기념사, 심사평, 치사, 소감 등 여러 가지 말을 하게 되는데 내용은 항상 10초 이내다.

　"훌륭한 분들께서 좋은 말씀하십니다. 저도 그렇습니다."

　축하차 왔다는 것만 보이고 내려오면 된다. 행사장은 어디를 가나?

시간이 늦어진다. 축사가 길어진다. 빨리 끝내주기를 바라는 바로 코앞의 민심도 제대로 읽지 못하고 무슨 큰일을 할 수 있단 말인가? 쓸데없는 말을 제발 절반만이라도 줄이자! 행사 시간을 줄여서 다른 참석자들 현장에 일찍 복귀해 산업 발전에 이바지하고 시간 없어 쩔쩔매는 밑에서 일하는 실무자들 일 좀 여유 있게 할 수 있도록 배려하자! 행사 시간 길어지면 그 틈새를 메꾸려고 과속하다가 교통사고도 자주 발생한다. 마이크를 장시간 독점하는 것은 민폐다. 국가적인 손실, 사회적 손해 비용을 따져서 말 많은 곳에 세금을 물려야 한다. 재미없는 말을 길게 하는 코미디언은 결국 퇴출당한다. 국회는 마이크 세를 제정하라!

권고문은 말을 듣기만 할 뿐 함부로 말을 하지 않는다. 언제나 말을 아낀다. 남의 말을 경청하는 것을 평생의 업으로 삼았다. 그래서 비서 고문을 평생 하고 있다. 주빈께서 참석 내빈을 한 분 한 분 소개하는데 그렇게 정확할 수가 없다. 듣는 분들이 모두 94세 노인께서 기억력이 어쩌면 저렇게 좋을까? 놀라움을 금치 못했다. 상대방의 이름, 인연을 맺은 이유, 현재의 직책, 예전에 있었던 일화, 주요 사건을 하나하나 상세히 열거하는 데에 참으로 신기한 일로 보였다. 정확한 발음, 넘치는 건강미, 맑은 목소리, 꼿꼿한 자세, 침착하고 여유 있는 모습, 젊음이 넘치는 기백, 100세 돌파는 시간문제고 120세까지도 문제없을 것 같다는 모든 축하객의 느낌이다. 90세만 넘으면 노인들께서는 걸음도 제대로 걷기 어렵고, 발음이 부정확하며, 앉아 있기도 쉬운 일이 아니다. 소개를 받은 영화배우 신영균 스타께서는 96세로 매일 권고문을 휘트니스 클럽에서 만나 꾸준히 운동하고 항상 좋은 생각을 하고 남의 애경사는 반드시 시간을 내어 챙겨서 가고 이웃과 대화를 끊임없이 하는 게 장수의 비결이라고 했다.

두 분을 보니 특징이 웃음이 그치지 아니했다. 권 고문께서는 미소가 얼굴에서 떠나지 않았고 신영균 스타께서는 너털웃음을 크게 지으면서 입장해서 떠날 때까지 계속 그렇게 크게 웃기만 하다 가셨다. 내가 인사를 올리니까, "그래 알아 알아, 하하하. 말 잘하지 잘해, 하하하. 응 좋아, 하하하." 웃기 위해 태어나신 것처럼 계속 웃어주셨다. 건강의 기본, 건강의 비결, 건강의 지킴이는 웃음이란 것을 다시 확인했다.

가수 남진 형님이 무대에서 과거를 회상했다. 권 고문께서 목포여고에 영어 선생님 재직 시, 남진 형님 사촌 누나 영어 과외 가정교사를 하셨는데 그때 모습이 영화배우 같으셨다. 처음에 팝송 가수로 출발해서 영어에 관심이 많을 때라 사촌 누나가 영어 공부하는 걸 여러 번 봤는데 어려운 영어를 쉽고 재미있게 강의를 하셨던 게 기억난다고 하였다. 권 고문께서는 목포의 남진 아버님께서 목포일보 회장, 국회의원, 양조 회사 회장이었는데 국회의원은 이제 젊은 사람이 해야 한다며 시대가 바뀌었다고 불출마선언으로 김대중 후보를 밀어주지 않았으면 김대중 대통령이 탄생하기 어려웠을 것이라고 화답했다. 정보기관에 끌려가서 물고문을 가장 많이 당한 것이 김옥두 총장과 자신이었는데 물을 먹여서 거꾸로 매달아 놓으면 죽음이 오는 것이 보였고 '아, 이제 죽는구나.' 하는 실감이 났지만, 반드시 살아나가서 하려던 일들을 끝까지 할 것이란 결의를 다졌다고 했다. 포기하지 않고 버티는 정신력이 매우 강한 분이다. 권투 선수로 3등을 하는 바람에 3회 런던 올림픽을 못 나갔고 운동으로는 먹고살기 힘든 시절이었기에 영어 공부로 전환해서 영어 선생이 됐으며 복싱뿐 아니라, 육상·축구·배구·농구 등 만능 운동선수였고 꾸준히 공부를 병행했다고 전했다.

건강을 위해 오랫동안 골프를 즐겨왔는데, 드라이버 잘 치는 사람 만나면 그를 목표로 놓고 꾸준히 연습하여 반드시 비거리를 앞서나갔고 한 번도 도전에 실패한 적이 없으며 최근 국회의원 중 가장 멀리 나가는 두 사람을 추월하려고 밤낮으로 때리고 있으며 곧 따라잡을 것이라 예고하였다.

1월에도 가장 추운 날을 택해 여섯 번, 2월 초에 한 번, 올해 들어 벌써 일곱 번 라운딩했다. 드라이버 승부에 이기기 위해서는 만약 실수하거나 거리가 짧게 나면 공을 몇 개라도 더 놓고 다시 쳐서 악착같이 목표를 달성한다며, 이제 이 정도는 좀 봐줘야 할 나이 아닌가? 밝게 웃으시며 촌철살인 조크로 좌중을 폭소시키며 그야말로 웃음바다를 만들기도 했다.

묘기 대행진처럼 94세 고령에도 불구하고 천재나 신동처럼 한 치의 오차도 없이 축하객 소개와 과거의 추억 에피소드를 열변으로 들려주시던 권노갑 고문께서 연예인도 자세히 소개하였다.

"한국의 톱스타 최고의 인기 가수 요즘 가요제에 심사위원장을 전담하는 남진! 미녀 가수로 우리 행사에 자주 나와 아끼지 않고 봉사해주는 마음씨 착한 최유나! 세계적인 사회자 김대중 대통령 성대모사의 일인자 정치 개그의 달인…" 하고는 말이 끊겼다. 잠시 적막이 흘렀다. 안타까웠다. 일반인 같았으면 아무 일도 아니었다. 그렇게 되는 것이 오히려 당연한 일이다. 잠시 침묵이었었고 축하객은 애가 탔다. 다시 말이 이어졌다.

"엄영수 동지!"

바로 환호성을 지르며 일제히 박수가 두 배, 세 배로 디져 나왔다. 다 기억하셨는데 내 이름을 순간적으로 잊으셨다. 내 차례에서만 문제가 생겼다. 엄영수가 끼어서 사고가 터진 것이다. 흔히 있을 수 있는 일이라 문제는 아니다. 사실 지극히 정상인지도 모른다. 그러나 아쉬웠다. 내가 송해 선생이나 나훈아였으면 잊지 않고 바로 기억하실 건데 만약

다른 사람이 MC였으면 이런 사태가 나지 않았을 수도 있었지 않았나 큰 죄를 지은 것 같았다. 권노갑 고문님께 죄송했다. 아직 내가 많이 모자란다는 생각이다. 더 부지런히 더 많이 일해야 한다. 인생 스토리를 들으면서 모든 참석자가 감동하였으며 고문님에 대한 사랑과 존경이 충만하였다. 들으면 들을수록 배울 점이 많은 이 나라 어르신의 인간적인 매력에 흠뻑 빠져드는 시간이었다.

권노갑 고문님 만수무강 하십시오.

95회 생신 축하연에는 반드시 대스타가 되어서 돌아오겠습니다.

서세원의
'당신 실수한 거야!'

1981년 6월에 개그맨이 되어 MBC 『청춘 만세』에서 서세원, 김병조, 고영수 선배를 만난 것은 큰 행운이었다. 서세원과는 매주 아이디어 회의와 같은 코너 녹화를 했고 밤무대로 전국에 공연하러 다녔다. 그러다 보니 서세원 한남동 집에 자주 들리게 되었다.

서정희는 어떤 사람일까? 잠시라도 쉬는 법이 없다. 무엇인가 늘 일을 한다. 정리정돈을 하고 쓸고 닦고, 광을 내고 청소부나 다름없이 온종일 청소를 한다. 모든 물건을 그냥 놓아두는 게 아니다. 받침대를 설치하던지 덮개를 씌운다. 오늘은 이 방향으로 가구를 배치하고 내일은 또 다른 방향으로 놓고 계속 변화를 주고 무엇인가 새롭게 꾸민다. 살림꾼 서정희 차량 관리는 또 어떤가? 영하 13도 추운 겨울날이었다. 펄펄 끓는 물을 아파트 주차장에 갖고 내려가 뿌려대며 손 세차로 닦는데 얼음이 얼어 달라붙는다. 잘 닦일 것 같지만 닦으면 닦을수록 얼음이 계속 달라붙는다. 나중에는 차가 얼음덩어리로 뒤덮인다. 세차비를 아끼려고 애쓴다. 차에 잠시라도 먼지가 있어서는 안 된단다. 그에 못지않게 서세원도 열심히 웃겼다. 부지런히 온천지를 뛰었다. 2년이 못 되어서 나는 MBC 『청춘 만세』에서 쫓겨났고 KBS로 스카우트 되었다. 서세원과는 여기까지가 코미디 인연의 전부였다.

1980년대 초였나? 정윤희와 서세원이 데이트하는 걸 봤다. 보통 사이가 아닌 것 같다. 몰래 만나는 것을 목격했다. 제보가 신문사에 빗발쳤다고 한다. 당대 최고의 탤런트이며 영화배우인 정윤희와 개그맨으로 날로 인기가 치솟고 있는 서세원이 연인 사이가 된다는 것은 이루어질 수 없는 일이라 빅뉴스, 초대박 사건이 아니라 대형 사고라고 봐야 하지 않을까? 신문 기자는 사실확인에 들어갔다. 서세원은 평소처럼 하던 대로 했다. 이말 저말 거짓말하며 앞뒤가 안 맞는 말을 횡설수설 일부러 너스레를 떨었다. 마치 들켜서 사실을 은폐하려고 둘러대는 식으로 허점을 보였다. 나도 들었지만 정리가 안된다. 긍정도 부정도 아니고 변명도 설명도 아니다. 거짓도 진실도 아니었다. 장난기에 기자가 넘어갔지 않았겠나? 서세원, 정윤희 열애설이 퍼지면서 정윤희 측에서는 우리는 서세원 자체를 모른다. 만난 적도 없다, 책임을 묻겠다며 반발했다.

사실무근 가짜뉴스였다. 왜 이런 착각을 했을까? 서정희, 정윤희는 미인이다. 흑백 TV로 정윤희를 봤던 사람들이 스치듯 지나가는 서정희를 봤다면 정윤희로 착각할 수 있었겠다. 동의한다. 일단 서세원은 익히 안다. 미모의 여성을 만난다면 이는 분명 방송 연기자일 것이라고 예단할 것이라고 추정된다. 이 역시 동의한다. 그런데 아직 서정희는 이름도 얼굴도 많이 알려져 있지 않을 때였기에 사람들은 쉽게 정윤희라고 믿는다. 사람이 사람의 인상을 각인시키는 것은 3초 만에 결정이 난다고 하는데, 서세원이 일반인에게 서정희와 다니면서 3초 이상의 긴 시간을 방치할 만큼 주의력이 없는 사람은 절대 아니다. 이 역시 동의한다.

이 기사는 해프닝으로 마무리되었고, 양쪽에 큰 피해는 없었다. 어느 날 MBC 개그맨 연습실에 담당 PD가 신문을 들고 들어왔다. "세원아 내가 볼링을 시켜주면 한 달은 가야지, 또 사고를 쳤나? 너 이러다가는 그냥 간다. 내가 오늘 보내줄까?"라고 이야기했다. 스포츠 신문의 내용은 서세원, 서정희 동거설에 관한 기사였다. 서세원의 매니저가 거금을 달라고 협박하여 들어주지 않았더니 기자에게 발설하여 보도되었다는 것이다. 동거라는 단어가 나오면 사람들은 흥분한다. 한마디씩 못해서 안달이다. 사회악, 특정 범죄, 강력 범죄를 발견한 양 난리를 친다. 어떤 만남은 꼭 관계가 수상하다고 표현하는데 수상하다면 국가보안법이나 반공법을 위반했단 말인가? 우리 생활에 늘 있어도 별일 없는 일 아닌가? 그런데 왜들 그러나? 내가 못하니까 질투를 하는 것이다. 내 능력은 반성안 하고 남을 저주하는 것이 정상인가? 80년대 그때의 사회는 그랬다.

일단 기사가 뜨면 신문이 문제인지 아닌지는 따지지 않는다. 따져 볼 겨를이 없다. 내일 또다시 뜨는 기사를 막아야 한다. 즉각적인 반응을 보인다. 연기자를 프로그램에서 자르는 것이다. 도중 하차라고 하지만 강제 추방이다. 방송국은 항상 대중으로 핑계를 댄다. 연기자는 명심해야 한다. 대중은 항상 옳다. 그런데 결과를 보면 함량이 안되는 사람을 밀어서 스타를 만들기도 하고, 멀쩡한 스타를 하루아침에 끌어내려 바보를 만들기도 한다. 그래도 대중은 옳다. 대중은 책임이 없다. 대중의 뜻에 따라 살아남는다면 우리는 결국 대중에 의해 사육당하고 있는 것은 아닌가?

서세원만이 할 수 있는 특별한 재주가 있다. 임예진, 이택림이 MC인 『영11』에서 "예진이, 이리 와봐. 예진이는 참 아름드러워 너무 아름드럽다." 『영11』 젊은이들은 폭소 만발, 탄성을 울렸다. 역시 서세원다웠다. 아름다워+더럽다 = 아름드럽다. 서세원 특유의 감각이 묻어나는 단어를 개발한 것이다. 오랫동안 많은 책을 읽고 공부한 결과다. 이러한 발상이 누구에게나 즉흥적으로 생기는 것은 아니다.

구봉서 선생은 코미디계의 최고 인기인이며 최장 어른이시다. 수십년 연기를 해오신 백전노장 원로 선배이신데 이 앞에서 감히 새까만

초년생 후배가 "당신 지금 실수한 거야, 왜 하는 거야? 어디에다 대고 하는 거야? 또 하는 거야? 몰라잉. 나 지금 왜 그래 잉. 대단히 실례했시며~" 밉지 않게 치고 빠지는 기법 전혀 무례한 것 같지 않은 재미있게 넘어가는 기술은 수많은 작품을 보고 듣고 은연중에 몸에 밴 연기력 덕분이다. 무대에 등장할 때 등장인물은 물론 긴장하지만, 관객들도 누가 무엇을 할지 궁금하다. 그래서 무대가 열리면 잠시 침묵이 생긴다. 바로 그때 이 긴장을 푸는 비법도 가지고 있다. 별것도 아니지만 누가 먼저 시작했느냐가 중요하다. 흰 종이를 잘게 찢어서 갖고 있다가 무대에 조명이 비춰질 때 머리 위에 하얗게 뿌리며 나타난다. 꽃잎이 흩날리듯 흰 눈이 내리듯 보이면서 박수와 함성, 관심 집중으로 분위기를 반전시켜 무대를 주도한다.

서세원은 코미디에 어떤 영향을 주었는가? 서세원 토크쇼의 성공은 방송사가 앞다투어 토크쇼를 만드는 계기가 되었다. 토크쇼 하면 과거에는 아나운서가 사회를 보고 학자, 의사, 박사, 변호사, 유명인사 주제와 맞는 전문가들이 나와서 이야기를 나누는 것이 대부분이었다. 짜인 틀에 껴 맞춰 뻔한 얘기를 하니 재미가 없고, 자기 자랑 일색에 누구를 가르치려고 하니 짜증이 났다. 그 결과는 실패로 막을 내리는 것이다. 서세원은 달랐다. 대담자를 놓고 쇼를 하는 것이다. 치고 빠지고 들고 쑤시고 좌충우돌 확실히 재미있다. 무리할 때도 있지만 맥을 제대로 짚고 간다. 난감한 질문을 던져 당황하게도 하고 예상치 못한 공격으로 상대방의 아픈 곳을 건드린다. 한국 토크쇼의 방향을 새롭게 했다. 개그맨은 방송국에서 오랫동안 아마추어 취급을 받았다. 새로운 분야가 탄생했지만 무언가 1% 부족했다. 개그맨 애들이란 명칭으로 불렸다. 아마추어 출연료에 불과했던 대우를 받았고 18등급 중 최저등급인 18등급으로 시작해서 1년에 겨우 한 등급 정도 올라갈 뿐이었다.

PD로부터 출연 선택을 받으려고 방송국을 기웃거린다는 소리를 많이 들었다. 웃음의 보조 역할에서 주인공으로 바뀌었다. 1979년 선발된 TBC 1기인 서세원은 인기를 등에 업고 고액의 출연료를 요구했다. 프로로서 당당하게 입지를 다졌다. 개그맨의 중요성을 방송국은 인정하지 않을 수 없었다. 제도적으로 개그맨을 선발하는 대회도 열게 되고 개그맨 실도 따로 만들게 된다. 리포터

MBC라디오 서세원, 엄용수

로 패널로 초대 손님으로 진화해나가기 시작했다. 개그의 지평을 넓히고 한 차원 신분을 상승시키는 역할을 했다. 오늘날 공중파, 지상파를 막론하고 예능프로 중요한 토크쇼는 거의 개그맨들의 사회로 진행되고 있다. 다 저 잘나서 하는 것 같지만, 서세원이 그 토대를 닦았다. 아나운서, 전문사회자, 방송 프리랜서들의 몫이었던 MC를 개그맨을 쓰니 새롭고 재미있고 고정관념을 깨고 신선한 웃음을 준다는 것을 깨달았다. 거의 모든 프로에서 개그맨을 앞세워 성공했다.

서세원은 스피드광이다. 서울서 익산까지 1시간 다행히 사고는 없었다. 시속 180~190km 차량이 뜸한 심야의 일이었다. 말도 빠르고 쏟아붓는다. 생각도 행동도 따라갈 수 없었다. 그리고 너무 빨리 가버렸다 말리지도 못한 우리는 무엇을 했나? 미안하다 친구! 그대의 귀한 충고 고맙네, 죽는 날까지 새기며 살겠네!

당신 실수 한 거야?

역전!
숭그리당당의 부활

✱ 개그맨 서세원 작별 인사 드립니다

서세원의 장례식을 코미디협회장으로 한 것은 일반인의 여론조사와 회원들의 의견을 직접 전화통화로 확인해서 결정한 것이다. 언론 기관은 '여론조사를 충분히 했는가?' 알고 싶다. 보도가 다분히 편파적이지 않았나? 현재 사실보다도 옛날 영상, 옛날얘기에 매몰되어 사망한 서세원 또 죽이기 가족 간에 싸움 붙이기 가족 폄하하기에 더 많은 시간을 할애했다.

죽음보다 더한 형벌이 세상천지 어디에 있는가? 모든 잘못을 용서하고 그의 업적을 기려 달라 세상에 없는 사람 탓할 시간은 지나갔다. 증오와 저주도 있을 때 해야지 이젠 소용이 없다. 많은 의혹과 의심과 의문이 있다는 얘기만 하

심형래와 엄영수

지, 그것을 하나라도 밝히려 했는가? 우리 힘으로 할 수가 없다는 자백이라도 해야 하는 것 아닌가? 현지 사정이 여의치 않다. 파악하는데는 한계가 있다는 얘기는 누구나 할 수 있는 얘기다. 지나간 남의 가정사를 재탕, 삼탕하는 것밖에 무엇을 했나? 언론 기피증 언론 혐오증이 생길만하다. 그래서 영결식엔 일체의 언론 기관을 배제하고 비공개, 비방송으로 치른다는 결정을 했다.

김학래, 엄영수

한국방송코미디언협회는 방송하는 사람들의 모임이다. 시청자의 알 권리, 방송국의 보도 임무를 당연히 존중하고 협조해야 한다. 문 걸어 잠그고 비밀리에 한다면 그 비난은 코미디협회가 다 뒤집어 쓰게 된다. 그렇게 할 거면 왜 코미디협회장 했는가? 설득하지 못한 무능함도 비난을 면하기 어렵다. 떳떳하게 정당한 일을 하면서 왜 유족에게 끌려다녀야 하나? 충분히 문제가 된다.

우리는 만약의 사태에 대비해 두 개의 몰카 팀을 구성했다. 최악의 경우, 몰카를 찍어 언론 기관에 제공하려 했다. 코미디협회의 체면만은 지켜야 했다. 다행히 유족과의 협상이 잘됐다. 지인들을 총동원해 장시간 대화를 이어간 결과였다.

서세원 영결식장

1부	목사가 가족 위주로 장례 예배를 하고 헌화 후에 가족들 별실로 이동한나.
2부	개그맨 김학래 사회로 YTN, KBS 카메라와 기자 입장 후 공개 방송으로 진행한다.

김정열

장례식은 순조롭게 진행되는가 싶었다. 예상치 못했던 돌출사건이 또 터졌다. 끝날 무렵 뒤쪽에 있던 뚝딱이 아빠 김종석 회원이 "건의사항이 있습니다. 생전에 故 서세원 형님께서 김정열 후배의 숭구리당당 춤을 너무 좋아하셨습니다. 이 자리에 김정열 후배가 와있습니다. 즐겁게 가시라고 '숭구리당당 춤'을 춰드렸으면 좋겠습니다." 들으면서 예감이 좋지 않았다. 또 사고를 치는구나 싶었다.

몇 년 전에 남성남, 남철 두 분 선생님이 돌아가셨을 때 김종석이 사회를 맡았는데 선생님께서 평소에 즐겁게 추시던 '왔다리 갔다리' 춤을 오늘은 이용식 선배와 엄영수 협회장께서 춰드리겠습니다. 두 분 나오세요. 땀을 흘리며 열성적으로 추긴 했지만, 준비가 안 된 돌출적으로 이뤄진 일이라 어색했다. 그러나 장례식에서 돋보였다. 우리는 가끔 퍼포먼스 판을 벌여 분위기를 띄우고 코미디언다운 장례식을 하려고 애를 쓰기도 한다. 이런 상황을 만들면 많은 사람에게 감동을 주고 친근감을 느끼게도 한다.

먼 이국땅에서 참혹하게 애절하게 사망했으며 진실이 무엇인지 전혀 규명 안됐고 너무 말도 많고 사연도 많아 뭐가 뭔지 전혀 모르는 상태에서 치러지고 있다는 것이다. 누가 우리에게 물으면 우리도 잘 모른다고 답할뿐이다.

여기에 언론과 유튜브의 독설과 저주가 난무하고 있다.

유족만 해도 세 가족으로 구성이 되었다.
① 서세원과 현 부인, 딸
② 전 부인의 딸과 아들
③ 서세원 누나와 조카

생각이 다 같을 수는 없다. 각자의 입장 차가 있는 것이다.

상을 당하면 일반적으로 가족들은 너무 슬프다. 매우 민감하다. 감정 기복이 심하고 허전하다. 왠지 안정이 되지 않는다. 장례를 집행하는 코미디언들은 매우 조심스럽다. 혹시 결례가 있을까? 매사에 신경을 쓴다. 유족을 편안하게 하려고 최대한의 배려를 하게 된다.

이 장례식을 주관하면서 코미디협회가 조직폭력배의 협박·공갈에 하기 싫은 것을 무서워서 억지로 하는 것이란 가짜뉴스 유튜브를 봤다. 전혀 사실이 아니다. 이 대명천지에 그런 일이 어떻게 있을 수 있단 말인가? 우리는 우리가 할 일이기 때문에 자진해서 유족의 뜻을 받들어 하는 것이다. 어떤 의혹도 없다. 어떤 악질 유튜브는 엄영수가 장례를 코미디협회장으로 치르는 것은 서세원과 마찬가지로 이혼, 재혼을 반복하기 때문에 처지가 같아서 그렇게 하는 것이라고 했다. 엄영수가 첫번째 부인과 살면서 다른 여자를 사귀어 이혼도 하기 전에 사고를 쳤다고 악선전을 해대고 있다. 물론 사실이 아니다. 단호히 법적 대처를 할 것이다.

이렇게 어렵고 힘든 일들이 복잡하게 꼬여 있는데 여기서 숭구리당당 숭당당을 한다? 상식적으로 말이 되겠는가? 처음부터 나쁜 예단을 갖고 이 장례식을 어긋난 시각으로 지켜보는 사람이 많다는 것도 알고 있다. 어떤 언론과 댓글을 보면 저지른 일에 비해 너무 편하게 간다. 속 시원하다. 애도는커녕 동정조차 못 받는다. 저질 유튜브를 일일이 신경 쓸 일은 아니지만, 현실이 이렇다.

나는 결코 매장당하지 않는다. 지난 40년 방송에서 수없이 죽었지만 아직도 살아있다. 스스로 불사조란 믿음을 갖는다. 그 몇 푼을 더 벌어보자고 조회수 올리기에 혈안이 돼서 타인의 명예나 생명이 죽는 것을 즐기는 저들의 만행을 이대로 내버려둬서는 안된다.

서세원 영결식장에서

슈퍼스타 남진

★ 남진이란?

　　　　살다 보면 어느 날 물이 목에 걸려 넘어가지 않는 날이 온다. 숨이 넘어가지 않는 날도 곧 따라온다. 언제일진 몰라도 꼭 한번 온다. 목소리가 나오지 않는 날은 더 빨리 이미 와있다.

　남진 슈퍼스타의 목소리 보존 비법이다. 탄산음료, 얼음, 냉수, 술, 담배를 삼간다. 여름에도 차 안에 에어컨을 틀지 않는다. 말을 아낀다. 일찍 귀가한다. 무대 의상은 공연 바로 직전에 갈아입고 공연이 끝날 때까지 옷에 구김이 안 가도록 계속 바른 자세로 서있어야 한다. 사람과 인연을 맺으면 도중에 절대로 깨는 법이 없다.

　동창생, 군대 동기, 지인, 선·후배, 종친회, 향우회, 친구, 일가친척의 애경사 초대에 스케줄이 없으면 반드시 응해준다. 주변 사람에게 전화로 부지런히 안부를 묻고 근황을 전한다. 함께 공연한 사람에게 감사 인사 문자 메시지를 먼저 보낸다.

　1982년 여름 MBC Radio 여수 해변 노래자랑에서 초대 가수와 초대 개그맨으로 만났다. 41년간 '엄 박사'로 불러주신다.

　"엄 박사! 연예인이 훨씬 더 불리한 세상이다. 무조건 머리를 숙이고 목소리를 낮추어야 한다. 우리가 일반인보다 나은 게 하나도 없다. 억울한 일을 당해도 연기만 할 수 있으면, 노래만 할 수 있으면 그나마 감사하다. 화풀이는 어리석은 짓이다. 어차피 노래나 연기로 승부를 내야지!"

남진은 항상 옳은 쪽에 서있다. 생각이 젊다. 마음이 밝다. 온몸으로 노력한다. 그래서 톱스타 행진 58년 차!

남진과 엄영수

★ 영화배우 남진과 최무룡

남진 선배는 전성기에 70여 편이 넘는 영화에 주연으로 출연했다. 「미워도 다시 한 번」, 「별아 내 가슴에」, 「우수」 등 음악과 영화를 동시에 히트시켜 충무로의 한 시절 흥행을 주도 하였다.

남진 선배의 회고
"영화배우 중에 가장 존경하는 한 분을 꼽으라면 당연히 최무룡 선배다."

몇 편의 영화 제작 실패로 빚쟁이들에게 가혹하게 시달렸다. 땟거리가 없어 밥을 굶는 후배, 오갈 데 없어 길거리 나앉은 선배, 치료비 달라는 동료를 위해서 우선 있는 대로 다 꺼내서 쥐여주고 망신당하기 일쑤였다. 왠지 인간적인 매력이 넘치는 분이다. 얼마 전 김지미 여사께서도 언론에 나와 회고했다.

김지미 여사의 회고

"여러 사람을 알고 지냈지만 가장 기억되는 가슴속에 남아있는 분은 최무룡 배우였다."

최무룡 선배가 고향 파주에서 국회의원 선거를 나왔다. 파주 선거 사무실을 예방했다. 충무로 식구들이 버스를 전세해서 엑스트라 일꾼 짐꾼 스태프 배우 조합원 등 총망라하여 2만 원, 3만 원씩 들고 찾아왔다. 깜짝 놀랐다. 연일 끝도 없이 계속 이어지는 행렬을 보고 인생을 참 잘 사신 분이란 생각이 들었다. 첫 번째 출마에서 단번에 금배지를 달았다. 하루하루가 우리의 삶이 선거운동이다.

내로라 하는 영화계의 스타!

김진규, 박노식, 남궁원, 독고성, 서영춘, 이주일, 신성일,
허장강, 장동휘, 장혁, 이예춘, 김희갑, 황해, 신영균,
박암, 최남현, 김희라, 트위스트 김, 남포동, 이대근

멍언기를 보여준 인기 최고의 배우들이다. 이 중에는 수백억의 재산을 사회에 기부한 선행의 주인공도 있지만 아쉽게도 젊은 나이에 생을 마감한 분, 조기 은퇴한 분도 있다. 너무나 애닯은 일이다.

남진 선배의 회고

"젊은 나이에 인기가 덜하거나 몸이 약한 배우는 살아남기 위해 항상 무리하지 않고 운동을 열심히 하고 규칙적인 생활을 하고 저축하게 되고 '어떤 사업으로 돈을 벌까?'를 연구하게 된다. 아무 데나 가서 아무 하고나 어울리지 않는다. 건강이 넘치고 인기 절정인 배우는 돈 잘 벌겠다. 몸 튼튼하겠다. 야간문화에 익숙해지게 된다. 술, 담배, 야식, 여자, 카드, 마작, 화투와 밤새도록 붙어있으니 모든 것이 망가지게 된다."

인생은 전화위복이다.

✱ 슈퍼스타의 매너

권노갑 고문께서 지난 2월, 94회 생신 축하연에 사회했던 본인과 축사를 했던 남진 선배를 초청하여 골프 모임을 마련했다.

이스트벨리CC에서 만난 팬이 "나는 남진 스타를 좋아합니다. 스타는 언제 어디서나 누구든지 만날 수 있어야 합니다. '어디 있는지도 모른다. 만날 수도 없다.' 그게 무슨 대중 문화예술인입니까? 언제든지 우리가 원하면 올 수 있고 만나서 같이 웃고 울고 대화를 나누고 어울릴 수 있어야지? 스타라고 어디 있는지도 모르다가 10년에 한 번 갑자기 나타나서 노래 몇 곡하고 또 사라지고 인생은 깜짝쇼가 아닙니다. 대중에게 친절하고 겸손해야 합니다."라고 말했다.

연예계 골프의 달인 남진 선배께서는 라운딩 중에 쉬지 않고 추임새를 넣어 분위기를 이끌었다. "엄 박사! 골프는 우선 공을 맞히는 것으로 시작되니까 고개 들지 말고 정확히 맞히고 나서 다른 일을 해야 한다."

골프모임에서 (남진, 권노갑, 엄영수)

너무 잘 맞아버렸다!

"웨메 어찌 그리 잘 친다냐! 나를 이겨 먹으려고 나 몰래 라운딩을 다녔다 이거지? 굿, 굿 샷! 나이스! 베리굿! 방향만 제대로 맞았으면 너무 잘 친 공인데 아쉽다, 아쉬워. 누가 보기 전에 얼른 한 개 더 쳐라!"

한 번도 지나치지 않고 격려와 배려의 응원을 정성을 다해 전해 준다. 라운딩을 마치고 악수할 때, "야! 나 이제 한걱정 덜었다. '엄 박사가 스윙을 어떻게 할까?' 하고 궁금했는데, 어디 가서 누구하고 골프해도 그런대로 따라다닐 수 있겠다 싶어 정말 맘이 놓인다."

골프 강의와 조크를 적당히 섞어 바람을 잡고 라운딩 내내 웃음이 넘치는 명랑 골프였다. '최고의 인기스타, 남진 맞는가?' 싶을 정도로 골프 매너도 후배에 대한 관심도 완전 슈퍼스타였다. 연예계에 데뷔해 한번도 '아낀다', '관심 있다.' 말은 없었지만, 고개를 절로 숙이며 존경과 감사를 느끼는 순간이었다.

✴ 도전 극복의 배후세력 오빠 부대

평생 꽃길만 걸어온 것처럼 보이지만 팬들은 실상을 모른다.

군 생활 3년을 월남전 참전 해병대 용사로 극히 위험한 전쟁터에서 보냈다. 파월 용사에 대한 격려와 응원 사기 진작에 크게 이바지했다. 졸병과 고참, 부자와 빈자, 고위층과 서민, 대중 누구나 병역 의무 앞에 평등하다는 것을 보여주었다. 포탄이 해변 모래밭 중앙에 꽂혀 만약 터졌다면 부대원 전원이 몰살했을 것인데 불발탄이 되어 목숨을 건졌다고 한다. 월남 근무 기간이 끝났으나 재기를 위한 컴백 무대가 온 국민의 관심사였기 때문에 문화예술계, 방송계뿐 아니라 사회 전체가 열광에 빠질 수 있어 제대할 때까지 월남에서 근무하였다. 나의 성공 때문에 조용한 사회를 혼란스럽게 만들어서는 안 된다는 뚜렷한 자기만의 철학이 있었다.

전역 후 서울시민회관 남진 컴백 리사이틀은 인산인해, 개관 이후 3일간 최다 관객 동원 신기록을 세웠다. 나의 견해로는 이때 오빠 부대 팬클럽이 탄생했다. 조직적인 오빠 부대가 금력으로 동원 됐다는 것은 음해 세력의 가짜뉴스가 있었다. 어떤 증거도 없었다. 오빠 부대는 파격적이고 정숙하지 못한 행동이라 규제해야 한다는 것은 대중의 자연 발생적인 성원과 환호와 열정을 무시하는 것이다.

어쩌면 팬클럽은 양심적인 내면의 소리를 자유롭게 전하여 대중문화예술이 발전에 이바지했다고 본다. 젊은 노동자에 대한 편견이 문제였다. 치솟는 남진 인기에 대한 시샘은 남진 팬클럽의 전국화를 유발했고 50년이 지난 지금에도 남진 쇼에는 팬클럽에서 한정식 밥상을 차려 쇼 출연자, 스태프, 공연관계자, 용역 등 전 인원이 식사하며 비용은 남진 스타가 제공한다. 남진 쇼를 하는 날에는 쇼보다도 호남식으로 차려지는 식사가 더 큰 기대가 된다. 한 끼라도 건너뛰면 두고두고 섭섭하다.

승승장구 욱일승천 일취월장…. 그리고 얼마 후 남진 스타는 어느 날 홀연히 미국으로 떠났다. 더 큰 미래를 위하여 충전과 휴식과 사색이 필요했을까? 정치적 탄압에 항거하여 망명성 외유가 불가피했을까? 변신을 위하여 일상을 벗어나 새로운 세계로 가야 했을까? 여러 가지 가설이 있다. 남진에게도 시간을 주자. 진정한 스타는 순항이 아니라 생사를 넘나들며 도전과 극복의 연속이 있어야 한다.

100세가 넘어서도 신곡을 낼 것 같다. 멈춤과 쉼이 없이 산을 오른다. 신인 가수를 위한 방송과 콘서트가 전성기 때보다 더 많다. 우리는 슈퍼스타 남진의 다음 무대를 기대한다.

스테이지
매너

＊ 무대는 진실을 말한다

　　국회의원회관 대극장 식전행사 마지막 가수 김세레나를 소개하려는 찰나 DJ께서 입장했다. 당 행사는 총재가 대통령이다. 일단 동작 그만이 걸린다. 김세레나는 2부로 넘어가면 2시간 가량 기다려야 한다. 지금 즉시 무대에 올려 달라고 급박한 사정을 호소한다.

엄영수, 김대중 대통령 초청 만찬(99. 3. 4. 청와대 영빈관)

당에 오랫동안 수많은 공연을 했기에 익히 가까운 한광옥 실장께 간절히 읍소했다. 보고를 받은 무대 중앙의 DJ는 웃으며 흔쾌히 승낙했다. 축가 1곡을 허락받았다. 관객은 환호성과 박수로 천지를 진동시켰다.

전날 DJ 일정이 급하니 시간을 엄수하라는 지침이 있었다. 모두가 바쁘다. 가장 바쁜 것은 민중이다. 눈도장 찍었고 방명록 사인했다. 예고된 쇼 빨리 보고 생업에 복귀해야 한다. 삶이 절박하다. 뺏긴 시간 보충해야 한다. 노련한 DJ는 민중의 안타까운 마음을 훤히 꿰뚫고 있었을 것이다. 김세레나의 스테이지 매너는 당대 최고의 수준 관객을 쥐락펴락하는 천하일색 명가수로서 춤과 노래와 화술에 있어 경쟁자가 없다 할 것이다.

김세레나, 엄영수

"총재님 일정이 매우 바쁘시다고 들었습니다. 여러분의 앙코르 요청 너무나 감사합니다만 제가 결정할 문제가 아닙니다. 총재님 어떻게 할까요?"

DJ는 온화한 표정으로 4곡까시노 앙코르를 받도록 했다. 속은 타고 급했겠지만 중요한 건 대세와 흐름이다. 끊지 않고 우선 받아들이고 뒷일은 별도의 대책을 세워 수습한다는 전략이다. 시계를 본다거나 어두운 표정으로 늦었다는 느낌을 주는 행동은 일절 없었다. 태연하고 인자한 모습 그대로다. 선당후사가 아니라 선민후당, 즉 선 관객, 후 대중이라고나 할까? 이날 무대 위의 모든 움직임을 관객은 하나도 빠짐없이 지켜보고 있었다. 한광옥 실장, 김세레나 가수, DJ의 스테이지 매너는 명품이었다. 쇼가 아니라 사실이다. 모두가 윈윈한 것이다. 사람의 일이다. 아름다웠다.

일이 여기서 끝난 게 아니다. 이날이 김세레나를 쇼 무대에서는 처음 만난 날이다. 매니저가 귀띔했다. '엄영수 싹수없다. 소개할 때 너무 짧게 했다. 최소한 국보 김세레나란 얘기는 했어야지! 민요의 여왕! 최고의 무대 매너! 왜 한마디 않나? 선배를 박대했다.'라고 벼른다는 것이다.

김세레나의 강남 업소를 찾아갔다. 급박했던 당시의 상황을 설명하기도 전에 언제 오해했냐는 듯 그날 수고 많았다. 너무 고생시켜서 미안했다. 진작 불러서 위로했어야 했다며 전해 들은 얘기와는 전혀 다른 모습으로 금일봉과 선물을 전해 주며 반갑게 맞아 주었다. 바로 이것이다. 틀린 줄 알면 고치고 고쳤으면 표현할 줄 아는 것 이것이 최고의 매너다.

그 후 30년 연예계에 가장 가까운 누나 동생으로 최측근으로 지내고 있다. 사회자는 전체를 봐야 한다. 모두가 만족할 수 있는 결과가 나올 때까지 참고 기다리고 최선을 다해야 한다.

✱ 화를 내면 화를 당한다

창원 근로자의 날 기념식장, 연예인 대기실에 가장 늦게 온 가수 S가 가장 먼저 가게 해달라고 떼를 쓴다. '방송 스케줄이 있다. 이벤트 쇼가 있다.'라며 떠벌리면서 과격하게 요구한다. 주최 측이 약속대로 온 순서에 의해 진행하겠다고 설명하자 바쁜 사람 중요한 일 있는 사람부터 편의를 봐줄 수 있지 않으냐며 격하게 항의한다. 누구한테 하는지는 모르겠는데 차마 입에 담지 못할 욕설을 늘어놓는다. 공연장 분위기는 험악해졌다.

연예계 인정은 아직도 살아있다. 다급한 사람 위기에 처한 사람이 있으면 먼저 도와주려는 정신이 차고 넘치는 곳이다. 들어주지 못할 때는 거짓말을 하기 때문일 것이다.

"S부터 공연을 시켜서 먼저 보내고 우리끼리 기분 좋게 공연하는 게 어떻겠습니까?"

주최 측이 나섰다. 모두 동의했다. 잘 해결됐다. 이게 문제다. 악을 쓰면 득을 본다. 언어폭력이 통한다고 믿게 된다. 그래서 목적 달성을 위해 화를 내는 강도가 더 세지고 리얼하게 느껴지도록 연기가 점점 고조 된다. 너무 지나치면 폭발할 텐데 못 견디는 척하던 것이 진짜 못 견디게 되어 쓰러지는 일이 발생하게 된다.

S에게 언젠가는 한번 큰일이 날 것 같은 예감이 들었다. 서울 대기업 회장의 미수연 파티 공연대기실 가수 S는 밤 8시에 공연하기로 약속이 돼 있었는데, 8시 13분이 되자 약속을 어겼다며 손해배상을 해야 한다고 하자를 이를 제기했다. 행사 관계자가 극구 만류하며 붙잡는데도 뿌리치고 다음 공연장으로 가겠다며 지하주차장으로 내려갔다. 극도로 흥분되고 화난 얼굴에 몸에서 열기가 나는 게 느껴질 정도였다. 순전히 억지다. 이런 가수는 처음 본다. 가수 S를 아끼는 88세 회장님의 특별 지시로 섭외했기에 행사팀에 비상이 걸렸다. 20분 후에 주차장 내려갔던 가수 S가 다시 대기실로 들어왔다. 바로 부대에 올렸다. 스테이지 매너를 아무리 위장해도 망가진 얼굴이 바로 복원이 안 된다. 한

참의 시간이 필요하다. 관객은 빠르게 알아차린다.

　나중에 들은 얘기다. 주차장에서 100만 원을 더 주고 다시 데리고 올라왔다고 한다. 100만 원을 더 벌기 위해 쇼를 한 것이다. 그리고 그 대가는 참혹했다. 얼마 되지 않아 S는 쓰러졌다. 다시 일어나지 못했다. 예감은 적중했다.

✱ 무대 매너, 인간 매너

　대구 그랜드호텔 빅쓰리스타 초청 디너쇼 출연자 대기실, 여가수 CH 와 K의 공연은 성공적이었다. 관객이 많았고 열광적으로 호응하는 여성팬이 많았다. 세 명의 가수가 함께하는 디너쇼는 퍽 드문데, 상대방을 의식해 경쟁을 치열하게 하니 그것이 볼거리였다.

　우리나라 디너쇼처럼 싱거운 것도 없다. 값은 엄청 비싼데 가수가 늘 부르던 노래 그대로 듣고 고기 한 조각 먹는 게 고작 아닌가? 변화를 주고 객석을 흔들어 대는 공격적 무대가 되어야 하는데 아쉬운 점이 많다. 벽에 빤짝이는 금박지, 은박지 붙이고 플래카드 걸어 놓는 것 말고는 다른 걸 본적이 없다. 그런데 왜 많은 사람이 디너쇼를 보는가? 내용이 문제가 아니라 '나는 봤는데 너는 못 봤지?' 격차를 즐기며 우월감을 느끼기 위해서 본다.

　세 번째 주자 가수 L은 도착하자마자 사과부터 했다.

　"죄송해요. 의상이 이래서 이런 쇼인 줄 몰랐어요. 미안해서 어떻게 해요?"

　큰 죄를 지은 것처럼 몸 둘 바를 몰라했다. 어떻게 쇼를 해야 할지 태산 같은 걱정을 했다. 격려와 위로를 건넸다.

"괜찮습니다. 노래가 중요하지요. 노래를 잘하시니까 문제 될 거 없습니다. 인근에서 다큐 프로 녹화가 있어서 녹화하다가 급하게 오느라고 의상 준비가 좀 미흡한 게 있으니 양해해달라고 부탁하겠습니다."

"어머 감사해요! 그래 주시겠어요?"

우리가 웃기면서 얘기하면 웬만한 건 OK하고 그냥 넘어간다. 아무 문제 없다. 솔직히 말하면 의상은 수준 이하였다. 무슨 사연인지는 묻지 않았다. 무엇이 어떻게 전달됐는지 몰라도 싸구려 검정 광목으로 만든 망토 스타일인데 차라리 인근 상가에서 급한 대로 한 벌 사왔어도 훨씬 나을뻔했다. 그런대로 잘 포장해서 앞 가수와 별 차이가 안나게끔 끝냈다. 가수 L하고는 이런 시절도 있었다.

세월이 꽤 흘렀다. 송파구 구민축제장에서 MC와 초대가수로 다시 만났다. 마지막 피날레 가수를 소개했고 멋지게 노래를 한 후에 큰 박수를 받았다. 확실히 인기가 있었다. 반가웠다.

"네, 노래 잘 들었습니다. 가창력 하면 최고의 가수죠."하면서 인터뷰를 하려고 다가갔는데 나를 피하면서 밴드 마스터 악단장 앞으로 가더니 "어머 선생님 여기서 악단장을 하시네요. 반가워요, 선생님. 뵌 지가 오래 됐는데." 하면서 "작곡가 선생님입니다." 객석에 소개까지 했다. 사적인 얘기를 몇 마디 나누더니 "이번에 들려드릴 노래는…." 하면서 얼른 다음 노래로 넘어갔다. 나를 패스하고 지나갔다. 괘씸한 일이다. 이제 일류 가수가 됐으니 '엄영수 너 하고는 놀 필요 없다. 꺼져라!' 이 말을 행동으로 보여주는 것이다.

다행히 100세 시대다. 앞으로 나와 세 번은 마주치겠는데, 역전되는 날도 있을 것이다. 너와 나의 매너 누군가는 보고 있다.

한국의 조찬
UN 총회

★ 한국 코미디 UN 상정

반기문 전 UN사무총장과 조찬을 하게 된 것은 엄청난 행운이다. 신임대사로 다른 나라에 부임하는 후배 외교관을 위하여 반기문 총장과 엄영수, 열성 팬 사업가 두 분, 모두 5명이 총장님의 근황을 듣는 조찬 UN 총회를 열었다.

반기문 총장께서 나를 반기문 좋겠는데 안반기문 어쩌나? 걱정이다. 기문기고 안기문 반기문(反기문)인, 항상 선이 확실한 분이신데… 총장께서 먼저 인사를 건네셨다.

"엄영수 씨를 세 번쯤 본 것 같아요. 여의도 정치 행사에서 사회 볼 때 봤고, 학교에서 내가 특강할 때 청중으로 왔었고, 웃기는 쇼를 아주 잘 하시더라고…? 나는 원래 옛날부터 코미디를 좋아했어요. 요즘 볼 수가 없는데 빨리 회복하기를 응원합니다."

코미디폐지 방송 문제를 UN에 상정하려 했다. 왜 없어졌나? 누구 책임인가? 어떻게 복원할 것인가? 파헤쳐야 한다. 국민은 웃고 싶어 한다. UN사무총장님께서도 코미디를 좋아하신다고 천명했고 응원하기로 약속을 했지 않은가? UN군이 오기 전에 코미디를 살려라! UN군은 평화를 위해 분쟁지역에 가야 한다.

엄영수, 반기문

✳ 세계 대통령 탄생

"어제 중국서 왔는데 오늘 저녁에 캐나다를 갑니다. 대통령 예방이 있고 인터뷰에 기후환경 문제에 대해 강의를 하죠. 갔다 오고 나면 바로 몽골을 다녀와야 하는데, 6월에는 국내 머무는 날이 7일밖에 안 돼요. 이스라엘 팔레스타인이 또 싸움하는데 일단 싸움을 말려야 합니다."

가히 국제 대통령이다. 지난번에 국내 대통령 선거 안 나가길 천만다행이었다. 하마터면 사림 잃고 세계를 밍칠 뻔했다. 극구 만류하어 세계 대통령을 만든 평생의 반려자 유순태 여사님께 감사드립니다.

★ 쓴소리 꾼

"미국이 한국에게 방위비를 요청했는데 5년에 걸쳐서 10억 불을 청구했어요. 우리가 돈이 없으니 좀 줄여서 5억 불만 하자 절충을 했는데 그것도 돈을 주는 게 아니라 물품으로 주기로 했죠. 그러면 우리 물건을 파는 효과가 또 있는 거죠. 그랬더니 모자를 사달라, 타이어를 교체해 달라 청구하는데 그 까짓거 다해줘야 몇 푼 안 돼요. 5년 내내 다해줘도 1억 불도 못 써요. 남으면 환불을 하니까 남에 돈이라고 그냥 마구 써댈 것 같은데 그 사람들이 참 양심적이에요. 예산 아껴주려고 애를 무척 쓰더라고요. 그래서 내가 '부대 주변에 환경개선, 도로건설 이런 걸 청구해라. 어차피 우리 국가 시설이 되고 우리가 쓰게 되니까.' 결국, 우리가 다 찾아 먹는 거예요. 외교협상이 참 중요한 겁니다."

"필리핀 수비크 미 해군기지도 사용료 협상을 해요. 최대한 더 내라는 필리핀과 원칙대로 깎자는 미국이 충돌합니다. 못 내면 '나가자! 좋다 끝장내자!' 이쯤 되면 이것은 외교협상이 아니죠. 미국이 철수하면서 배 충돌방지용 폐타이어까지 심지어는 못 한 개 나사 한 개라도 싹 쓸어서 나왔죠. 필리핀이 사용하려고 돈 들여서 단지 조성을 마쳤는데, 미군 철수 두어 달 후에 화산이 터져서 대폭발로 큰 손해를 봤고 화산재가 10여 미터가 쌓여 청소하느라고 엄청난 비용을 퍼붓게 되었죠. 두어 달만 참을걸…. 그랬으면 손해 안 보고 미국이 전액 부담하는 건데…. 요즘 중국 해양세력 견제를 위한 전략적 요충지로 크게 부상해서 미국이 다시 들어갑니다."

미얀마에는 집권 군부에 반대하는 정치범 4,500명이 있는데 종신형을 받고 감옥에서 고생하고 있다.

"죄 없는 사람을 왜 가두는가? 자유와 인권을 보장하라 UN의 임무를 수행하기 위해 왔다!"

석방을 요구했다. 미소와 너그러움으로 호소하니 살벌한 군사정권도 자세를 낮췄다. 그간의 덕행을 잘 알고 있다. 국제사회의 여론도 알고 있다. 한국의 힘도 알고 있다. 절반에 해당하는 2,200명을 석방했다.

아웅산 수찌 여사에게 징역 33년을 때렸다. 현재 78세다. 감옥에서 죽으라는 것 아닌가? 너무 심했다.

"석방해라. 버티고 있다. 정 석방하기 어려우면 양보하겠으니 가택 연금으로라도 해달라! 하여튼 풀어야 한다!"

단호히 외쳤는데 아쉽게도 아직 소식이 없다고 한다. 총장님께서 말씀하시면 무시할 수 없으니 다행히 절반은 들어주는 것 같습니다. 다음에 가서 또 한 번 외치시면 1/2이 또 석방될 거 아닙니까? 그런 식으로 세 번 네 번 가면 나중에는 다 풀릴 것입니다. 이미 계획을 세웠습니다. 이런 일은 나만이 할 수 있으니 자꾸 찾아가서 부딪혀야죠. 오직 평화와 자유 인권을 위해서 쓴소리하러 갑니다.

✴ 핵무기 잡아넣는 반기문

구소련이 해체되면서 카자흐스탄은 갖고 있던 핵무기를 모두 없애고 핵 실험을 하지 않겠다며 핵을 포기했다. 우즈베키스탄은 가로세로 30km인 운동장을 만들고 운동장 둘레에 울타리를 친다. 이 울타리에 소, 돼지, 말, 닭, 나무, 철, 납 등 동물, 식물 물건들을 붙들어 매 놓고 중앙에서 핵 실험을 하여 그 변화를 살피는 실험을 했고 이 운동장을 체험하두록 전시하고 있다. 핵을 러시아에 반납하고 만약 핵전생이 나면 러시아가 도와준다는 부다페스트 조약에 우크라이나는 속았다. 러

시아가 핵무기를 앞세워 침략했다.

반기문 총장이 전쟁종식과 평화유지를 위해 폴란드를 거쳐 우크라이나 전선으로 갔다. 방법은 열차를 타는 것이다. 비행기는 러시아의 방공포나 미사일을 맞을 염려가 있어 극히 위험하다. 의전이 다 틀린다. 반기문 총장의 열차는 구식이고 덜커덩덜커덩 느리고 요란하다. 국경을 넘어 왕복 28시간이나 걸렸다.

얼마 전에 현 UN사무총장 포르투갈 안토니우구테우스가 우크라이나를 방문했다. 자동차로 빠르게 질주했어도 20시간이다. 바이든 대통령도 전쟁 현장을 찾아가 병사를 격려하고 전황을 살폈다. 자동차로 갔는데 어떤 루트였는지 왕복 16시간이 걸렸다. 급행 코스 같았다.

"푸틴은 왜 우크라이나 전쟁을 하나요?"

"돈 많이 벌어서 많이 갖고 있으면 더 많이 갖고 싶은 거죠. 그 이유입니다. 푸틴은 지병이 있는 것으로 판단하고 있는데 건강한 것처럼 위장하고 자기 몸 관리도 제대로 못 하면서 더 가지려고 전쟁을 합니다."

푸틴을 빨리 잡아서 국제사법 재판소에 넘겨 벌을 받게 하자는 운동을 제가 하고 있습니다.

✱ 동네 아저씨

1997년 북한을 탈출하여 자유 대한에 귀순한 인사 중 권력 중심부에 있었던 북한 최고 인민회의 상임위원장 황장엽이 중국주재 한국총영사관에서 망명 발표를 했다. 중국은 고민 끝에 해외 추방을 결정했다. 김영산 대통령의 지시를 받은 반기문 외교 안보 수석은 싱기포르를 추방 경유지로 택했으나 싱가포르는 핑계를 댔다. 주변 국가의 눈치를 봐야 했다.

"우리나라는 너무 작은 국가다. 산 위에서 내려다보면 어디서 누가 목욕하는지 밥을 먹는지 바로 안다. 밀림 숲이 없어 숨기가 만만치 않다. 암살이나 납치를 피하기 어렵다. 제발 봐달라"고 통사정을 했다. 필리핀으로 넘어갔다. 운이 좋았다. 주한 필리핀 대사가 필리핀 대통령과 육사 동기였다나 어쨌다나? 하여튼 협조가 잘됐다. 필리핀은 밀림 지역이 너무 많다. 섬은 7,700개나 된다. 한번 숨으면 숨겨놓은 사람도 헷갈려서 자기가 숨기고도 찾지를 못한다.

반기문 수석은 평범한 차림으로 아메리칸 에어라인을 의전 없이 탔다. 필리핀 공항에 내리자마자 용의 주도한 이장춘 주필리핀 한국대사가 번호판을 가린 차를 몰고 비행기 바퀴 밑에까지 들이댔다. 한국의 위세가 필리핀 공항을 찌르는 순간이었다. 그래도 첩보전은 무섭다. 작전이 성공할 때까지 신변보호와 비밀유지에 매우 힘들었다. 치열한 한국, 미국, 일본, 중국, 북한의 치열한 경쟁 끝에 황장엽을 무사히 서울에 안착시켰다.

"건강관리는 안 하는 게 하는 겁니다. 건강 돌볼 틈에 일하러 한곳 더 뛰죠. 세계 곳곳 일하러 다니는 막일꾼입니다. 불러주면 어디든지 갑니다."

33평 좁은 아파트에 살면서 전 세계의 상처를 고친다. 적이 없고 벽이 없고 겁이 없다. 소탈하고 부지런한 분! 오늘도 이웃 동네 일하러 가는 세계의 대통령 아저씨!

코미디 클럽 쇼의
흥망성쇠

★ 김형곤 코미디 클럽의 위장 테이블

　　　　1990년 9월 18일 저녁, 한국코미디 역사상 최초로 김형곤의 코미디 클럽이 서울 강남 한복판 서초동 사거리에 문을 열었다. 성인코미디의 정수를 보여준다. 야한 얘기꾼들이 총집합했다. 걸쭉한 19금 이야기다. 애들은 가라! 애들은 가!

　　출연진은 MC 김형곤, 개그맨 심형래, 이영자, 엄영수, 오재미, 김진호, 김한국, 서인석, 최승경, 최영준, 백현욱, 한무, 남보원, 모창 가수 패튀김, 조영필, 김검모, 이미저, 너훈아.

엄영수, 김형곤

코미디 클럽기획에 참여했던 손철 MC의 회고

음악감상실 '쉘부르'는 (이종환 사장 겸 DJ) 쇼의 흐름을 깨는 소란스러운 손님이 있을 때 웨이터가 조용히 다가가 "손님 지금까지 드신 것은 값을 받지 않겠습니다. 그냥 나가주시면 감사하겠습니다. 드시던 음식은 싸드리겠습니다. 가시면서 맛있게 드십시오." 속삭이듯 부드럽게 이야기하면 오히려 악착같이 계산 다하고 간다. 불량 손님 쉽게 내쫓고 손님 한 테이블을 더 받아 매상을 올리게 되고 분위기가 좋아진다. 이 비법을 코미디 클럽에 그대로 적용하게 했다.

무대를 두세 사람 겨우 올라갈 정도로 좁게 만들어 '핀 조명'을 때리고 시선을 끌어모았다. 객석과 무대를 최대한 가깝게 해 코미디 하기 편하게 했다. 이 작은 것들이 모여 흥행 대박을 만들었다.

손님 유치 작전으로 만든 광고문도 한몫했다.

"예약 손님만 받습니다. 지금 즉시 예약하십시오."

"야간 업소를 예약하고가? 가면 무조건 '어서오십시오'지 이놈들 봐라?" 화는 나지만 참아야 해, 재미있으니까. 손님들은 사람이 꽤 많이 몰려드는 걸로 착각했다. 늦게 가면 자리가 없을 것 같은 불안감이 들게 했다. 우선 예약한다. 책임감에 반드시 가게 된다.

사실은 3개월간은 손님이 없어 고전했다. 위장 테이블을 만들어 자리 채우고 웃어주고 손뼉 쳐주는 바람잡이를 깔았다. 미국의 유명한 쟈니 카슨 쇼도 다 그렇게 만들었다. 마케팅이 지극정성이었다. 어차피 인생은 쇼 아닌가! 코미디 클럽 쇼인데 뭔들 못하랴?! 세상일이 들키면 코미디다. 코미디는 무조건 무죄다.

✱ 정치 코미디언 김형곤의 인생 여정

김형곤은 다른 개그맨에 비해 몸집이 크다. 제일 먼저 눈에 띈다. 대중의 시선을 가장 많이 받게 된다는 뜻. 어떤 무대에 올려도 무대가 꽉찬 느낌을 준다. 즉, 빈틈이 없다. 안정감을 준다. 우선 몸으로 몇 수 앞서나간다.

뚱뚱한 사람은 욕심이 많아 보이기 마련인데 전혀 그렇지 않다. 모습이 너무나 귀여워 보인다. 거기에 짧은 듯한 발음이 천진난만한 어린이 모습 그대로다. 어떤 배역에 어떤 말을 해도 지나치지 않고 재미있게만 느껴진다. 개그 하기에는 최상의 조건을 갖췄다.

축구공도 잘 차고 몸도 빠르다 두뇌 회전도 전광석화, 그야말로 만능이다. 그리고 독서광이다. 국내신문, 일간지, 월간지, 베스트셀러 등 닥치는 대로 다 읽는다. 잘나가는 연극, 영화, 뮤지컬을 다 보고 있다. 특별한 이벤트 쇼, 인기 있는 공연은 샅샅이 훑어보러 다닌다. 작가적인 능력이 월등하여 그가 했던 코미디극, 연극의 모든 대본은 본인이 직접 썼다. 정치풍자에 강하여 『유머 1번지』를 통해 「꽃피는 봄이오면」, 「탱자 가라사대」, 「회장님 회장님 우리회장님」을 방송했고 정치판 세태풍자로 장기간 최고의 인기를 누렸다.

생전에 김형곤에게 궁금한 게 있었는데 무엇이 바빴는지 말을 건네지 못했다. 못하는 게 무엇이 있는지 알고 싶었다. 그는 항상 도전한다. 끊임없이 변화하다. 고스톱이나 카드를 하면 늘 내게 지고서 개평을 달라고 보챘다. 2년쯤 지나서부터는 하기만 하면 다 땄다. 개그맨끼리 부딪치면 판에서 싹쓸이한다. 병원에 입원해 있을 때 동료들과 문병을 갔다가 병실에서 고스톱을 쳤다. 아픈 몸으로 멀쩡한 개그맨들 돈을 다 털어갔다. 졌다! 아무래도 나이롱환자에게 뒤통수를 맞은 것 같았다.

방송코미디역사 백 년! 국내 최초의 코미디 클럽이 만들어졌다. 발상과 사업능력을 높이 평가한다. 젊은 나이에 주유소, 레스토랑 경영을 경험하더니 코미디를 하면서도 연예기획사를 설립했고 연극단체를 결성하여 대학로에서 장기 공연을 펼쳐 롱런 신기록을 세우기도 했다. 극장을 만들어 경영했고 김형곤과 함께 떠나는 미국 LA 월드컵 현지 응원단을 만들어 나라 사랑, 축구 사랑을 실천하였다.

심형래 양종철 엄영수 김형곤 네 사람이 부부 동반하여 태국 여행을 간 적이 있다. 태국 여행에서 인상 깊었던 것은 태국 여왕이 게이를 불쌍히 여겨 재능을 계발하고 스스로 살아갈 수 있도록 했는데, 우리는 그곳에서 난생처음 보는 쇼를 관람했다. 김형곤은 이 쇼를 보면서 우리나라에 있는 불우한 게이들을 위해서 무엇인가를 해야겠다고 결심했던 것 같다. 귀국해서 드디어 일을 벌였다. 게이 공연장을 만들어 잘살수 있는 발판을 마련해주고자 열성적으로 노력했다. 어찌 보면 국가적인 일을 김형곤이 혼자서 스스로 맡아 가난하고 힘없는 사람들을 헌신적으로 오랫동안 도와주었다.

정치 개그가 발전하여 정치권에 도전장을 내고 국회의원 선거에 출마하였다. 잘 싸웠고 성적도 좋았다. 서울 성동구에 출마하여 당시 무소속으로 여야 양당에 큰 충격을 주었고 무소속 중 전국 최다득표를 하였으나 안타깝게 꿈을 이루지 못했다.

기업인과 어울리더니 비룡그룹(「회장님 회장님 우리 회장님」)을 세웠고 정치인과 어울리더니 국회의원 출마 선언을 했던 김형곤, 시대를 앞서가더니 영원히 앞서가 버릴 줄이야? 애통하기 그지없다!

원로 정치인 권노갑 고문의 회고

"정치, 경제 두 가지를 다해서는 안 된다. 하나를 선택해야 한다. 돈이 생기면 집에 가기 전에 어려운 사람에게 미련 없이 다 나누어줬다. 거물급은 지갑이 두 개다. 수표 줄 사람, 현금 줄 사람 가려서 꺼낸다."

고등 개그다. 정치 초단 김형곤은 비룡그룹에 머물렀어야 했다.

★ 엄영수 살린 조영남의 전화

조영남 형님께서 급히 연락이 왔다. 상봉동역 근처에 1층부터 5층까지가 전부 유흥업소인 건물이 있는데 5층을 코미디 클럽으로 만들려고 한다. 사업성, 운영방법 등을 알아보기 위해 업주가 상담을 요청하니 내일 저녁 상봉동 업소로 오라는 것이다.

상봉동은 서울 변두리 멀리 있다. 야간업소 밤무대를 여러 곳 뛰고 있어서 손해가 크다. 그때 모든 유흥업소는 밤 12시에 영업을 끝내야 한다. 단속이 심할 때다. 마지막 일하는 업소가 영등포 중심가에 있는 '개그맨'이란 업소였는데 내 친구가 사장이었다. 밤 11시~11시 30분까지 출연하는 시간이다.

상봉동 업주에게 전화로 간단히 상담을 해주고 말일이다. 그러나 영남이 형님은 내가 일생의 멘토로 모시는 분이다. 모든 걸 제쳐두고 가야 했다. 지하 1층 룸살롱, 지상 1층 스텐트바, 2층 나이트클럽, 3층 7080가라오케, 4층 카바레, 5층이 비어 있었다. 상봉동 코미디 클럽은 하면 안 된다. 2주를 못 버티고 망한다.

① 수도권 인구 천오백만 명을 대상으로 김형곤의 코미디 클럽 하나가 존재할 수 있다.
② 코미디 클럽에 출연할 수 있는 코미디언이 당시 450명이지만 서울

수 있는 코미디언은 열 명이 안된다. 무대에 세워봤자 5분~10분을 버티지 못한다. 코미디 프로를 녹화해서 방송하니까 직업이 코미디언인 것은 맞다. 하지만 코미디언이라고 다 웃기는 건 결코 아니다.

③ 상봉동과 코미디 클럽은 어울리지 않는다. 코미디 클럽은 양주를 팔지 않으면 코미디언 출연료를 감당할 수가 없다.

④ 김형곤 같은 MC를 구해야 한다. 어디서 구해오나? 수입이 되겠나? 안되는 이유는 밤새도록 쓸 수 있다. 야심 차게 전 층을 각양각색으로 꾸며 한국 최초의 주점 천국을 만들려던 업주는 실망이 컸겠지만, 오늘 밤 나 때문에 족히 몇억을 앉아서 벌었다.

개그맨 설명을 듣고 코미디 클럽 차렸다가 큰 손해를 본 경우가 많았다. 아니 전국에 차려졌던 모든 클럽이 순식간에 다 망했다. 웃기는 일이다. 정말 웃기는 일이다. 망해도 한 번은 웃기는구나….

상담하던 그 날 밤 바로 그 시간에 영등포 '개그맨' 업소에서는 무대를 마치고 사장과 매일 술 마시던 그 방에서 내 친구는 갑자기 괴한의 습격을 받고 죽임을 당했다. 일하러 나갔으면 나는 친구와 함께 죽었을 것이다. 나만 살려고 공연 펑크를 낸 것 같아 친구에겐 너무 미안했다. 사람의 생사가 찰나에 있다면 인생이 무슨 의미가 있는가? 영남이 형님이 나를 불러내 화를 피하게 한 것은 결코 우연이 아니다. 깊은 인연이다. 평생 고마운 마음을 갖는다. 내 생명의 은인이란 얘기는 영화나 소설 작품을 통해서 듣는 얘기지 내 삶 속에서 이런 경우가 되어보니 만감이 교차한다. 그래 인생은 코미디 클럽 쇼다.

여명을 만든 남종현 발명왕의
인생 뭐 있어?

✱ 세무서 이긴 여명 응원!

한국방송코미디언협회, KBS, MBC, SBS 연합회원들은 2023. 08. 24. ㈜그래미를 방문하였다. 숙취 해소 건강음료 여명808을 제조 판매하는 신화를 창조한 남종현 회장의 인생관, 기업경영, 철학 특강을 듣고 회사에서 제공하는 땅굴 견학, 안보 교육을 받기 위해서였다.

여명808은 40여 명 세무 공무원에게 100일간에 걸쳐 세무 조사를 받고 130억이 넘는 세금 추징을 당했으며 도산 위기에 몰렸으나, 헌법 소원을 내고 헌법 재판을 하여 승소, 추징금과 재판 기간에 불어난 이자까지 되돌려 받는 사건을 겪었다. 많은 기업과 자영업자를 열광케 했다.

항상 '을'로서 세무서에 겁을 내며 살아왔는데 세금을 돌려받고 세무서 직원을 고발까지 했으니 깨끗한 기업임이 입증됐고 여론이 뭔가를 보여준 여명을 응원하니 전국적으로 홍보가 되고 매출은 급성장하였다. 전화위복이 되었다.

★ 인생이란 무엇일까?

산골 촌에 살고 계시는 90이 넘은 작은아버지, 폐암으로 치료 중이다. 30여 년 전부터 매달 생활비를 100만 원씩 보내드렸다. 시골에서 돈 쓸 곳이 별로 없어 작은어머니가 30%를 직접 쓰고 70%는 며느리가 생활비로 쓰고 있는 것으로 안다. 회갑 잔치부터 고희, 희수, 산수, 미수, 졸수 잔치도 차려드렸고 그 집안에 크고 작은 일을 모두 돌봐드렸다.

촌 동네는 의료시설이 없고 낙후된 곳이라 병원 다니기 힘이 든다. 여명 공장이 있는 철원은 그래도 큰 병원이 있어 조카 집에 와 있으면 병원에서 의사가 왕진을 오게 하여 치료를 잘 받을 수 있고 돌봐드릴 수 있는 인력이 항상 곁에 준비돼 있으니 나오시는 게 어떨까 말씀을 올렸다. 당연히 고맙다고 하고 우리 집에 와서 치료를 받을 줄 알았는데 그냥 시골에 있겠다며 식구들이 거절했다. 이유를 알아보니 작은아버지가 철원 내 집에 나와서 치료를 받으면 혹시라도 매달 100만 원씩 보내주는 생활비를 안 보내줄까 봐 작은어머니와 며느리가 못 나가게 말리고 있다.

이것이 인생이다. 이것이 바로 사람의 삶인 것이다. 사람이야 아프건 말건 치료는 어차피 나이가 연로하여 결과가 뻔하니 받던 용돈이나 계속 받는 게 더 이득이라고 생각하고 집에서 치료하고 있다. 사람의 목숨이 달린 중요한 일이 아닌가? 조금이라도 편히 모시고 조금이라도 고통을 덜어 드리고 마지막 순간까지도 완치를 위해 최선을 다하는 것이 사람의 도리이거늘…. 돈 100만 원 받아쓰는 맛에 내 청을 거절하다니 옛날 같으면 당장 호통을 치고 일사천리로 처리하고 싶지만, 어른이 되고 보니 모든 게 이해가 된다.

어떻게 치료하나 가봤더니 내일모레 곧 돌아가실 분이 환자복을 입고 앞에는 6·25 때 받은 훈장을 달고 목에는 그동안 탔던 메달을 걸고 있었다. 죽음이 눈앞에 온 마당에 그게 무슨 소용이 있나?

"돈 있으면 팍팍 다 쓰고 멋있게 살다 후회 없이 가야 해! 안 쓰고 안 먹고 고생고생하면서 빌딩 짓고 땅 사고 큰소리치고 자랑하다가 아쉽게 죽어봐. 괜히 자식새끼들 재산 싸움이나 하고 죽어서도 욕 듣고 좋은 꼴 못 봐. 있을 때 어려운 사람 도와주고 이웃이나 친구에게 밥 사고 술사고 즐기면서 재미있게 살아. 인생 뭐 있어?"

나이가 들면서 언제부터인가 장례식장에는 가지 않는다. 조의금을 보내고 애도의 뜻을 표하고 유족들에게 전화로 위로하지만 직접 다니는 것을 삼간다. 장례식장에 가면 분위기가 우울해지고 나 자신이 어찌 됐건 죽음에 대해 깊은 생각을 하게 된다. 한순간이라도 밝고 유쾌하게 살아야 결혼식장도 잔칫집도 가지 않는다. 음식을 누가 떠다 주면 이제 인생 끝났다는 느낌이 들것이고 내가 떠먹다가 흘리기나 하면 남들에게 미안하고 추하게 보이는 것 같아서 신경 쓰인다.

유명하다고 언론에 공개되어서, CF로 매일 방송을 타다 보니 만나는 사람마다 인사를 하게 되고 무엇인가를 묻고 붙들고 시간을 끄니 난감하다. 그냥 지나치면 무례하다 냉정하다 손가락질받고 일일이 주문에 응하자니 시간 걸리고 귀찮기가 죽을 지경이다. 나야 돈이라도 많이 벌었으니 다행이지만 유명인들의 삶이 얼마나 험난하고 실속 없는 일인가를 집작할 수 있다. 인생 뭐 있나? 내가 즐겁고 내가 편해야지, 격식에 남의 눈높이에 맞추려다가는 아무것도 못 한다. 온종일 피곤하다. 눈치 보며 끌려다니지 마라, 하고 싶은 거 하고 하기 싫은 건 적당히 거절하며 살아라.

✱ 누구나 아내는 무섭다

그립고 정다운 사람들을 자주 봐야 한다. 초·중·고·대학 동창들, 군 동기들, 시골 친구들을 매년 회사에 초대해서 성대하게 잔치를 열어준다.

식사도 최고급으로 선물도 푸짐하게 차량도 제공하고 여명808도 듬뿍 싸준다. 유명 연예인도 불러 보고 싶은 추억의 쇼를 선물기기도 한다. 여명 회사 내에 200여 명 묵을 수 있는 숙박시설이 잘 돼 있다. 잘 먹고 잘 쉬고 초대 손님들과 헤어질 때는 개개인에게 2~30만 원씩 용돈을 주는데 어떤 친구는 준 돈을 호주머니에 넣지 못하고 손을 벌벌 떤다. 나는 내가 준 돈에 감격해서 그러는 줄 알았더니 그게 아니다.

"남 회장, 나 이 돈 마누라한테 신고해야 하나?"

"그냥 써도 돼…."

"세상에나!"

한두 명이 아니다. 부지기수다. 얼마나 마누라 눈치를 보고 시달리며 살길래 저렇게 됐을까? 가엾은 생각이 든다. 학창 시절에는 다 똑똑하고 정상적인 애들이었는데 세월이 무섭다. 여자가 무섭다. '저게 내 친구 맞아.' 화가 나서 봉투를 다시 뺏고 싶어진다. 물론 부인들한테는 비밀을 지켜준다. 나도 용돈 준 건 내 처한테 절대 얘기 안 한다. 다 그렇다.

✱ 밥은 먹고 다녀라, 돈은 내가 낸다

남종현 회장의 원어, "1년에 밥값으로만 쓰는 돈이 20억이 훨씬 넘어유~ 그러니께. 한 달에 2억 이상 쓰지유. 매일 따지면 700만 원씩 밥을 사야 혀. 근데 밥을 사려면 먹을 사람이 있어야지 밥을 먹을 사람 찾아다니는 것도 이게 보통 힘든 게 아니여유. 매일매일 사느라고 여기 저기 뛰어다니는데도 얼마 못 산다니께. 사람이 먹고 싶은 걸 못 먹고 배가 고파서 허기가 지면 그거보다 더 불쌍한 게 어디 있겠시유? 그 사람들이 고마워유, 내게 밥 살 기회를 주니께. 나는 그렇게 생각히여, 안 그리여? 엄 회장도 코미디 회원들 밥 먹을 때 밥값 낼일 있으면 나를 불러줘유. 원제든지 내가 다 낼 테니께유."

밥 사면서도 밥 먹는 사람들에게 고마워하는 어진 마음에 절로 고개가 숙여진다. 노숙자를 비롯하여 끼니를 거르는 어려운 사람들에게 무료 급식을 하는 '밥 퍼' 운동에도 연간 수억을 기부하고 있다.

1억 이상의 고액 기부자 모임인 아너소사이어티 클럽 명단에도 올라 있다. 인근 군부대를 비롯한 많은 기관, 단체에 후원자로서 정기적인 봉사와 나눔에 앞장서고 있다.

★ 명문고 명물 371/372등 졸업

남종현 회장의 모교인 청주고등학교는 장, 차관 판·검사를 수없이 많이 배출한 명문 학교다. 장성 출신의 별을 합하면 열 개가 넘는다고 한다.

남종현 회장의 회고

졸업할 때 전교생 372명 중에 371등을 하여 나보다 공부 못하는 사람을 어렵게 따돌리고 당당히 졸업했다. 성적이 나쁘다고 실망해본 적이 없다. 개교 100주년 기념사업회장에 만장일치로 추대되어 학교와 후배에 대한 사랑을 학교 사업을 통해서 성대히 완수하였다. 학교 공부는 몇 년이면 끝난다. 사회 공부는 죽을 때까지 계속된다. 학교 성적에 자만하고 인생에 실패하는 사람이 우리 주변에 얼마나 많은가를 보라! 공부를 멈추면 사망이다. 807번을 실패했고 오직 마지막 한 번 808번째만에 겨우 성공했다. 아프리카 가봉까지도 전 세계에 걸쳐 어디든지 판매되고 있는 여명808, 우리 제품은 판매가 좀 지저분하다. 반드시 공장에 입금이 완료돼야만 물건이 나간다. 동생 간 회복이 여명808 만들었다. 종이를 뚫어도 발명이다. 16세에 16식구의 소년가장, 절박했기에 오늘이 있다. 인생 Question? 답 없다. 문제를 가져라! 아무것도 하지 않으면 아무 일도 일어나지 않는다. 나무를 심으면 누군가 그늘과 열매와 땔감을 얻을 것이다.

남종현 회장(여명808), 엄영수 회장

홍수환 4전 5기는
아직도 진화하고 있다

★ 챔피언 먹은 10cm 대한국민 만세다!

1974. 07. 14. 남아프리카 공화국 더반 테니스 경기장에 설치된 야외 특설 링 WBA(세계권투 위원회) 밴텀급 타이틀 매치 챔피언 아놀드 테일러를 도전자 홍수환이 15회 심판 전원 일치의 판정승으로 물리치고 새로운 챔피언에 등극했다.

홍수환 선수: 엄마야, 나 챔피언 먹었어.
어머니 황농선 여사: 그래 대한국민 만세다.

당시 먹었다는 말은 일상 용어였다. 춥고 배고프던 시절 만나면 하는 말, "밥은 먹었냐?", "이번 경매 어디서 먹었대?", "야구 우승 군산상고가 먹었다며?", "경영권을 먹어야 하는데…"

어디를 가나 '먹었다.' 판이다. 품위 있고 교양있는 말이 아니어서 꺼림칙했는데 챔피언이 시원스럽게 외치자 마음 놓고 따라 했다. 국민의, 국민에 의한, 국민을 위한 나라가 한마디로 요약하면 대한국민 만세다. 언어 감각이 뛰어난 집안의 어른이시다.

홍수환의 경기는 항상 전 국민을 흥분시킨다. 이기는 순간에는 5천만 동포가 일제히 10cm씩 뛰어서 기쁨을 표출했다. 10cm 사나이(홍수환의 별명)와 어머니는 그걸로 양이 차지 않아서 유행어를 날려 우리를 즐겁게 했다.

✳ 스타는 괴로워야 해

김포 공항에서 시청 앞 광장까지 홍수환 챔피언의 가족이 함께 카퍼레이드를 펼쳤다. 시청 앞 환영 인파가 박수와 함성으로 천지를 진동시켰다. 1966년 6월 27일 김기수 선수가 WBA 라이트 미들급 챔피언이 되어 바로 이 자리에서 했던 우승 소감을 먼발치에서 들으며 언젠가는 김기수 세계 챔피언처럼 되겠다고 꿈을 되새겼던 16세(고등학교 2학년) 소년이 8년이 지난 오늘 드디어 꿈을 이루고 연단에 섰다. 세계 챔피언에 올랐으니 현역 수도경비사령부 제5군사 경찰대대 본부중대 홍수환 일병은 팔자를 고쳤겠지, 일 계급 특진했겠지, 돈방석에 앉았겠지, 모두 부러워했다. 사실 그랬어야 하는 거 아닌가? 국민께 위안을 주고 희망을 주고 감동을 주고…. 그러나 오히려 챔피언이 되고 나서 엄청난 시련을 겪게 된다. 챔피언은 부대와 지휘관들이 공을 세워 이룬 것이지 홍수환 일병은 나라에 바친 몸 아닌가?

"홍수환 일병은 군에서 부여한 업무를 철저히 수행하고 훈련과 내무반 생활을 다 하면서 여가 시간을 활용하여 체계적이고 효율적인 연습을 시킨 결과 챔피언을 만들었습니다."

"군 복무는 복무대로 다 하고 특혜 없이 세계 챔피언이 냈다니 앞으로도 계속 그렇게 투철한 군인정신을 갖고 복무에 충실히 임하도록 해

수고했어."

홍수환 챔피언은 이제 정말 남는 시간 동안만 연습해야 하는데 군대서 남는 시간이 어디에 얼마나 있나?

챔피언이 된 후로 부대 훈련, 유격 훈련, 일상 업무, 보초 불침번을 열외 없이 했고 챔피언이 되기 전 부대에서 알게 모르게 주던 특혜가 모두 없어졌다. 군 식당에서 밥을 먹으니 체중이 는다. 권투선수는 특수 식단을 짜야 하는데 그것이 어렵다. 나중에 대전을 치를 때 계체량 측정 때문에 피를 말리는 어려움을 겪어야 한다.

✳ 불멸의 승부사, 4전 5기 신화 창조

1977년 11월 27일 파나마, 파나마 체육관 WBA 주니어 페더급(슈퍼 밴텀급) 초대타이틀 결정전 11전 11승 11번 KO승. 파나마의 신예 헥토르 카라스키야와 홍수환 선수의 대결.

최근호 매니저의 회고

"수환아 너 여기 비기려고 왔냐? 비기려고 해도 적을 네 번은 다운시켜야 한다. 다섯 번 다운 시킨다는 건 불가능해. KO 아니면 우린 못 이겨 3회에 다 쏟아붓는 거야, 3회 끝나면 방 빼고 간다. 방 뺀다고!"

홍수환은 2회 네 번 다운 당했으나 3회 역전 KO승을 거뒀다. 권투사에 유례가 없는 4전 5기의 신화를 창조했다. 위대한 복서로 다시 탄생한 홍수환! 복싱의 역사를 새로 쓴 불멸의 승부사! 대한민국 전 국민은 감동과 흥분의 도가니였다.

신화 창조를 이룩한 주역이 있다. 세계적인 강자 멕시코의 알폰소 자모라. 홍수환에게 권투인생의 중요한 길목에서만 2패를 안겼다. 그러나 홍수환이 누군가 위기를 즐기고 위험에 반갑게 달려드는 사나이다. 무엇인가 안 맞는 상대가 있다면 그때는 돌아가는 전략이 필요하다. 패배를 인정하고 전화위복으로 만드는 것이다. 주니어 페더급으로 한 체급을 올려 따라올 수 없는 새길을 개척하는 것이다. 남자의 오기로 패배에 대한 복수심으로 집착하면 망하는 길이다.

　홍수환은 깊은 산 속으로 들어갔다. 도를 닦으러? 아니다. 도끼를 한 자루 갖고 들어갔다. 도끼로 끊임없이 나무를 패는 작업을 시작했다. 15라운드를 질주할 수 있는 지구력 배양, 어깨와 팔과 주먹의 힘을 합하여 펀치력을 키우면 누구라도 이길 수 있다. 산속에 도끼로 나무 많이 까는 소리가 밤낮 하염없이 울려 퍼졌다. 산속에서 모든 것을 끊고 오직 도끼로 "나무마니 까라스끼야!"를 외쳤다. 도끼로 나무 많이 까라+까라스끼야의 합성어 도끼로 "나무마니 까라스끼야!"를 중얼거리며 세계타이틀을 노리고 있으려니 아! 드디어 카라스키야가 찾아왔다. 챔피언 결정전이 성사되었다. 세상에 이런 일이!

　남대문시장 삼익 패션가게 홍수환의 누나가 재기 자금 30만 원을 건네주었다. 챔피언을 빼앗기고 리턴 매치마저 실패하자 저물어버린 퇴역선수 취급을 당하는 어려운 처지에 있을 때 격려하였다. 1976년 12월 하와이로 재기 훈련차 날아갔다. 챔피언 벨트는 독식하는 물건이 아니다. 인생이 흘러가듯 흘러가는 것이다. 아름다운 권투 사를 써나가야 한다. 권투는 즐겁고 경쾌하게 힘과 기를 겨루는 세계 인류의 축제가 되어야 한나는 철학을 깨달았다.

　"내가 가장 듣기 싫은 말이 '홍수환은 권투 선수치고는 참 똑똑한 사람'이야. 칭찬인지 욕인지 판단이 안 된다."

권투 선수는 대개 환경이 어렵다. 사실 부유한 집안에서 때리고 맞는 스포츠를 평생의 직업으로 갖는다고 하면 어느 부모가 허락하겠는가? 극한 상황에 가면 사망에 이르기도 한다. 사람의 잔인성도 진화된다. 권투로 만족할 수 없어 킥복싱을 만들었고 더 나가서 격투기를 만들었다. 당연히 말리려 들것이다. 그러나 홍수환 가족은 달랐다. 아버지가 권투 마니아로서 아들과 함께 권투장을 찾아 즐기는 권투 광팬이었다. 앞집에 권투계의 유명한 김준호 매니저가 살았다. 무엇이든지 하겠다고 말하면 밀어주는 열성 어머니가 계셨다. 복싱에 감동을 하여 세계 챔피언이 되겠다고 일찍부터 결심한 근성과 오기로 뭉친 홍수환 선수가 있다. 이쯤 되면 권투를 피해 다른 무엇을 하겠나?

홍수환과 기념촬영

★ 인생은 운명 재수하고 친해야 해

홍수환 선수가 하고 싶었던 말을 인터뷰를 통해서 알아보았다.

① 평생 때리고 맞는 일만 했는데 은퇴했으니 뭐로 먹고 사나? 사람들은 때리고 맞는 얘기를 너무 좋아한다. 있는 대로 얘기해 주다 보니 하루아침에 명강사라는 거야. 참, 세상에…. 강의를 천 번 넘게 했다. 할아버지가 공산당에 의해 돌아가셔서 공산당을 싫어한다. 문재인 정권 때는 강의를 거의 못했다. 정권이 바뀌는데 소식이 없다. 우리끼리 골이 너무 깊다는 얘기다.

② 우리라고 다 맞나? 그냥 막 휘둘러대면 갑자기 상대 선수가 안 보여 어디 있나 찾아보니 바닥에 누워 있더라고….

③ 아놀드 테일러가 나를 제일 약하다고 불러들였지, 사실 군에서 엄청 훈련했는데 재수 없이 날 불렀고 나는 운 좋게 불려갔고 그거지.

④ 어머니가 "그 집 딸은 관심 꺼라! 권투나 잘해!" 야단치니 가만있었으면 아무 일도 없을 걸 괜히 어머니 말에 관심을 두게 돼서 딸을 낳았으니 선수 생활 되겠나? 이겨야 먹고사니 할 수 없이 계속 이기더라.

⑤ 카라스키야와 챔피언 결정전 재수 좋았다. 3번 다운 당했을 때 심판이 "아웃." 하면 지는 거다. 4번 때는 더 말할 필요 없다. 내가 자꾸 일어나니까 심판이 할 일이 생긴다. 재미가 있으니 어디까지인가 보려고 속행을 한 거다. 무제한 다운제라도 선수 생명 보호라면 끝이다. 형이 타월을 던졌어도 아웃이다. 다운이란 건 정신이 나간 상태. 10초에 돌아오지 못한다. 무의식적으로 훈련된 정신력으로 그냥 반사적으로 움직일 뿐이다.

⑥ 권투는 상대를 10초만 눕히면 이기는 아주 쉬운 경기다.

⑦ 53kg 520g이 한계 체중인데 53kg 720g이 측정돼 실격이다. 체중계를 푹신푹신한 곳에 놓고 재면 200g이 더 나온다. 함정에 빠진 거다. 계체량 장소에 갔더니 바뀠다고 한다. 2번씩이나 골탕을 먹인다. 지치게끔 신경전을 하는 것이다. 마지막 장소에 갔더니 자모라가 먼저하고 갔단다. 우리가 국력이 약하기 때문에 당한 것이다.

⑧ 니콰라과에서 내 경기 이틀 전에 제1회 세계 야구대회가 열려 한국 선수가 일본 미국을 물리치고 우승했다. 나도 할 수 있다. 한국의 운이 좋다는 희망을 품고 승리를 자신했다.

⑨ 3라운드에서 실수로 벨트라인 밑을 가격했다. 심판이 뒤에 있어서 못 봤다. 한 손으로 상대 몸을 누르고 재고 쳤는데 원래 반칙이다. 경고해야 하는데 심판도 정신이 없었다. 행운이었다.

홍수환 의 명언

- 내가 교만해지면 하늘은 더 센 놈을 보냈다. -
- 미치면 된다. 미치면 지치지 않는다. -
- 나는 반드시 이긴다는 믿음이 있어야 이긴다. -

파란만장 김흥국

직업이 열 가지

✳ 양주 구하러 기내 탈출

대한항공 회장의 요청으로 하와이 교민 위문공연단이 출발했다. 단장 이주일 선배를 비롯해 단원 이덕화, 조영남, 김흥국, 막내 가수 김완선, 박남정, 당시 국내 정상급을 다 넣었다. 김흥국은 일등석 (first class)을 그때 처음 타봤다. 비행기를 타면 항상 지루하다. 빨리 도착하고 싶다. 기내가 위험한 곳이란 걸 알기 때문이다. 잠을 자려 해도 잠이 오지 않는다. 비행기의 소음, 진동도 신경이 쓰이는데 승객들의 화장실 드나드는 소리, 승객에 대한 서비스를 위해 분주히 움직이는 스튜어디스, 공중에 떠 있다는 불안감, 가끔 기류 이상으로 비행기 전체가 흔들리거나 드물지만 밑으로 가라앉는 현상 등이 있으니 어찌 잠이 오랴!

이주일 선배는 그래서 비행기를 타면 술을 마시고 빨리 잠들어 버리는데 그날은 모처럼 좋은 후배들과 어울려 낭만의 섬 하와이로 향하니 기분이 좋았다. 아끼고 좋아하는 축구 마니아 김흥국이 있으니 마음이 잘 맞았다. 출발부터 양주를 들이켜기 시작했다. 나중에는 코냑, 와인 일등석에 배정된 술을 몽땅 다 마셨다. 김흥국은 젊음이 넘치는 때인지라 마구 들이켰다고 한다. 비즈니스, 이코노미 좌석까지 다 뒤져서 비행기 안에 있는 모든 술을 다 마셨다. 이주일 선배가 계속 술을 구해 달라고 부탁을 하니 기장이 나서서 간절히 읍소를 했다.

"저희가 미처 준비를 못 했습니다. 용서하시고 그만 주무시면 내일 일 보시기도 편하실 것입니다."

고개를 숙이고 거의 무릎을 꿇다시피 하여 죄인처럼 아뢰었으나 "당신네 대장의 명을 받들어서 가는데 딱 술 한잔 더 달라는데 그걸 못 주냐? 왜 안 주냐? 분명히 여긴 없다, 이거지?"

"네, 분명히 없습니다. 제가 확인했습니다."

"그러면 밖에 좀 나가서 사오면 될 거 아니냐? 귀찮으니깐 그걸 가기 싫어서… 밖에 나가면 지천에 널린 게 술인데 내가 직접 나가서 사올 테니까! 흥국아! 문 좀 열어봐라. 너 자지 마라, 나 올 때까지…."

★ 해병대 악바리 근성

김흥국 실태 조사서를 보자. 가수, 방송 DJ, 코미디언, MC, 예능, 만능, 초대 손님, 각종 홍보대사, 월드컵 축구 10회 연속 응원참가, 축구 스포츠맨, 해병전우회 중앙회 부총재, 대한가수협회장 한 연예인이 이렇게 많은 분야에서 특출나기는 쉽지 않을 터…. 그는 모든 대응을 웃음으로 처리한다. 물론 다양한 활동의 원동력은 해병대 악바리 근성이 아니었을까?

스타. 김흥국은 지금이 딱 좋아. 더 유식해지거나 한발 빠지면 스쿨존을 벗어날 수 있다.

✶ 이주일 선배의 후배 사랑

김흥국 회고

방송 데뷔한 후 축구행사장에서 이주일 선배를 처음 만났다.

"흥국아 넌 이제 인생 끝난 줄 알아라. 나 보고서 '백 년에 한 번 나타날까 말까?' 한 사람이 왔다고 했는데 너는 나보다 더하면 더했지, 너 같은 인간은 다시는 세상에 또 태어날 수가 없다."

이주일 선배는 만날 때마다 내게 희망과 격려를 해주셨다. 중요한 쇼에는 반드시 나를 캐스팅하셨다. 캐피털 호텔 나이트클럽 경영주로서 거금의 출연료를 주셨다.

"우리 업소는 무대에 연예인들 안 세운다. 손님이 너무 많이 밀어닥쳐서 죽겠다. 좀 퍼내야 한다니까? 더 올까 봐 겁이 난다. 자식아, 안 그러냐? 왜 그러냐니깐? 흐흥 크크크(특유의 웃음)…"

일주일에 손님 많은 날로 하루만 출연하고 뒷문 주방으로 해서 몰래 들어왔다가 블루스 끝나면서 호랑나비 전주 나올 때 등장한다.

"1곡만 딱 하고 아무 말 없이 그냥 사라져."

시키는 대로 했더니 대박 초대박이 터졌다. 내가 인기 절정일 때 막 노래에 물이 올랐을 때인데 손님들의 환호성과 박수가 얼마나 광적이었는지 경비가 나와서 제지해야 할 정도였다. 갑자기 없어지니까 의혹과 추측이 난무할 수밖에 이미테이션인가? 짜가인가? 웨이터에게 물어보면 "몰라요, 누군지. 오늘 공연 있다는 얘기 없었는데요?"

미리 각본이 돼 있다. '김흥국이 왔다 갔다. 아니다, 김국환이다. 김종국이다. 모창이다…' 말이 많으면 영업은 탄력이 붙는다. 쇼 연출의 탁월한 아이디어가 많았던 이주일 선배, 후배 사랑이 지극하셨다.

✻ 용산이냐 여의도냐

정치에 손을 대든지 발을 담그면 모든 것을 다 이룰 것 같은데 아쉬움이 들었다.

엄영수: 운동 많이 해?

김흥국: 조기 축구회 매주 뛰고 있죠.

엄영수: 선거운동인데?

김흥국: 다른 일 전폐하고 올인했죠.

엄영수: 정몽준 유세차, 나랑 같이 탔었는데?

김흥국: 아, 그랬어요? 기억이 안 나요.

엄영수: 수도권 돌고 난 일 때문에 부산 갔고 자기는 명동 갔다가 사고 났잖아?

김흥국: 아, 그랬었네요? 역사의 키를 제가 쥐게 됐었는데, 결과가 참….

엄영수: 이번에 시중에는 나간다는 말이 있던데?

김흥국: 공천이 어렵죠. 이런 경우 외국에서는 전국구 활용하죠?

엄영수: 공천받지 말고 공천을 주지그래? 대선에 나가라구?

김흥국: 으악! 앗싸 대선! 거기까지 들이대면 나의 실수예요!

엄영수: 누구나 아는 허경영이 뭐야? 경영이 허하다 욕심을 버렸다는 뜻 아냐?

김흥국: 심사숙제 좀 해 볼게요….

엄영수: 뭐라도 해봐. 용산이든 여의도든 해야 돼….

엄영수, 김흥국

★ 김흥국에게 전하는 글

일명 코털…. 아무에게나 어디에라도 들이대고 보는 뻔칠이 아빠, 상
상만 해도 유쾌한 후배입니다. 처음 김흥국을 만난 것이 호랑나비를 들
고 나타난 1988년이었으니 근 40여 년, 조금은 부족한 것 같은데 속
은 꽉 차있고, 속이 꽉 차 있는 거 같은데 철부지 같은…? 해병대 출신
이라는데 혹시 방위가 아닌가 할 정도로 순수한…? 그래서 더 호감이
가는 친구입니다.

자칭 축구 선수라는데 손흥민 급은 아니고 조기축구회 감독…? 글
쎄요, 그것도 좀 생각해 봐야 할 거 같은 생각이 드는…? 아무튼 누구
에게도 피해 주지 않는 순수하고 재미있는 후배로 오래도록 옆에 있어
주면 좋은 사람입니다. 본인은 호랑나비, 59년 왕십리가 최고 가요라

하지만 남진의 빈 잔을 능가할 수 없다는 걸 아는지 모르는지….

조금만 철이 더 들어 본인의 재능을 십분 발휘하여 대한민국을 들었다 놓을 정도의 가수가 되기를 기원합니다.

흥국아…. 사랑한다….

– 삼류 딴따라 박일남.

★ 가장 비싼 소품 김흥국

이주일 선배 인기가 최고조에 달했던 시점 63빌딩 첫 번째 디너쇼가 있었다. 초대 손님은 단 두 명에 불과했다. 출연료는 디너쇼 사상 최고의 금액이었다. 공연 조건은 서있기만 하다 내려갈 것과 절대로 말을 해서는 안되며, 특히 웃거나 화를 내거나 표정을 지으면 안 된다. 그런 경우는 출연료를 몰수하고 공짜 공연을 시킨다는 계약을 했다.

"요즘 최고의 사랑을 받는 인기 정상의 두 인간을 소개합니다. 한 인간은 '매일같이 징징거리고 울어대는 우거지상으로 정말 지겹다. 지겨워. 그만 좀 울어라. 언제까지 울 거냐? 울고 싶어라'의 주인공 이남이입니다. 또 다른 한 인간은 '무대만 올라오면 엎어지고 자빠라지고 잠시라도 가만있지를 못하고 땅바닥에 머리통을 처받고 흔들어 대면서 주접에 발광을 있는 대로 떠는 호랑나비'의 주인공 김흥국입니다."

이주일 양쪽 옆에서 나온 게스트가 횡렬로 섰다. 그야말로 그 그림만 보고도 디너쇼 객석에서는 폭소 만발 웃음이 63빌딩을 무너뜨릴 정도로 심하게 흔들어 댔다.

"니들 얼굴 좀 펴고 살아라. 남에 잔칫집에 고춧가루 뿌리러 왔냐? 왜 구겨 갖고 울어대냐? 남이야 울고불고 곡한다고 누가 돈을 주냐 밥을 주냐? 염병을 해라 염병을 해. 흥국이 너는 애들 장래를 망치지 마라. 미친 듯이 비틀구 돌리구 애들이 그거 따라 하다가 땅바닥에 헤딩해 갖구 머리 깨진 애가 하나둘이 아냐…"

게스트들만 일방적으로 계속 혼쭐이 나니까 불쌍했는지 나중에 퇴장할 때는 관객이 일제히 일어나서 열렬한 기립박수를 무대가 잠시 끊기도록 한동안 쉬지 않고 보내주었다. '울고 싶어라'와 '호랑나비'는 이주일 디너쇼에서 인간 소품 역할을 충실히 했다. 세 사람이 뭉쳤다는 것만도 큰 화제요 웃음거리다.

이주일 선배는 쇼맨이면서 쇼 연출, 쇼 기획에도 탁월한 실력을 갖춘 위대한 코미디언이었다. 그것을 계승한 제자가 김흥국이다. 김흥국은 나라 사랑, 축구 사랑을 실천했다. 오늘에 월드컵 4강 신화 손흥민, 박지성, 김민재의 세계적인 대활약은 김흥국이 뿌린 씨의 열매가 아닌가! 사심 없이 열정을 다 바쳐 뛰고 노력했다. 그러나 그가 받은 대가는 국제 경기 초대권 몇 장이 전부였다.

김흥국 아들과 다정한 한때

김흥국 딸과 마라톤 대회 참가

예술은 길고 방송은 짧다, 이상벽은 적당하다

★ 될성싶은 이상벽, 홍대부터 알아봤다

이상벽의 회고

고등학교 3학년 때, 대학 진학은 정치외교학과 쪽이었다. 웅변을 잘했고 말솜씨도 좋다는 평을 들었다. 담임선생님이나 진학지도 선생님께서는 학교성적과 집안 형편을 고려하여 졸업 후에 취업이 빨리 되는 홍익대학교 미술대학 산업디자인과를 강하게 권유하셨다. 물론 미술에 관한 소질도 충분히 살폈을 것이다. 이럴 때 떨어지더라도 좋으니 정치외교학과에 시험을 한번 꼭! 쳐보겠다고 결사 항전하는 학생들이 있다. 떨어지는 게 어찌 목표가 될 수 있나? 나는 그런 짓은 안 한다. 우리 학교 미술부 학생들 7명이 함께 지원서를 냈다. 은근히 겁이 났다. 실기 점수 50%, 학과시험 성적 50%를 반영하는 시험에서 절반은 지고 들어가는데 무슨 수로 미술부 경쟁자를 젖힐 수 있겠나? 결과는 의외였다. 나 혼자만 합격했다.

문제가 커졌다. 첫 번째 문제, 본래 미대를 갈 의향이 없었고 미술 공부를 곁다리로 했지, 집중적으로 하지 않은 사람이 쉽게 합격을 했다는 것.

두 번째, 12년간 정상적인 학교 교육을 받으며 미술 전문가가 되려고 열성적으로 노력한 사람들이 단체로 떨어졌다는 것.

교육에 문제가 한눈에 보인다. 대학은 미래지향적 인재를 원한다. 이상벽 학생은 교과서적이지 않았다. 어디로 튈지 모르는 불안정한 학생이다. 무엇인가 도전적이고 변화무쌍한 학생이다. 동시에 합격생이다.

엄영수, 이상벽 (기와 그림 앞에서)

✳ 오래 사는 세상이 왔다, 같이 가자

"직업을 계속 바꾸면서 오랜 세월에 한 번도 휴식기를 갖지 않는데 여전하시네요?"

이상벽: 건강은 걷기가 기본이고 여유가 있으면 좀 뛰고…. 전에 관악
산 등산을 한 10년 이상 매주 했지 요새는 특별히 하는 건

없고 아, 이건 꾸준히 하고 있어! 팔굽혀펴기, 앉았다가 일어서기는 하루 각각 100번씩 해. 건강을 위해서 하는 운동이니까. 어떤 날은 70번 또 어떤 날은 120번씩도 하고 자유자재로 조절을 하지 꼭 횟수에 매여서 하지는 않아. 김형석 교수는 100세를 넘기고도 건강하게 활동을 하시잖아? 담배를 90전까지 피우셨는데 끊으셨대, 계속 걸어서 강의를 다니시기 때문에 버틸 수 있다고 봐! 윈스턴 처칠은 78세에 노벨문학상에 도전해서 성공했고, 그 독한 시가를 늘 입에 달고 살았는데도 92세까지 살았지. 당시 나이를 지금 시대로 환산하면 100세를 훨씬 더 산 거지, 나이 든다고 두려워 할 것이 하나도 없어. 나쁜 습관 있으면 고치고 바르게 살려고 하면 셀 수 없이 오래 살지.

술은 소주·맥주, 소주·양주 폭탄주로 맥주잔 다섯 잔쯤은 쉽게 하지. 취하려고 마시는 술이니까 신나게 마셔라! 내일 다른 일이 없다면, 더 뛰고 더 땀을 뺄 수 있으면 더 많이 마셔도 되고 컨디션이 나빠서 대충 운동 할거면 마시는 양을 줄이고 도수도 약한 술을 선택하라는 거지. 하여튼 대책 있게 마셔! 대책 있게 살아!

걸을 때는 몸에서 (+)(−)전기가 발생해, 이것이 에너지로 저장됐다가 몸을 위해서 쓰이는데 건강을 위해서 산책이 상책이지만 운동 중독이 되면 생채기가 생기니 조심할 일이지. 영화배우 신성일 의원이 국회 운동장을 하루에 몇 바퀴씩 돌았는데, 하루라도 거르거나 한 바퀴라도 횟수를 못 채우면 다음 날이라도 반드시 목표량을 채웠지. 사람마다 운동하는 방법, 건강 비법이 다른데 하여튼 무리하면 안 돼, 살다 보니 별일이야. 너무 오래 사는 세상이 됐단 말이야. 세상일이란 누구나 무조건 따라가야 하는 것 아니겠어? 어쩌겠나? 오래 살고 가야지 따라들 가자고(go)!"

★ 북두칠성 남기고 우연히 없어진 세시봉

세시봉 외부

1966년인가? 무교동에 허름한 단층 짜리 기와집에 팝 음악감상실 세시봉이 있었다. 별다른 무대도 장치도 없었다.

뮤직박스 앞에 의자 몇 개 더 놓고 그게 무대라고 우기면 할 말은 없다.

여기에 유명한 문화예술인들이 간혹 드나들곤 하였는데 미팔군에서 노래하는 조영남 가수가 우연히 놀러 왔다가 주변 지인들의 권유로 딜라일라를 불렀다. 노래 실력도 스테이지 매너도 멘트도 종래의 가수들과는 전혀 다른 별종 신인류였다. 소문이 TBC TV『쇼쇼쇼』까지 번져 단숨에 전속 가수가 된다.

일약 대스타로 급부상하였다. 매주 금요일에는 전국 대학교 명물들이 출연하는 젊은이의 광장이 동양방송 라디오 이백천 PD의 기획으로 이뤄졌는데, 청춘 학도 이상벽이 음악을 들으러 왔다가 우연히 마이크를 잡는 바람에 명품 MC로 입성하게 됐다. 도식적인 미사여구의 기존 MC들과는 색깔이 전혀 달랐다. 아나운서 식의 겉치레, 인사치레를 빼고, 해방 후 한글 교육을 제대로 받은 1세대답게 학구적이고 대중적 친밀감이 넘치는 화법으로 감상실 판(LP 판) 전체를 뒤집어엎어 버렸다. 내친김에 CBS 라디오 「명랑백일장」 MC로 진출하였다. 그야말로 속전 속결이다.

재주꾼들은 그 좋은 무대를 다 놔두고 왜 하필이면 비좁고 누추하고 초라하기 그지없는 세시봉 집구석에 무엇이 먹을 게 많다고 꾸역꾸역 몰려드는지 종잡을 수가 없다. 송창식, 윤형주, 이익균이 세시봉 트리오를 결성했으나 이익균의 입대로 즉시 해체했다. 송창식, 윤형주가 투윈폴리오(두장의 악보)를 결성하여 우연히 번안곡 하얀 손수건을 불렀다.

충격적인 초대박을 터뜨렸다. 전국의 학생들이 한결같이 모두가 하얀 손수건을 갖고 다닐 정도로 파급 효과가 컸다. 엄청나게 음반이 팔려나갔고 많은 학생이 따라 불렀다. 트로트 일색이던 대중음악을 꺾고 지각변동을 일으키기 시작했다. 7080가요의 출발을 알리는 신호탄이 되었다. '그건 너'의 이장희, '사랑하는 마음'의 김세환, '물 좀 주소'의 한대수가 올 리가 없는데, 정말 우연히 가세하면서 폭발력은 더욱 강렬해졌다. 청년문화의 주체 세력이 됐다.

공연중인 세시봉 내부

마치 공장에서 물건을 찍어 내듯 이 열악한 좁은 공간에서 뭉텅이로 한꺼번에 일곱 개의 별이 탄생하게 된다. 원인과 이유를 따지고 알 필요도 없이 말릴 틈도 없이 자고 나니 스타가 돼 있더란 것이다.

이상벽 MC는 제대를 하고 나서 세시봉 업소 MC도 CBS 방송 MC도 거절하고 경향신문 연예인 취재 담당 기자로 변신했다. 그는 멀리 본다. '이상벽', 그 이름대로 상전벽해가 이뤄졌다. 이곳에서 일어난 일은 모두 우연이었다. 당연하게 됐다는 연예인이 한 사람도 없다. 그러더니 어느 날 세시봉은 정말 우연히 없어졌다. 누군가가 재개발을 추진했다. 들어봤나? 재개발 밟히면 없어진다.

✱ 돌고 돌아 기왓장 화가로 회귀

이상벽 방송인은 흙냄새, 풀냄새 나는 시골이 좋아서 지기·천기라 하거늘 홍성에 한옥을 짓고 영구 귀향하였다. 기와 화가로 변신하여 작품 활동에 전념하고 있다. 효성이 지극하여 아버님께서 76세까지 사셨고, 어머님은 내일모레 100세가 되시는데 국내 최고의 시설에 가장 비싼 호텔보다 더 고급스럽고 멋진 요양원에 모셨다. 거의 매일 문안을 올리는 것으로 아침을 여는데, 어제는 맥주를 마시다가 혹시나 해서 "어머님도 한잔하시겠어요?" 했더니 어머님께서 "그래, 나도 한 잔 주겠니? 이리 다오." 맥주를 마시면서 "어머님 오래오래 사세요. 건강하셔야 해요.", "얘야, 오래 사는 건 내가 너보다 선배야? 내가 할 말이 많지, 네가 더 많겠니?" 서로 술잔을 나누며 두어 시간 넘게 행복한 시간을 가졌다고 한다.

공주에 있는 힐스포레(6만5천 평, 문화예술 힐링 촌) 건물 한 편에 이상벽 화가의 예술혼을 불태운 기와 그림이 전시되어 있다.

이상벽: 기와가 3~4백 년 이상 된 것인데 원적외신을 방출하고 있다. 즉, 기가 있다. 기와 자체만으로도 보존 가치가 충분하고 손색없는 문화재라고 본다. 옛날에 있었지만, 남들이 하지 않는 것을 발굴해서 되살려보고 싶었다.

본래 미술학도로서 공부했고 그 꿈을 갖고 사회에 첫발을 내디뎠으나 더하고 싶은 것이 생겼고, 남들의 요청으로 할 것을 하다 보니 홍대 미술학생-음악 감상실 세시봉 MC-CBS『명랑 백일장』MC-경향신문사 연예부 기자-『주부 가요열창』-『아침 마당』-『TV는 사랑을 싣고』MC-사진작가-아카데미 특강 강사-미술 기와 화가. 한 바퀴 돌았지만 결국 시작과 끝이 맞

엄영수-이상벽(힐스프레 앞에서)

아 떨어지는 삶을 살게 됐다. 늘그막에 다만 생계를 위해 계속 일을 하며 특별한 일 없이 보내기는 억울하다. 미술을 하며 생각하는 시간을 갖게 된다. 회귀한 것은 운명적으로 다행한 일이다.

＊ 스튜디오를 탈출하라 우주 밖으로 나가자

방송 프로그램의 흥망성쇠가 사람의 흥망성쇠를 좌우한다.

사람이 방송의 노예가 된다. 방송에 나가면 살고 잘리면 죽는다고 믿는다. 쉼의 미학을 모르는 사람들은 지금의 인기에 연연하여 계속 방송을 붙잡다 보니 건강을 잃게 된다. 쓰러져도 방송 무대에서 연기하다 쓰러지겠다는 사람이 많다. 무대는 연기하는 곳이지 쓰러지러 올라가는 데가 아니다. 무대는 중노동의 현장이다. 힘들면 쉬었다 가면 된다. 별거 아니다.

> **이상벽:** 오로지 한 가지 일에 집중해야 하는데 여러 가지를 한꺼번에 하려는 습관이 방송에 와서도 변하지 않았다. 물론 그래 봐야 프로그램은 2개 정도 했는데, 요즘 방송인은 5~6개씩 겹치기 출연을 하니 이건 너무 심하다는 생각이 든다.

임국희(MBC 여성살롱 진행자 DJ MC 아나운서), **최불암**(수사반장 전원일기 한국인의 밥상 주인공), 우리 시대 최고의 방송인 개편 때마다 스카우트하려고 제작진이 난리를 치는 대스타들이다. 과연 최상의 행복을 누리는 연기자일까? 고정프로가 없다는 것은 빈 쉼터가 생겼다는 것이다.

자유로운 영혼이 이 세상천지 어디라도, 아니 저 우주밖에 다른 세상을 제 마음대로 돌아다니며 생각의 깊이를 더하고 발상의 전환 속도를 배가하여 새로운 것을 만들어 팬들에게 퍼 날라야 하지 않겠나?

프로그램에 들어가기는 하늘의 별 따기, 프로그램에서 나오는 것은 잘리기 전에는 자신의 힘으로 불가능한 일이다.

1분을 대중 앞에 서려면 100분을 대중 속에 들어가 봐야 한다. 내려놓으면 사는 길이 만 가지나 보이는데 죽을까 봐 두려워서 붙잡고 있다.

방송에서 학습이 끝나면, 그대! 스튜디오를 벗어나라 감옥을! 탈출하여 자연으로 우주 밖으로 나가라! 오직 그대를 위한 길이 있다.

꿈이 나를 만들고
나는 세상을 만든다

✻ 발명가냐? 망상가냐? 살아남은 김기영과 남종현!

제12회 남종현 발명문화대상 시상식이 2023. 10. 07. 강원도 철원 남종현 문화센터에서 열렸다. 전체 37개 기업 37명에게 총 상금 2억6900만 원을 수여했다. 발명가는 위험하다. 목숨을 바칠 수도 있다. 전 재산을 날릴 수도 있다.

성공하면 '발명가'요 천재지만, 실패하면 '망상가'요 무능력자일 뿐이다.

숙취해소제 여명808로 전 세계를 제패한 남종현 회장의 회고

그대는 맛있는 음식을 먹을 때 갖다 주고 싶은 친구가 있는가? 외로울 때 대화를 나누고 싶어 전화하고 싶은 친구가 있는가? 한사람이라도 있다면 성공이다. 살아가는 즐거움이 있을 것이다.

엄영수: 친구 예찬론의 주인공이 누군지 궁금했다. 오맥스 김기영 회장이다. 국민 과학교육을 위해 값싸고 품질 좋은 국산 교육, 기자재, 특히 광학 기계를 만드는데 일생을 바쳤다. 두 분은 35년 지기 절친이며 발명가 동지로서 한평생 외길을 걸어온 사이다.

✱ 기왕이면 이룰 수 없는 꿈을 꿔라!

여명808 남종현 , 오맥스 김기영 발명가

　아주 어렸을 때 자동차를 무척이나 좋아했다. 차만 보면 밀어보고 당겨보고 매달리고⋯. 출발하는 지프차 뒤에 올라타 바퀴에 매달렸다. 기분이 좋았다. 지나가는 사람을 보며 "나는 차를 탔다. 너는 못 탔지?" 신이 났다! 갑자기 차가 멈췄다. "이놈들 위험해! 사고 날뻔했잖아?" 운전자의 벼락 따귀에 발길질에 호되게 얻어맞았다. 맞으면서 결심했다. "반드시 출세해서 가장 먼저 자가용을 타고 고향에 오리라!" 드디어 꿈을 이뤘다. 이루는 순간 내 인생은 실패했다. 헬기를 타고 오겠다는 꿈을 꿀걸. 차라리 은하철도999를 탈걸. 후회가 된다.

　꿈이 반드시 이뤄진다고 보면 무한히 큰 꿈을 꿔야 하고, 안될 거라면 기왕에 안 되는 거 크게라도 꿔야 하지 않겠나? 꿈꾸는데 돈이 드나? 이룰 수 없게 무한대로 크게 그려보자. 지금도 늦지 않았다. 대해로 우주로 더 큰 곳으로 나가자!

★ 웃음 반 눈물 반 속내의 졸업식!

초등학교 졸업식 때 김기영 회장은 후배의 송사를 듣고 답사를 낭독했다. 답사할 정도면 모범생이다.

"사랑하는 아우들아, 잘 있거라! 정든 교정을 떠나려니 눈물이 앞을 가린다…"

원고를 읽는 도중에 교복이 작으니 옷소매 끝으로 속내의가 갑자기 밖으로 빠져나왔다. 그때는 집마다 형님들 옷을 물려받아 입는 것이 관례였기 때문에 교복은 작고 속내의는 큰 경우 이런 일이 많았다. 교감 선생님께서 이 광경을 보고 창피스러움을 감싸주려고 뛰어나와 소매 끝으로 나온 속내의를 교복 속으로 밀어 넣는데 잘 들어가지 않는다.

김기영 학생은 답사를 눈물겹게 읽느라고 정신이 없었고 교감 선생님은 옷을 구겨 넣으면 넣을수록 더 길게 삐져나오니 난감하지 않은가? 그대로 둘 걸 오히려 잘못 건드려서 속내의가 길게 처져 내려오니 정말 모양새가 우스꽝스러워졌다. 지켜보는 사람들은 안타깝다. 한편 웃기도 하고 슬프기도 하다.

답사가 끝났다. 김기영 학생은 무슨 일이 어떻게 있었는지도 모른다. 오죽하면 교감 선생님은 다 끝났는데도 계속 옷소매를 부여잡고 속내의 소매를 안에 집어넣으려고 끝까지 안간힘을 다 쓴다. 바로 이것이 제자 사랑 아니겠나? 누구도 창피하다거나 못 볼일을 봤다고 생각하지 않는다. 누가 보면 울다가 안 보면 웃다가를 반복했다. 코미디가 따로 없다. 참석자 모두가 동네 사람이고 이웃이다. 다 같은 가족이었다. 추운 겨울날 추위를 녹이는 훈훈한 사랑의 졸업식장이었다.

✱ 나무왕 김기영

　김기영은 어려서부터 사업성이 뛰어났다. 동네 길가에 미루나무가 가로수로 심겨 있고 시냇가 벌판에도 여기저기 흔하게 서있었다. 우선 심기만 하면 뿌리를 내리고 잘 큰다. 병충해도 없고 관리를 안 하고 내팽개쳐놔도 죽는 법이 없다. 문중 땅이 넓었다.

　어느 날 하인을 데리고 미루나무를 야산에 논두렁, 밭두렁에 강가 뚝 주변에 빼곡히 심었다. 미루나무 단지를 만들어 놓으면 땔감으로도 좋고 경치도 좋고 당시 성냥개비 성냥갑, 젓가락, 도시락 등을 만드는 재료로 쓰였기 때문에 수입도 좋을 것이라 생각해서 심을 수 있는 공간은 빼놓지 않고 다 심었다. 할아버님께서 보시고는 매우 흡족해하셨다. 집안에 명령을 내렸다.

　"기영이는 서울로 공부를 시켜야 한다. 시골에 있을 아이가 아니다."

엄영수-김기영 회장-남종현 회장-김일성 사장 국화전시장에서

군에 갔다 왔더니 안 본 사이에 미루나무는 기목이 돼 있었고 노는 땅에서 황금을 캐내게 되었다. 시골서 부수입을 올리기 위해 집마다 누에를 치는데, 많이 치고 싶지만 누에에게 먹일 뽕잎이 항상 문제였다. 그렇다고 뽕나무밭을 넓게 만들면 양곡 농사를 지을 수가 없다. 김기영은 뽕나무의 토종과 신종을 교배해서 서로의 장점을 취하면 큰 잎이 많이 달린다는 가설을 실험하고 최소한의 농토에서 최대한의 뽕잎을 생산해냈다. 잠업으로도 농촌에 큰 소득을 올리게 하였다.

★ 사각 모자, 빵떡 모자의 혈투

김기영 학생은 형이 쓰던 낡은 사각교모를 물려받아 썼기 때문에 모자의 각이 제대로 잡히지 않고 우글쭈글 문드러져 있었다. 교모는 각이 제대로 잡혀야 위엄이 있어 보이는데 뒤에서 보면 거의 빵떡 모자 같이 보였다. 아침 조회시간에 누군가가 "기영이는 빵떡 모자 뒤집어썼다."라고 외쳤다. 즉각 돌아보며 "네 모자는 빈대떡 판이냐? 왜 놀리고 그래? 너 이따 뒷산에서 맞짱 한번 뜨자, 수업 끝나고 뒷산으로 와!" 즉석에서 결투를 신청했다. 수업이 끝나고 결투장에 양측 응원단이 바람 잡는다. "붙어 붙어. 시작! 쳐라, 쳐!"

책가방 위에 교복을 벗어놓고 시작하자마자 저돌적인 김기영 학생이 선제타로 눈에 주먹을 날리고 발길질로 배를 걷어찼다. 쓰러지는 상대의 목을 졸랐다. 싸움꾼처럼 준비가 돼 있었다. "그래, 내가 졌다." 항복선언을 했다. "미안하다 친구! 이러려고 한 게 아닌데", "야 그만해, 그만해! 화해해라! 손잡아!" 붙여놓고 말린다. 그 시절엔 그랬다. 이기고도 미안했고 못 말려서 미안했고 구경만 해서 미안했다. 읍내 빵떡 집에서 화해의 악수를 했다. 조그만 뒷동산 싸움에도 격식이 살아 있었다. 다혈질 아이들의 위험한 싸움이었으나 깨끗하게 우정과 화해로 잘 마무리되었다 어른스러웠다.

✳ 하늘을 우러러보니 하늘이 복을 주셨다

1609년 네덜란드에서 천체 망원경이 발명됐다는 소식이 유럽 전역에 전해졌다. 갈릴레오 갈릴레이는 여기에 큰 자극을 받았다. 획기적으로 천체를 관측할 수 있는 천체 망원경을 직접 개발해냈다. 우주 과학연구에 열정이 있었기에 가능했다고 본다.

김기영 회장은 정열적 도전적이다. 품질 좋은 국산 망원렌즈 현미경 실험실습기구를 저렴한 가격에 교육용으로 학교와 공공기관에 납품하였다. 과학 기재가 보급되면 그다음엔 관심과 애정 연구와 개발이 자동으로 뒤따를 것을 예상했다.

계속 판매가 이뤄져야 하는데 애써 만든 발명품들이 우리나라 시장이 취약하니, 처음에 좀 팔리다가 어느 정도 나간 후엔 판매가 끊겨버린다. 채산성이 없다. 투자비를 못 건진다. 전멸한다. 카자흐스탄을 비롯해 여러 나라에 수출도 했으나 세계적 브랜드화에는 실패했고 외국제품과 경쟁력에서 밀려나 판매가 부진하고 1세대 회장 서거 후에는 어김없이 회사가 부도가 나고 회사 문을 닫게 되는 악순환이 계속됐다. 비극이다.

그런데 김기영 회장은 망원경을 대량 생산하려고 고향 안성에 공장 부지를 샀는데 갑자기 부동산값이 폭등하여 순식간에 준재벌이 되었다. 망원경으로 매일같이 하늘을 우러러보니 하늘이 기특하게 생각해 복을 내려준 것은 아닐까…? 평생 하늘을 꿰뚫어보고 있어 하늘의 비밀을 하늘의 뜻을 다 안다나 어쩐다나?

★ 맥주병 밑바닥이 선글라스가 되다니…

성산 광학 김일성 사장의 회고

전자 망원경은 망원경이 잡은 영상을 전자장치로 확대해 더 멀리 더 정교하게 관찰할 수 있도록 선명성과 배율을 높인 고급 망원경이다. 물론 우리도 만들 수 있다.

수정이란 돌을 깎아서 만든 렌즈를 돌알 렌즈라고 하는데 50년간 돌을 깎다 보니 손기술이 신의 경지가 되어 선진국의 기계연마에 버금간다. 핼리혜성이 나타났을 때 이 기술로 망원경 배율을 높여서 대박을 터뜨렸다. 난생처음 돈벼락을 맞았다. 나이가 드니 감각이 무뎌지고 신기에 한계가 왔다. 렌즈 연마기술을 배우는 사람도 없다. 기술의 대가 끊겼다. 외국 제품들은 연구개발에 계속 투자하여 끊임없이 신기술을 발전시켰다. 근본적으로 원자재를 개발하기보다 수입에 의존하는 문제를 해결해야 한다.

50년 전 선글라스 알은 일본 수입품이 너무 비싸서 수입해서 쓰면 안경이 팔리지 않는다. 묘책을 낸 것이 맥주병 밑바닥의 유리를 잘라내 맨손으로 갈아서 국산 선글라스 알을 만드는 것이다. 손기술이 워낙 뛰어난 민족이기 때문에 가능했다. 맥주병 안경알로 달러 소비를 줄이고 국산 선글라스를 생산해 내기 시작했다. 불티나게 팔렸다. 그 누구도 아름다운 선글라스 안경알이 맥주병 밑바닥이란 사실을 모른다. 알면 싸구려라고 선글라스를 다 벗어던질 것이다.

병 밑바닥은 진한 알코올이 다 모이는 곳이 아닌가? 선글라스를 착용하면 알코올 향에 약간 취해 기분이 매우 좋았을 것도 같다.

★ 공포의 분필 가루 먹고 선진국 만들었다!

시청각 교육 장비 중에 가장 중요한 것이 환등기다. 초등학교 때 환등기만 봐도 흥분이 됐고 영상을 볼 때는 신이 났다. 전에는 영사막을 손으로 접었다 폈다 했는데, 스위치를 누르면 자동으로 펼쳐졌다가 되감기를 반복한다. 매우 신기했다.

아주 복잡하고 어려운 기술이 숨어 있을 거라고 여겨졌다. 일본 제품은 일찍부터 이런 기술을 사용하고 있었다. 사람들은 "전자제품은 역시 일제가 최고야! 국산품이 감히 따라갈 수가 없어." 무조건 일제히 아부한다. "한국 것은 못 쓴다니까? 일제를 못 따라가!" 자기비하하면서 국산제품을 괄시한다.

그러다 자존심이 상하는지 끝에 가서는 "그넘들 기술은 하여튼 세계적이라니까? 나쁜 넘들 전부 서양제품 갖다가 베끼는 거 아냐? 모방하는 건 그넘들 못따라 간다니까?" 비난을 퍼붓는다고 일본을 극복하는가?

자동모터 감속기라는 부품이 개발되면서 고급 자동 영사막이 만들어졌다. 기술이란 모르면 상상조차 할 수 없게끔 어렵다. 알고 나면 누구나 다 아는 일이다. 교실에서 칠판에 분필로 글씨를 쓰면 필연적으로 분필 가루가 날린다. 미세한 가루가 공기 중에 떠다니는데, 좁은 교실에 한 학급당 보통 60~70명의 많은 학생이 있었다. 매일매일 학생과 선생님의 폐에 분필 가루가 들어가 쌓이는 것은 당연한 일이다.

폐 건강을 해치고 최악의 상황까지 만들 수 있어 대단히 불행한 일이었다. 당시에 1급 법정 전염병인 폐결핵이 많았다. 동네마다 노인은 그렇다 치고 젊은 사람이 폐결핵으로 기침하거나 쓰러지는 경우를 자주 보았다. 세월이 흐르면서 학생과 선생님의 건강을 위해 안전한 학습 환경을 위해 전자 칠판이 개발된다. 선생님이 노트에 글씨를 쓰면 이것이

영상 전송이 되어 판서가 되는 기계를 만들어 냈다.

공포의 분필 가루를 퇴치하는 순간이었다. 해로운 줄 알면서도 학교 공부를 하기 위해서는 위험을 무릅쓰고 분필 가루를 무조건 먹어야 했던 지난날이 가슴 아프다.

선생님 중에 한 분이 기침을 하면서 계속 약을 드셨다. 교실 바닥이 목조 마루였는데 밑에 공간이 있다. 기침이 심할 때는 그곳에 있는 빈 용기에 대고 해결했다. 내가 초등학교 졸업하기 전에 운명하셨다. 그때는 그렇게 살 수밖에 없었다. 슬픈 옛이야기다.

과학의 중요성을 새삼 느끼게 된다. 누구도 알아주지 않고 어떤 보상도 받지 못했지만, 밑바닥에 숨어서 교육 기자재 과학장비 연구개발에 헌신하는 김기영 회장과 같은 발명가에게 감사드린다.

세계발명왕 남종현 회장과 함께(2016. 6. 11.)

밑바닥 잡역만 하던 전원주,
서민 대중의 우상이 되다

✱ 대학 나와 식모살이 웬 말이냐 앞치마만 벗겨다오

　　　　학창시절 전원주는 소설가가 되고 싶었다. 꿈많은 문학소녀로서 글재주도 좋았다. 숙명여대 국어국문학과를 나와 진화여상에서 국어 선생님으로 3년간 아이들을 가르쳤다.

　"정든 학교, 정든 학생들을 떠나려니 마음이 아팠어. 쉽지 않았지, 나라가 커지니까 애들이 갑자기 커지드라구? 학교에 가면 아이들한테 갇혀버려! 나보다 키 작은 사람은 한 사람도 없었어. 젊은 시절 내 목소리는 너무너무 고왔어. 이걸 살려 보려고 성우 시험 (1963년 동아방송 1기)을 봤는데 합격을 했어! 집에서 알까 봐 대본을 들고 북한산에 올라가서 몰래 연습을 했는데, 연습벌레가 따로 없어 산속에서 그냥 살뻔했다니까? 라디오 드라마를 듣던 TV PD가 박경리 원작의 토지 대하드라마를 만들 때, 내 목소리에 반해서 나를 캐스팅하려고 찾아 왔었잖

전원주

아? 물론, 그 후로 연락이 없었어. 무산 된 거지. PD가 나중에 나한테 고백을 하더라고, 직접 만났을 때 너무 당황했었대. 목소리하고는 너무 대조적이었다나 어쨌다나? 어머나 어머나, 어떻게 그런 얘길 하냐?"

탤런트를 한다니까 어머니가 극렬하게 반대했다.

"이 거울을 봐라. 거울은 거짓말을 하지 않는다. 네 얼굴 갖고 세상 천지 다니면서 잘난체해도 누가 인정하겠니? 나도 안 속는다. 사람이 양심이 있어야지 '양심이 저게 뉘 집 자식이냐?' 소리 나면 부모님 걱정 끼치는 거 아니냐? 정성 들여, 돈 들여, 대학 졸업시켜서 선생님 만들 었더니 다 걷어치우고 방송이랍시고 그깟 하나 마나 한 엑스트라 역이나 하면서, 세상 부끄러운 줄 알아야지…. 우리 집안이 어디가 어때서? 방송에 나가면 주인한테 매일 굽신굽신하고 무시당하고 식모와 몸종으로 밑바닥을 기어야 하냐?"

어머니의 만류에 아버지께 도움을 청했더니 아버지까지 어머니와 합세해서 더 크게 야단을 쳤다.

딸 전원주가 전하는 어머니의 말씀은 기왕 하려면 잘하라는 격려의 취지였을 것으로 보인다. 어머니는 손발이 크고 마음이 넓은 분이었다. 곧이어 매니저, 기획사, 스폰서 역할까지 자청해서 했다. 딸을 위해 온 힘을 다했다.

눈 덮인 지리산 골짜기 야외 녹화장 어머니가 따뜻한 대형 텐트를 치고 스태프, 배우를 비롯한 팀 전원에게 며칠간 파티를 열어 주었다.

제발 내 딸 앞치마만이라도 벗겨서 식모를 면하게 해달라는 어머니의 간절한 소망을 전했다. 딸은 겁이 났다. 혹시 제작진이 오해해서 역효과가 나면 어쩌나, 동료 선후배 연기자가 로비했다고 시비를 걸면 어쩌나…. 그 후로 분명히 달라지긴 달라졌다. 『대추나무 사랑 걸렸네』도 출연했고 다른 평범한 신분의 인물로도 출연했다. 그런데 식모를 할 때는 자신감이 넘쳤고 자연스러웠는데 다른 지체 높은 배역을 맡았더니 몸이 굳고 대사가 자유롭지 않았다.

"몇 달 후, 다시 원상태로 돌아가니 살 것 같았다. 식모는 나의 천직이다. 나의 생명이다. 나의 존재 이유다."

✳ 전쟁터에서 돈 버는 개성상인

1951. 01. 04. 일사후퇴 때 고향 개성에서 어머니의 주도로 부모님과 2남 2녀 여섯 식구가 3.8선을 넘어 인천항을 향해 출발했다. 보통 사람들은 강, 바다, 차로를 선택하는데 특이하게 어머니는 산행을 택했다. 큰딸 전원주는 남장에 얼굴에 검댕이 칠을 하고 위장을 했다. 개성에서 산으로, 산에서 남으로, 남에서 옮겨 인천까지 무사히 왔다. 부산으로 후퇴하는 배가 일찍 끊기는 바람에 인천항에 남게 됐다. 이것이 전화위복이 되었다.

만약 부산에 가게 됐다면 서울에 살기 어려웠을 것이다. 또 지방 사투리를 습관화시켜놓으면 연기자 생활하는데도 지장이 많았을 것이다. 어머니는 개성상인의 실력을 발휘해서 떡 장사를 했다. 전쟁터에서는 먹는장사가 큰 비전이 있을 거로 생각한 것이다. 이웃들에게 먹거리를 줄 수 있다는 것, 베풀 수 있다는 장점이 있지 않은가? 어머니가 떡을 만들면 전원주는 떡 배달을 하고 동생들은 이고 다니며 팔았다. 아버지는 가게를 지켰다. 온 식구가 떡 장사에 매달렸다. 돈벌이가 잘됐다. 어머니는 씀씀이가 컸다.

동네 사람들을 위해 통 큰 기부도 많이 했다. 오죽하면 집안에 스피커 장치가 있어 잔치행사 날에는 동네에 대고 방송을 할 정도였다. 돈을 벌어 서울로 이사했다. 단위를 높이고 동대문 상가 비단상회를 차렸다. 일단 손님이 오면 어머니는 거하게 진하게 잘 먹인다. 그리고 물건을 살 때까지 죽기 살기로 붙잡고 늘어져서 그냥 내보내지 않는다. 한 얘기 다시 하고 무슨 수를 써서라도 팔고야 만다. 비단장사 역시 대박이 났다. 개성상인의 진면목을 봤다.

✴ 개성이 고향, 통일 위해 파주 땅 10만 평 준비!

어느 해인가? 연기자들이 개성공단을 방문하는 일이 있었다. 공단 견학, 공단 체험이야 많이 다녔지만, 북한 노동자들이 일하는 모습을 직접 본다는 것, 그들의 생활을 알아본다는 것이 관광 상품이 되는 것이다.

공단 북한 노동자가 우리 측에서 받는 급료는 북한 상류층의 소득보다 훨씬 높다. 초코파이를 간식으로 주는데 먹지 않고 집에 가져가면 식구들이 너무너무 좋아했다. 그러다 보니 공단에서 받은 간식을 팔아서 용돈을 만들기도 한다. 아쉬운 것은 북한 노동자들과는 한마디도 말을 건네서는 안 되고 그들 또한 어떤 대답도 하지 않는다. 그저 쳐다보기만 할 뿐이다. 본다는 것은 벌써 교류가 이루어진 것이다. 그들도 눈이 있고 생각이 있다. 북한은 이것이 두려운 것이다. 그래서 개성공단은 폐쇄됐다. 개방에 따른 약점 노출, 노동자들의 자유세계에 대한 동경이 큰 부담이 됐을 것이다.

북한 상품점에서 쇼핑하는 시간이 있었다. 북한 술은 입안에 있을 때는 술이다. 삼키고 나면 술이 없어진다. 여운이 없다. 향기가 남아 있지 않는다. 술은 마시기 전보다 마시고 난 후에 뒤끝 뒷맛이 끈끈하게 전해져야 높이 평가를 받는다. 북한 술은 마시고 나면 무엇을 마셨는지 알 수가 없다. 맹탕이다. 이걸 또 좋아하는 마니아도 있을 것이다. 전원주 선배께 북한 술 중에 최고급이라는 소주를 한 병 사드렸다. 집안에 장식용으로 보관하든지 집안 어르신께 드리면 좋겠다 싶었다. 얼마나 많은 사람에게 이야기를 전했는지 술 한 병 정도 선물하고 이렇게 오랫동안 칭찬을 받고 화제에 오르내린 적은 없었다. "엄영수는 어른을 잘 모셔", "나는 엄영수 팬이야 엄영수가 어떻게 나한테 선물할 생각을 했을까?", "하는 짓이 예쁘잖아." 전하는 사람마다 말이 다 다르다. 그래도 기분은 아주 좋았다. 아주 좋아!

전원주 선배는 고향이 개성이다. 고향에 가서 후배 연기자에게 선물을 받으니 이 또한 남달랐으리라. 전원주 선배의 부모님은 어떤 분인가? 통일을 믿었다. 개성공단 조성, 남북관계 개선, 이산가족 찾기 등 상황이 있을 때마다 관심이 놓았다.

통일을 위해 준비를 했다. 남북통일이 되면 파주는 개성과 더불어 거대도시로 부상할 것이다. 전원주 선배의 집안은 파주에 통일을 대비해서 10만 평이 넘는 땅을 사서 기념관, 공원, 공연장, 물류 전진기지 등으로 활용하려고 만반의 준비를 마쳤다고 한다. 문제는 통일이 안 되고 있다는 것이다. '통일은 언제 될 것인가?' 묻거나 따지면 바보 아닌가? 결국, 통일을 못 보고 돌아가셨다. 준비된 10만 평은 통일을 기다린다. 대단한 결단이다. 이런 가족을 봤는가?

✱ 남편은 인삼 경작자 협회장 부인은 에누리왕

전원주 선배께서 부탁을 했다. 남편이 하는 일인데 꼭 엄영수가 필요하다는 것이다. 무슨 일인지도 모르고 무조건 "알겠습니다." 하고 행사장에 나갔다.

전국인삼경작자협회 송년 대잔치 플래카드가 걸려있었다. 아마도 남편께서 이 협회에 연관된 일을 하시나 보다 생각했다. 그게 아니다. 협회 회장이다. 인삼밭 5~6만 평에 놀랐고 거기에 인삼이 가득히 심어져서 자라고 있다고 하니 또 놀랐다. 그리고 그날의 출연료는 보통 행사장에서 받는 것보다 두 배, 세 배나 많았다. 결정적으로 여기에 세 번째 놀랐다.

전원주

"우리 아버지는 어머니가 얼마나 드센지 어머니한테 꼼짝을 못했어. 부부싸움 하다가 벌컥 어머니가 화를 내면서 '나가 나가!' 하니까 그냥 말없이 나가길래 '아! 부인한테 쫓겨나는 사람도 있구나?' 했는데 어머니가 '가긴 어딜가 어딜가! 당장 돌아서요.' 하니까 언제 나갔냐는 듯 돌아서서 들어와. 하여튼 어머니가 좀 별나셨지 별나셨어."

인삼 경작자 협회 회장이면 오랫동안 업계에서 기반을 굳혔을 텐데 그동안 전원주 선배가 우리에게 보여준 생활은 절약, 내핍, 저축 아니었던가? 전기료가 아까워서 저녁이 되면 불 끄고 일찍 잔다든지 시장에 가서 물건값 깎느라고 세월 다 보냈다고 하지 않았던가? 그런데 남편께서 인삼경작자협회장이라니 도무지 믿어지지가 않았다.

★ 전원주의 모노드라마 지킬 건 지킨다

아침 마당을 KBS 간판 프로그램으로 만든 이금희 아나운서는 출연자들에게 선물도 식사도 자주 베풀었다. 부지런하고 예의가 바를뿐더러 출연자를 배려할 줄 아는 뛰어난 능력의 방송인이다. 희귀한 초콜릿을 받을 때마다 이름난 맛집에 초대될 때마다 너무나 고마웠다. 갚아야겠다고 생각했지만, 지금까지도 그렇게 하지 못한 것이 미안하다. 방송 진행자가 이렇게까지 하는 것은 아주 드문 일이다. 그만큼 자기 프로와 출연자를 아낀다는 뜻이다.

어느 날 식사가 끝났지만, 분위기가 너무 좋았다. 이대로 그냥 헤어지면 섭섭한 정도가 아니라 원통할 것 같았다. 돌연 전원주 선배께서 앞장섰다.

"이렇게 만나기가 쉬워? 이 팀이 다 모이려면 이런 기회 인생에 다시 없다. 오늘 신나게 놀고 가자구. 자! 엄영수, 시간 있지? 집에 가기 없어, 다들 일어나. 나가자구, 2차 가자 2차 가!"

전원이 전원주 선생님을 따라서 아래층 노래방으로 내려갔다. 한두 명이 노래를 했고 주문한 술과 안주가 들어오는데, 갑자기 전원주 선배가 마이크를 잡고 톤을 높인다.

"어머나 어머나, 이를 어쩌냐? 벌써 시간이 이렇게 됐네? 큰일 났어, 나 이거 어떻게 하면 좋냐? 집에 가면 남편한테 쫓겨나게 생겼어. 우리 집 어른, 나 없으면 아무것도 못 해. 집에 일찍 들어갈 일이 있는데 큰일 났네? 여러분들 미안해, 나 먼저 갈게. 내가 까먹고 있었어. 이런, 정신머리하고는…." 하면서 순식간에 옷과 가방 전화기 선물을 챙겨서 황급히 바람처럼 사라졌다.

꼭 무슨 쇼를 보는 듯했다. 사실 40여 년 동안 전원주 선배와 같은 방송국에서 방송을 해왔지만 한 번도 밤늦게까지 있어본 적이 없었다. 술을 드시는 것도 본 적이 없었다. 일과 가정밖에는 모르는 순수한 연기자일 뿐이었다.

정작 빨리 일어나야 할 사람은 전원주 선배 자신이었다. 서둘러 후배들이 잘 놀 수 있도록 판을 깔아주고 먼저 가자는 계산이 이미 있었다. 나는 이런 일을 여러 번 경험했다. 처음 당해 보는 사람들은 이상했을 것이다. 급한 일이 있으면 눈치 보지 말고 당당히 이야기하고 빠져나가 일을 보라는 것이다. 연예인 생활 자유롭지만 기다리는 집안 식구를 늘 생각해야 한다. 부모님이나 배우자 어른을 모시고 있는 사람은 지켜야 할 도리를 다해야 한다. 가장 주된 내용은 자기 자신의 원칙, 계율을 정해서 반드시 지키는 것이다.

✳ 전원주를 만들었다, 인생은 버티는 것!

인기가 오르고 유명해지면 홍보대사 요청이 쇄도한다. 전원주 선배는 할 수 있는 모든 것을 다해주었다. 오죽하면 나 같은 사람을 필요하다고 찾을까? 선택해주는 것이 고마워 사양하지 않고 무조건 다 들어주었다는 것이다. 그러다 보니 지금 홍보대사를 어떤 것을 몇 곳이나 하는지조차도 모른다. 원주시청의 홍보대사를 20년 넘게 가장 오래 했다. 이것 또한 어머님 덕분이다. 이름을 전원주로 지어 주었기 때문이다.

"동창들 모임에 나가면 친구들이 나하고 이야기하고 싶어서 다 내 주변으로 몰려든다? '사진 찍자', '사인해다오' 별걸 다 물어봐. 또 뭐든지 다 털어놓고 진심을 보여. 그럴 때는 행복을 느껴, 보람도 느끼고, '이 직업을 잘 택했구나!' 싶지. 누굴 만나도 내가 스타라는 생각을 해 본 적이 없어. 나는 그저 동네 싸구려 아줌마, 흔히 볼 수 있는 편안한 이웃일 뿐이지 연기자도, 잘난 척하고 세도 부리는 사람, 까다로운 사람, 별사람 다 있잖아? 따로 연기관리를 한다든지 팬 관리를 조직적으로 한다든지 하는 일은 없어. 그냥 팬을 만날 때마다 성심성의껏, 정성스럽게 대화를 해. 듣는 사람이 기분 좋은 말만 하고 친절하게 대답해주고 누굴 만나도 그때그때 최선을 다했어. 그랬더니 그게 어느 날, 주체할 수 없는 큰 힘이 되더라고? 어떻게 아느냐고? 영화나 CF, 이벤트 쇼에 출연해 보면 개런티가 예우가 예전과는 천지 차이야. 엄청나게 달라져 있어. 인기 없을 때는 어딜 가도 안내하는 사람도 없고, 인기 있는 사람들은 다들 데리고 가서 식사하면서 같이 가자는 말 한마디 없어. 모임에 정식 초대를 받아서 갔는데도 내 자리만 안 만들어 자리가 없는 거야. 들어갔다가 슬그머니 알아서 빠져나온 적이 한 두 번이 아니었어. 어떤 배역은 밤중에 산에서 도망가는 장면인데 서울서부터 찍기 시작했지. 계속 뒷모습만 찍어. 그러다가 앞모습을 찍어도 야간 촬영이라 누군지 알 수도 없어. 그걸 함안까지 가면서 계속 찍어대는 거야. 산속에서 몇 개월 동안 야간 촬영하느라고 엎어지고 긁히고 상처투성이가 됐어. 나중에 보니까 내 얼굴은 화면에 나오지 않아 서러워서 한참 울기도 했지. 그렇지만 끝까지 버텼어. 어떻게 해? 버텨야지…."

✱ 식모는 지고, 전원주는 떴다

어머니는 6남매 자녀를 돌보면서 약간 '1등 중독' 같은 것이 있었다. 경쟁하는 곳에서면 무조건 1등을 하라고 다그친다. 맹렬여성 사내대장부 같은 여성이었다. 억척스럽게 돈을 벌었지만 시원스럽게 잘 쓰셨다. 6남매 모두에게 결혼시켜 살림을 내주고 내 집 마련을 해주었다. 덤으로 상가를 한 채씩 사주었다.

사는 마을에서 반드시 1등으로 살아야 하고 불쌍한 이웃이 있으면 꼭 챙겨보라는 것이 어머님의 평소 가르침이었다. 그런데 큰딸이 평생

TV에 나가 밑바닥 역할만 하니 아무리 연기라 하지만 마음이 편치 아니했을 것이다. 식모라고 해서 무식하고 무능하고 얼굴이 못난이라야 하는 법은 없다. 그건 편견이다. 아름다운 식모, 현명한 식모, 재벌이 되는 식모도 얼마든지 있을 수 있다. 식모 시대는 갔다.

전원주 선배의 회고

아마도 내가 마지막 식모 전문 연기자 일거야. 다시는 나같은 연기자 나올 수가 없어. 지금 누가 식모살이를 해, 식모는 아무나 해? 얼굴이 받쳐줘야 해. 그리고 표준말 쓰면서 웃기는 식모는 나밖에 없어. 내가 조금만 늦게 태어났으면 연기자 못했어. 그나마 마지막 열차를 탄게 다행이야. 식모라는 직종이 아예 없어졌어, 나는 복 터졌다니까? 내가 뭘 했겠어, 순전히 시대가 나를 만들어 준거야.

전원주, 엄영수

나를 반기문 지구를 구하리라.
우주 명의 반기문 UN에 떴다!

✱ 반기문 총장 탄생 예고편이 있었다

　　　반기문 총장이 청주초등학교 6학년에 재학 중이던 1956년 헝가리 수도 부다페스트에서 젊은이를 주축으로 하는 자유화 운동이 일어났다.

　일명 '부다페스트 사태'라고도 하는데 소련은 탱크를 앞세워 자유화 운동에 동참한 학생들을 무참히 진압하였다. 한국의 시청 앞에서 소련의 헝가리 침공 만행을 규탄하는 시민·학생궐기 대회가 열렸다. 당시에는 소위 '관제데모'라고 하는 것이 유행처럼 자주 있었다. 정부의 의지대로 여론을 몰고 가기 위해서 자연 발생적인 것처럼 위장하여 일방적으로 편을 드는 데모를 말한다. 이날의 궐기대회는 그것과는 성격이 전혀 다르다. 행사 중에 누구의 아이디어였을까? 궁금한 이벤트가 있었다. 반기문 초등학생의 다그 함마르셀드 UN사무총장에게 보내는 메시지 전달코너가 있었다.

　어린 반기문은 헝가리혁명 탄원서를 전 세계에 눈물로 전하면서 UN은 어린 생명을 짓밟는 소련의 침략을 분쇄해 달라고 설규하였다. 지금 생각해도 영문으로 어린이가 UN사무총장에게 도움을 청한다는 것은 상당히 이색적이다. 그러나 그 시대는 국력이 약하고 어수선했기 때문에 이 일은 역사 속에 묻혔고 누가 무슨 말을 어떻게 했는지 아무도 모르게 지나갔다.

아쉬움이 크다. 하필이면 반기문이었을까? 그리고 어느덧 세월이 흘러 반기문 UN사무총장의 취임식을 맞이하게 된다. 세상일이 누가 각본을 써서 만든다 해도 이런 경우가 생길까?

반기문 총장은 취임사에서 "내가 UN사무총장을 퇴임하는 그 날까지 세계 어느 곳에서도 어린 학생들이 희생당하지 않도록 도와달라는 절규의 메시지가 오지 않게 되기를 간절히 바란다."라고 말하며 그 옛날 헝가리 부다페스트 사태를 언급하였다.

헝가리 UN대사가 달려와 반기문 총장에게 헝가리를 위해 싸워준 것에 경의를 표했고 본국에 전하여 헝가리 외무장관이 헝가리 최고 공로 훈장을 갖고 와 수여식을 거행하였다.

그 후 헝가리는 고마움의 표시로 매년 대사가 선물을 갖고 사무총장을 예방하고 있다.

UN에 도움을 청한 어린이가 UN사무총장이 되어 세계 여러 나라를 돕기 위해 전 세계를 누비며 다니고 있다. 이 이상 더 큰 신화가 지구상에 또 있을까 싶다.

✳ 대통령이 할 수 없는 일을 하는 전 UN사무총장

4월 초에 미얀마 군사지도자를 만났다. 이 나라에서는 대통령으로 봐야 한다. 얼마 전에 혁명이 일어났고 군사정권이 들어섰으니 군부 실세가 곧 모든 권한을 다 갖지 않겠는가? 공항을 빠져나가면서 보니 우리나라 인천국제공항 수준으로 잘 지어놓은 그 넓은 공항에 비행기라고는 우리가 타고 간 8인승 전세 헬기(왕복 12,000$) 오직 1대뿐 이었다.

UN에서 제공하는 의전 차량이 불빛을 반짝이며 나타나자 관계 당국에서 협조하여 교통 통제를 해주는지 공항이 막힘없이 잘 뚫렸고 쌍방 5차선 도로를 40분간 달렸는데 오면서 본 차는 겨우 24대에 불과했다. 시내 도로를 관통하여 지도자 공관까지 오면서 차량이 대기하고 있는 것을 한 대도 못 봤다.

김기영, 반기문, 엄영수

우리 방문단의 원활한 통행을 위해서 아예 전 차량을 집에서 나오지 못하게 한 것이 아닌가? 했으나 다닐 차량이 없어서 못 나온 것뿐이다.

군사지도자는 별 다섯 개나 붙이고 있었다. 지난번에 왔을 때는 별 두 개를 붙이고 있었는데 별을 자기 맘대로 붙이는 것 같았다.

솔직히 얘기했다. 도로나 공항을 아무리 현대시설로 멋지게 짓는다 해도 아세아 주변 국가로부터 신뢰를 잃으면 사람은 오지 않습니다. 공항에 비행기가 없고 도로에 차량이 없다는 것은 나라가 망해가고 있다는 증거입니다.

평화와 자유를 위한 정치 인권을 위한 정치로 바꿔야 합니다. 고립을 자초하면 국제사회에서 살아남기 어렵습니다. 민주주의를 하는 나라로부터 왕따를 당하면 순식간에 경제 파탄에 직면합니다. 사무총장 시절의 경험담을 들려주었다. 지도자는 잘 알았다며 그렇게 "실천할 것이라고 약속하였다.

★ 아름다운 지구를 위하여 이 한 몸을 던진다

지구환경보전문제는 이 시대가 안고 있는 숙명적인 문제다. 지구는 시한부 생명을 살고 있다. 향후 1~2년 내에 탄소를 줄여 지구 온도를 낮추지 못하면 회복불능에 빠진다.

현대문명을 만든 인류가 그렇게 미련한가? 어떻게 되겠지 하면서 서로 미루는 것이다. 죽어가는 것도 알고 죽는 이유도 안다. 살리는 이유는 더 잘 알기 때문에 죽게 내버려두겠냐는 것이다.

다른 사람이 다하면 나도 하겠다는 억지를 쓰고 있다.

반기문 총장의 회고

"UN 사무총장은 전직이건 현직이건 무한 책임을 진다. 당신네 나라는 사무총장을 했다. 당신은 총장이었다. 왜 솔선수범 하지 않는가?"

"당신들이 하지 않으면서 누굴 시키려 드는가? 항의가 빗발친다. 사실 진작부터 CO_2 문제, 미세먼지 문제, 연료 문제, 환경오염 문제, 자원 재활용 문제 수많은 문제를 놓고 한국 정부 해당 부서와 관계자에게 끊임없이 해결책을 촉구해 왔다. 그러나 정부가 모든 권한을 갖고 있어서 어렵다. 해준다 해도 시기와 절차가 가로막고 예산과 입법과정 등 걸림돌이 하나둘이 아니다. 최악에는 거부한다고 해도 달리 방법이 없다는 것이다. 그렇다고 해서 멈출 수도 없다. 지구의 운명을 실감하면서 총장직을 맡았던 사람이 손을 놓을 수는 없다. 하는 척하고 시간을 허비하면 지구는 반드시 죽는다. 기회 있을 때마다 총리실, 총리비서실, 산자부, 과학기술부 여러 부서에 부탁했다. '대통령께 꼭 이야기해달라 반드시 성사돼야 한다. 지구를 살릴 수 있는 골든타임이 지나가고 있다.'"

  대통령을 직접 만나려 해도 마땅한 직책이 없었다. 여건 조성이 안 됐다. 지성이면 감천이라 했던가? 드디어 문재인 정부에서 속보로 발표되었다. 2050년까지 지구환경을 살리기 위한 대책을 마련해서 실시할 것을 선언했다.
  반기문 총장의 집념이 결실을 보았다. 다른 나라에 당당히 호통을 칠 수 있는 위치가 되었다.

✳ 반기문을 보는 세계의 눈

  이주영(현 변호사, 전 의원, 전 해양수산부 장관, 세월호 때 라면 식사로 억울한 일을 당해 화제가 됐다.) 의원은 반기문 총장에게 폴란드 국제회의장에 나가 새만금 잼버리대회 한국 개최 지지연설을 해달라고 부탁했다. 성사가 안 될 경우 명예나 위상에도 영향이 있다고 참모들은 반대했다. 당시 국회 법사위에 아프리카 난민, 저개발국가를 도우려고 항공권에 세금을 붙이는 코이카 법안이 소속 상임위를 통과해 제2분과로 올라왔다.

제2분과 위원장은 이주영 의원이다. 반기문 전 총장은 이 법안을 통과시켜 어려운 세계 난민들을 돕고 싶었다. 매일 국회 관계자를 만나서 설득과 홍보를 하고 있었다. 두 사람은 지혜를 짜고 세계 인류와 한국을 위해 힘을 합쳤다. 총장이 한국 유치 지지연설 단상에 올라서자 박수와 함성이 터져 나왔다. 반기문 전 UN 사무총장의 위력은 대단했다. 그동안 UN에서 쌓아온 업적과 지금 하고 있는 일을 세계 모든 사람이 알고 있다. 반기문 총장이 세계적인 인물임이 입증되었다. 우리의 국력이 우리가 모르는 사이에 하늘을 날고 있었다. 2023년 새만금 세계 스카우트 잼버리대회가 확정됐다.

✶ 지구를 살려라! 골든타임이 지나간다

지구가 점점 작아지고 있다. 문명의 발달은 세계를 한 가족으로 만들었다. 그렇다 해도 한 개인이 지구를 살리고 죽일 수 있는가? 그렇다는 생각이 든다. 반기문 전 총장은 지구 어디선가 지구환경 개선을 위해 계속 작업을 하고 있다. 그가 들려주는 국내 상황을 간추려 보았다. 미세먼지는 주로 산업시설이나 자동차가 발생시키는 것이 많다.

국내에 있는 화력발전소 15기를 점차 폐쇄해 나간다. 인구 50만 명 이상의 도시에는 디젤차의 접근을 금지 하고 있다. 포항 제철소 포스코의 고로는 주로 석탄 연료를 쓰고 있다. 한 해 우리나라에서 발생시키는 CO_2양의 12%를 차지한다. 이 양은 우리나라 자동차 산업 전체가 1년에 발생시키는 양과 맞먹는다. 포스코 하나에서 이렇게 많은 양의 CO_2가 발생하는 깃은 지나치다. 이를 줄어야 한디. 포스코는 8조 원을 들여서 연료를 석탄에서 수소를 사용하는 고로로 바꾼다.

2030년까지 수소환원 제철소를 만든다. 현대자동차도 2035년까지 모든 차를 전기차로 생산해야 할 것이다. 전기차 대체 시한을 12년을 남겨놓고 있다. 유럽 여러 나라는 2035년부터 전기차가 아닌 차는 수입 금지토록 하고 탄소세 세금을 100% 때릴 예정이다. 우리나라 환경을 깨끗하게 만드는 것이 곧 지구를 살리는 길이다. 전 세계를 아름답게 만드는 일이다. 국내 산업단지 현장 곳곳을 찾아다니며 지구를 살리기 위해 몸과 마음을 바쳐 일하고 있다.

절친 김기영 발명가의 회고

반기문 총장은 솔직하다. 능변이지만 말을 아낀다. 소탈하며 서민적이다. 누구라도 어디서라도 원하면 즐겁게 만나준다. 단 한 사람이라도 곁에 있으면 시한부 생명 지구를 살려야 한다고 호소한다.

바쁜 일정을 나누어 보다 많은 세계 곳곳을 찾아다니며 계속 내 일처럼 일한다. 지구촌에 생긴 모든 위기 모든 문제를 고치러 온 '우주 명의'라고 생각한다.

✱ 미국을 알고 세계를 배워 UN에 이른다

반기문 총장은 어렸을 때부터 영어 공부를 열심히 했다. 프랑스어 독일어 일어로 완벽하게 소통할 수 있다. 청주고 2학년 때 미국 적십자사 개최 영어경시대회에서 1등을 하였다. 입상자에게 주는 특혜로 1962년 고3 때, 해외연수 UN 방문 봉사활동의 기회를 얻게 된다. 이때 백악관으로 존 F. 케네디 미국 대통령을 예방하였다. 140개 나라에서 온 학생들이 연설을 듣기 위해 대통령을 에워쌌다. 한국은 이 행사에 경기고 1명, 경기여고 1명, 경남여고 1명, 청주고 반기문 학생 모두 4명이 초대됐다.

앞줄에 여학생 뒷줄에 남학생이 섰는데 후에 기념 촬영한 사진을 받아보니 유일하게 앞줄에 여학생과 대통령 그리고 반기문 학생이 선명하게 함께 찍혀 있었다. 당시에는 행사에 집중하여 정신이 없었는데 운이 좋았다.

여학생들은 거의 모든 학교가 단발머리를 하고 학교에 다녔는데 미국 사회는 여성의 경우 죄수들만 단발머리를 해서 6개월 전에 미리 여학생들에게 머리를 기르도록 배려하였다. 반기문 학생에게는 학교 선생님들께서 학교의 경사요, 영광이라며 100~200원씩 성금을 걷어서 양복을 맞춰 주었다.

존 F. 케네디 대통령의 연설

"이제 세상은 국경이 없습니다. 세계는 하나입니다. 미래에 당신들은 젊어서 무슨 일을 어떻게 할 것인지 준비가 돼 있습니까? 남을 위해서는 무엇을 할 것입니까? 먼저 손을 내밀 수 있는 자세가 돼 있습니까?"

반기문 학생은 연설을 들으면서 반드시 외교관이 되어 나라를 위해 일하고 UN에 참여하여 세계를 위해 일해야겠다고 결심하였다. 참가 학생들은 소속학교에서 영어를 가장 잘하는 학생들이다. 영어를 쉽게 빠르게 배우는 방법은 없을까? 학부모와 학생들의 최대 관심사이다. 어학은 원래 많은 시간을 투자해야 한다. 부지런히 오랜 시간 되풀이하는 것 이외는 달리 방법이 없다. 좋은 방법을 찾으려 하면 할수록 영어교육에 실패한다. 영어는 정직하다. 하는 만큼 된다. 영어성적 우수자는 다른 과목도 우수하다. 그들은 가르쳐 준다. 자신을 속이지 말고

꾀부리지 말고 꾸준히 하면 누구나 잘 할 수 있다. 성실성, 진실성까지 엿볼 수 있는 과목이다.

1개월 연수에 불과 60$를 가지고서 악착같이 버텼다. 대부분 학생은 가난했고 연수에 열심히 임했고 나라와 민족을 생각하면서 인생의 중요한 계기로 삼았다. 미국 연수단 학생들은 미국 시민의 도움을 받아 민박을 했다. 여학생들은 딸이 있는 집안에 남학생은 아들이 있는 집에서 생활했으며 미국 친구를 사귀고 가족들과 교류하였다. 그때의 인연으로 반기문 학생이 머물었던 집의 가족들은 한국을 자주 방문했으며 얼마 전에 제주도 여행도 함께 다녀왔다. 특히 100세를 맞이하신 옛집 주인 할머님께 반기문 총장 부인과 생일 축하 꽃다발을 보냈더니 꽃을 받고 하염없이 눈물을 흘렸다.

UN사무총장 직을 그만둘 때는 매우 서글퍼 할 것 같아 절대로 알리지 말라 했는데 할머니께서는 퇴임 날짜를 벌써 오래전에 달력에 표시해놓고 매우 섭섭해 하셨다. 퇴임식 날, 마지막 행사로 시골 할머니 집에 인사를 갔다. 여러 대의 UN 경호 차량과 방문단이 도착하자 사이렌이 울리고 꽃가루가 날렸다. 촌 동네가 축제의 장으로 변하였다. 이 생일 파티에 영화배우이며 캘리포니아 주지사를 지낸 정치가 아놀드 슈왈제네거가 참석하여 자리를 빛냈다.

그는 영화 한 편 출연료 3천만 불의 신기록을 세운 세계적인 스타다. 언론 보도진이 들이닥쳐 카메라가 수없이 플래시를 켜며 성시를 이루니 마을 생긴 이래 가장 큰 경사가 났다고 마을 사람 전체가 뛰쳐나와 퇴임식을 축하하였다.

★ 병든 사회 누가 고쳤나?

해외연수를 마치고 일행들이 김포공항에 들어올 때 세관원이 목걸이를 한 여학생에게 경위를 물었다. 여학생은 미국에서 의사를 하고 있는 아버님이 딸이 한국 대표로 선발되어 미국 연수를 다녀가니 기쁜 마음에 기념으로 만들어 준 목걸이라고 설명하였다. 그런데 여학생은 영어로 대답했다. 그 시절에는 영어를 공부해도 이를 사용할 기회가 거의 없다. 영어를 쓰는 사람이 귀하고 사용하는 곳도 극히 제한적 이어서 영어 공부하기가 어려운 것이다. 여학생은 공항은 영어가 통하니 연수받은 영어로 체험하기 위해 용기를 내어 영어를 써봤다. 물론 세관원이 잘 응대를 해줬다.

그런데 옆에서 지켜보던 공항전담 신문기자는 이를 매우 비판적 부정적 시각으로 보고 있었다. 공항에 드나드는 사회 유명인사들의 동향을 싣는 '오늘의 김포공항' 란에 '병든 김포공항'이란 제목을 달았다. 학생들이 해외연수를 가서 사치나 하고 나쁜 버릇을 배워온 것처럼 맹비난을 퍼부었다. 물론 머리가 길다거나 한국말을 두고 왜 영어를 쓰냐는 등 별의별 이야기가 다 따라붙었을 것이다. 잘 받아주고 열심히 공부해서 훌륭한 사람이 되라고 격려를 해도 얼마든지 좋은 일을 이렇게까지 망신주기 식으로 끌어내리면 이것이 과연 어른의 할 일인가? 얻어지는 것이 무엇이 있을까?

미숙한 사회 부끄러운 언론이 아닌가? 지금 생각하면 너무나 졸렬한 일이었다. 잘못 받아들이면 우리 학생들이 해외에 나가 나쁜 것만 보고 배워 크게 병이 들어 돌아온 것처럼 된다. 해외에 한 번 나가기가 너무나 어려웠던 시대, 학생들의 조그만 실수도 무조건 윽박지르고 처벌하려 들던 사회, '무엇을 도와주면 될까? 어떻게 가르쳐주면 좋을까?'를 생각하지 않고 우리는 너무 급했다. 오직 성장! 성장 중독에 병든 사회였다. 그 사회를 젊은이들은 용케 고쳤다.

1등 해라, 출세해라, 모범을 보여라, 부자가 되라. 젊은이들에게 강요하던 사회를 그들은 바로 잡았다. 이만하면 우리 애들 쓸만하지 않은가?

★ 특별은 줄이고 평범은 늘려라, 지구는 살려라!

반기문 전 총장은 행정부에서 일할 때 국회에 호출당해 수없이 야단을 맞았다. 질책과 엄포, 비난과 폄하 우리는 화면에서 이런 장면을 자주 본다. 변화와 개혁의 목소리가 높다.

반기문 총장의 회고

국회의원 특권이 너무 많다. 권력남용일 수 있다. 줄여야 한다. 일하는 것보다 싸우는 일이 더 많으면 안 된다. 자기 일만 열심히 하면 되는데 남의 일을 못 하게 하는 것을 종종 본다. 모든 일은 법대로 해야지 힘으로 한다면 그게 법치인가? 목소리가 너무 크거나 성난 얼굴로 화풀이하는 일은 없어야 한다. 미국은 상원, 하원을 두고 있는데 보좌관 비서진이 9명 정도 있으나 자기 스스로 비용을 갖고 와 쓰면서 봉사한다.

어떤 특권도 특혜도 없다. 대부분이 가까운 거리에서 자전거를 타고 출퇴근하며 일을 배운다. 고성을 지르고 탁자를 치면서 정적을 몰아붙여 망신을 주고 매장될 때까지 공격을 퍼붓는다면 그건 정치가 아니다. 국회의원 수의 20% 이상 여성의 비율을 높여야 한다. 당의 명령을 더 중요시하면 국회 독립성이 상실될 염려가 있다.

음식은 어떤 것이든 골고루 잘 먹는다. 과음 과식하지 않는다. 건강을 의식해서 특별히 하는 운동은 없다. 하루 2천 보정도 걷는다. 민 보 걷기는 해보지 않았다. 몸 자체가 외교관 맞춤형으로 태어났다고 생각한다. 10년 차 정도까지 사무관 서기관 시절에는 시차를 겪으며 약간의 불편이 있었으나 전 세계를 자주 다니며 즉시즉시 극복하는 훈련이 되어 지금은 시차를 전혀 느끼지 못한다. 비행기가 도착하면 현지 시각에 잘 적응한다는 자신감과 어떤 환경이나 상황에도 잘 스며들어 빨리 동화하려고 노력한다. 골프는 치지 않는다. 시간이 너무 많이 걸린다. 한승수 장관을 모실 때도 밤 12시 전에 취침했다. UN 의장의 비서실장 당시에도 늦게 자는 일은 없었다. 일생을 늘 하던 대로 하며 평범하게 살았다. 남은 여생을 즐기면서 편안히 쉴 때가 아니냐는 제의를 받기도 한다. 내 한 몸이 바쁘게 일해서 우리가 사는 지구의 생명을 살릴 수 있다면 숨이 멈추는 순간까지 일하고 싶다.

1년이면 9개월~10개월을 외국에서 보내고 있다. 굶주리고 병든 곳에 식량과 의약품을 보내고 지뢰를 제거해 장애인이 돼서 평생을 불행하게 사는 사람이 없도록 막아야 한다. 기후를 원상회복하여 지구촌 재앙을 예방하는 일이 가장 시급하다. 끊임없이 노력하고 도전하면 지구는 반드시 살아난다고 믿는다.

민요 부르며 만고풍상 모진 세월 이겨낸
국보 김세레나!

★ 칭찬은 고래를 만든다

가수왕 상을 받았다고 해서 평생 가수왕이라고 불리는 스타가 있다. 듣는 본인은 얼마나 영광스럽겠나? 왕 앞에서 왕왕 노래할 때가 엊그제였는데, 노래하던 중에 총을 쏘는 장면도 보지 않았던가? 그러고 보니 가요계의 대통령도 있었다.

대통령이 막강한 권력을 독점할 때 유행하다가 이런 사건 이후로 안 쓰는 것인가? 권불십년은 지금 절반으로 줄었다. 스타 조용필에 대해서는 모든 언론이 가왕이라고 표현하는데 가수왕 하는 것보다는 더 품위가 있고 폭이 넓어 보인다. 나훈아에게는 가요계의 황제라고 불렀다. 천하 통일을 했다는 뜻일 것이다. 왕 중 왕이라고 하면 더 솔직한데 어감상 경박하다는 느낌이 들었을까? 가요계의 황제 폐하라 하면 아부한다고 비난을 받을까? 다음엔 어떤 존칭이 나올까 기대가 되면서 걱정도 된다.

최장 최고의 국민가수 이미자! 이름만 들어도 눈물이 난다. 엘레지의 여왕! 하는 것이 가요의 여왕이라고 하는 것보다는 더 구체적이고 접근성이 좋다. 슬픔의 대명사! 이 세상 모든 한과 서러움을 한 몸에 지닌 여인을 말하니 그녀의 노래는 꼭 들어봐야 하지 않겠는가?

인기를 초월한 가수 조영남은 어떤가? 듣고 보니 그럴듯하다. 어떤 수식어도 달지 마라. 내 갈 길 가는 가수다. 인기나 팬을 의식해서 살지 않았다. 실력대로 하겠다는 확고한 의지가 보인다. 자기류의 자유로운 무대 매너로 지난 57년간 우리를 즐겁게 했다. 클래식과 대중음악을 넘나들며 미술까지 말하는 데 따라가야지 어쩌겠나?

남진은 스타의 권위를 모두 내려놓고 쉽게 대중과 어울리는 친화력이 강한 가수다. 계속 진화하고 있다. 슈퍼스타! 팬클럽의 원조! 영화배우 겸 가수! 오빠 가수! 많은 유혹과 권유가 있었지만 노래 외에는 다른 길을 생각해 본 적이 없다.

민족 가수! 불멸의 가수! 영혼을 노래하는 가수! 열성 팬들이 좋아하는 가수에게 보내는 찬사는 결국, K-pop을 완성하여 세계를 정복했다.

엄영수(개그맨), 김세레나(가수)

★ 민요의 여왕! 한국의 국보! 김세레나 탄생하다!

김세레나를 소개할 때 사회자들은 "민요의 여왕! 이 나라의 국보!" 한결같이 외친다. 그리고 애국자가 된 듯이 엄숙해진다. 김세레나는 국악을 전공했고 창을 잘했다. 한복이 잘 어울렸고 고전 무용도 완벽했다. 예쁘고 목소리도 꾀꼬리 같으니 경쟁력이 있을 것이라고 자신했다. 우리의 얼이 담긴 역사와 전통에 빛나는 우리 노래 민요를 부르자! 고심 끝에 결정했다.

그 당시 김세레나가 출연하는 동아방송 라디오 프로그램 담당자 강시영 차장 PD가 가수를 겸업하고 있었다. '산장의 여인'으로 일류가수가 된 권혜경! 그 히트송 중에 '호반의 벤치'라는 노래는 강시영 PD와 듀엣으로 같이 불러서 크게 인기를 끈 노래다. 강시영 PD가 김부해 작곡가에게 의뢰했다. 어려서부터 귀동냥으로 들었던 구전민요를 재현해서 부르면 즉석에서 악보를 만들었다. 가사는 이미 김세레나가 누구나 따라 부를 수 있게 자기식으로 쉽게 개사를 했다.

40여 곡을 발굴하여 TV와 라디오를 통해 김세레나가 열창으로 방송했다. 부르는 노래마다 국민 민요로 대히트를 쳤다.

민요가 가요 베스트 1위를 그것도 이렇게 장기간 한 적은 없었다.

가요사에 이변이었다. 어린 학생의 민요에 대한 열정! 나라를 사랑하는 마음! 히트송에 대한 집념! 드디어 결실을 보았다.

민요로도 누구나 따라 부를 수 있도록 전국적으로 유행시킨 공적은 가히 국보라고 칭송할만하다.

해외에 교민위문 공연을 가면 아리랑 도라지 말고는 함께 부를 노래가 없는 게 망신스럽고 안타까워서 목마른 자가 우물을 판다는 심정으로 직접 현대민요 신민요를 만들어 냈다. 위대한 일이었다.

김세레나의 민요 열풍 이후 한국사회에서 일반대중이 국악과 민요에 더 많은 관심을 두게 되는 계기가 되었다.

✳ 사선을 밟는 여자!

연예인이 하는 일 중에 군 위문공연이 있다. 민중에게 받은 인기와 사랑을 민중에게 환원하는 것이다.

봉사활동 중에 가장 보람있는 일이다. 뽀빠이 이상용 개그맨 선배는 일생을 군에서 보냈다.

우리나라 최고 군 위문 전문 MC 김종수란 분은 3,000회의 위문공연을 했다. 군에서 가장 원했던 연예인은 김세레나였다. 실제로 전후방 가리지 않고 최다 출연을 기록했다.

월남전이 치열했던 시기에 전쟁터에 세 번을 갔다. 국가 특별 유공자로서 송해 어르신과 함께 등록돼 있다.

어떤 사고가 나더라도 감수한다는 서약서를 쓰고 갔다. 포탄이 떨어졌으나 다행히 불발탄이 되어서 살았고 이동 중에 게릴라 습격을 받았으나 헬기로 대피해 위기를 모면했고 병사가 베트콩 총에 맞아 사망하는 사고를 직접 옆에서 목격하기도 했다.

생사를 넘나드는 아군과 적군이 식별이 안 되는 늘 공격을 당하고 적군에 둘러싸여 있는 곳을 제 발로 세 번씩이나 찾아가는 일은 김세레나만이 할 수 있는 일이다.

★ 고향 친구여 영원하여라

김홍신 작가의 회고

김세레나의 중·고등 학창시절은 가난 때문에 바쁘고 지치고 전쟁 후유증으로 어려운 삶을 살았다. 민주화 산업화 운동으로 갈등과 대립이 심화하면서 정신적으로 암울한 시대였다. 학생이 대중문화예술의 천재적 재능이 있다 한들 학교나 사회가 충분한 배려를 하는 데는 분명 한계가 있었다.

전문가나 지도자가 없었고 제도나 시설이 준비되지 않았다. 김세레나는 절박한 환경 속에서도 스스로 노력했고 자기 계발을 충실히 했다. 논산에서 스승이 없이 홀로서기를 하다가 서울 국립국악학교로 전학하여 가수 데뷔와 더불어 민요의 여왕, 가요계의 대스타, 그야말로 어떻게 이런 일이! 독학에 자수성가! 모두가 부러워했다. 이것은 사실 위험한 일이기도 했다. 모든 성공에는 시기와 질투가 따른다.

소년 급제라는 말이 있다. 일찍이 출세하면 불행해지기 쉽다는 뜻이다. 높은 지위에 오르고 유명해지고 돈을 많이 벌게 되면 주변 사람들의 유혹에 쉽게 빠져 모든 것을 잃고 좌절하게 된다고 한다. 스타는 감히 누가 나를 속일 것이란 생각을 하지 못한다. 바르게 살았고 누구와도 불편한 관계가 없었기 때문이다.

그러나 스타가 된 지 60년이라는 긴 세월이 지난 오늘도 김세레나는 별다른 일 없이 열심히 노래하며 성실히 살고 있다. 자기 관리, 인기 관리, 건강 관리를 잘했다. 엔터테이너는 대중을 즐겁게 해주는 사람이다. 월남 전선에서 국군 장병에게 사막의 건설 현장에서 노동자에게 탄광의 막장에서 석탄을 캐는 광부에게 농어촌의 어르신에게 도시의 서민 자영업자에게 용기와 희망을 주며 그들을 위로 위안하는 데 일생을 바쳤다.

언제 어디서라도 팬들이 부르면 한복을 입고 다소곳이 걸어 나와 공손히 절하고 열정적으로 노래하는 모습이 아름답다.

고향 친구로서 오랫동안 가깝게 지낸 우리나라의 유일한 국보 김세레나의 앞날에 영광과 행복이 늘 함께하기를 기원한다.

✱ 화장품 적발, 정학 처분이 가수를 만든다

김세레나의 여고 시절 거의 모든 학교는 학생들이 운동장에서 조회하는 시간에 예고 없이 교실을 돌며 책가방 조사를 했다. 혹시라도 교칙에 위반되는 물건이 있는가를 살피는데 일제 강점기 때 한국 학생을 의심하던 행패가 해방과 더불어 청산되지 않고 그때까지 남아 있었다. 위반자가 없는 경우가 많았는데 없는 범인을 만들려고 주인 없는 가방을 뒤지는 꼴이 아닌가?

이날 김세레나는 화장품 두세 가지를 갖고 있다가 적발되었다. 초등학교 때부터 춤과 창에 신동이라 불렸고 동네잔치에 초대되어 공연을 해왔다. 어른들의 격려와 칭찬, 박수와 환호성을 한몸에 받는 어린이 스타였다. 충분히 해명했다. 그날도 방과 후에 공연이 있었다. 학교 교칙은 엄격했다. 학습 목적이 아닌 공연을 한 것, 학교의 허가를 받지 않은 것을 이유로 정학 처분을 내렸다. 격세지감을 느낀다.

지금 우리나라는 트로트 공화국이 됐다. 초중고생들이 가요제에 참여하여 스타가 되고 몇 달 되지 않아 10~20년 경력의 기성 가수 출연료의 10배가 넘는다고 한다. 학교와 마을에서 지원하고 명예를 빛냈다고 표창도 한다고 들었다.

남진, 나훈아 때는 팬클럽이 10대 소년 소녀였다. 지금은 60~70대부모님들이며 경쟁이 치열하여 전국적인 조직을 갖고 단체 버스로 응원전을 펼치며 거액의 회비를 들여 해외까지도 어린 가수와 동행 여행을 하며 녹화에 협조하고 축하파티를 열어주고 온갖 선물을 기부한다.

김세레나는 억울했을 것이다. 가진 재능을 어른들이 인정해주니 연예인이 되고 싶어 무대를 찾아다니며 공연했을 뿐인데, 정학을 받다니 어이가 없었다.

학교와 가정과 학생이 진지한 대화 나누고 충분히 소통으로 해결할 수 없었을까? 꼭 정학 처분이 능사였나 가슴이 쓰리다. 재능을 키워줄 수 없는 환경 희망을 접어야 하는 학교라면 학생은 어떻게 해야 하는지 묻고 싶다. 김세레나는 아무도 생각할 수 없는 일을 감행한다.

① 연예인이 되기 위해 문화예술을 가르치는 전문학교로 학교를 바꾼다.

② 고향을 떠나 방송국이 있는 서울로 가서 반드시 가요제에 나가 가수가 된다.

③ 어딘가 사는 왕이모를 만나 설득한다.

④ 누구와도 상의 없이 바로 출발한다.

나는 내 생각을 바꾸지 못해 학교를 바꾸겠다는 발상을 아무나 할 수 있나? 반드시 가수가 된다는 것을 만천하에 당당히 선언할 정도의 자신감은 그동안 쌓아온 학습훈련의 결과다.

왕이모는 어머니와 같다. 어머니는 딸을 가장 잘 안다. 그리고 딸은 어머니를 속일 수 없다. 진실을 얘기하면 들어줄 것이라 믿는 것이다. 아예 상의하지 않겠다는 각오가 돋보인다.

왕이모는 여걸투사 같은 김세레나의 용기를 가상히 여겼다. 목숨을 걸고 하겠다는 의지 속에서 무언가가 이루어지고 있나고 느꼈다. 서울 왕이모 집에서 국립국악학교 2학년을 다니던 1963년, 동아방송개국 2

주년 기념 가요 백일장에서 영예의 최고 장원상을 받았다. 가수 인증서와 음반 제작권 방송 프로그램 출연권을 받는다. 꿈이 너무 빨리 이루어졌다.

학교가 해냈다. 화장품 적발한 선생님이 국보를 발굴했다.

스승의 은혜는 거룩합니다. 사랑합니다. 존경합니다.

✱ 기사회생으로 된 가수 구사일생으로 버텼다

일류 스타급 연예인이 되면 우리나라를 방문하는 귀빈, 국빈 등 특별한 손님을 맞이하는 축하, 환영파티 또는 VIP가 고위층 인사들과 함께하는 모임에 초대되어 공연하는 일도 있을 것이다.

김홍신(작가), 엄영수(개그맨), 임지혁(후원 회장),
김세레나(가수)

행사에 특별한 의전이 필요하거나 노출을 자제해야 할 경우에는 은밀한 장소에서 비밀리에 행하다 보니 믿을 수 없는 얘기들이 많이 만들어질 것이다. 구중궁궐 얘기가 세상 밖으로 나오면 날개를 달고 지구를 돈다나 어쩐다나?

10·26 사태 때, 전두환 전 대통령(합동수사본부장)은 사건 전모를 발표했다. 계엄 하에서 군법회의재판까지 했다. 연예인 관련 부분에서는 거짓이 있어 보이진 않는다. 그런데 우리가 추측으로 늘 하던 얘기, 은근히 기대했던 얘기가 과연 있었나? 없었다.

김세레나는 특히 초대를 많이 받았다. 우리나라를 대표하는 민요 전문 가수! 우리가 자랑하는 국보 가수! 당연히 섭외 1순위로 작용했을 것이다. 국가적인 업무에 선택받아 열성적으로 공연했을 뿐인데, 어느 날인가 방송출연 정지를 당한다. 날벼락이다. 인생의 가장 큰 위기를 맞는다. 누구의 시샘일까? 여론의 결과였나? 나도 모르게 실수를 했나?

방송국에 물어보면 "공익을 위한 방송이다. 출연 정지를 논의한 일조차 없다. 출연할 프로가 없어서 섭외하지 않는다. 출연할 프로가 있으면 바로 섭외한다." 이렇게 대답할 것이다. 갑자기 창살 없는 감옥에 갇혔다. 내일을 기약할 수 없는 처지가 됐다. VIP도 매력 있는 인기연예인을 더 알아줄 것이다. 편파적이 아니다.

세상일이 다 그렇다. VIP 가족들은 국가 기밀이니 모를까? 권력 주변에는 아부꾼이나 어떤 정보망이 있을까? 특정 연예인이 자주 초대된다면 말이 날 수 있다.

총애한다. 아낀다. 가깝다. 이쯤 되면 VIP를 보호해야 한다. 예방 차원에서 연예인과 연계된 어떤 루머도 차단해야 한다. 연예인이 끼면 걷잡을 수 없이 커진다. 절망과 분노의 시간이 꽤 흘렀나? 오랜만에 어디선가 출연 부탁이 왔다. 도착해보니 HR(이후락 중앙정보부장)이 주관하는 재벌급 셩세인 부부 30쌍 파티장이었다. 너무 놀랐다. 격려차 공연 대기실을 찾은 HR이 "김세레나 씨!", "그간 우예 지냈노, 많이 바쁘지? 별일 없제?" 인사를 건넨다. 다정다감한 따뜻한 이 한마디에 그동안 참았던 한, 억울함이 복받쳐 올라 자기도 모르게 눈물이 났다. 너무나 괴로워 울음을 멈추지 못하고 한동안 흐느껴 울었다.

HR은 "무슨 일이고, 와이라노?" 크게 당황했다. "억울한 일이 없도록 알아보겠다. 걱정하지 말라."라는 연락을 받은 날 밤, 방송국으로로부터 김세레나님을 정중히 모시겠다는 출연 요청이 왔다.

구사일생이다.

✴ 김세레나는 사랑 전도사

___

김성환 탤런트의 회고

남다른 개인기 덕분에 드라마 배우보다는 쇼맨으로 더 많은 활동을 했다. 보통의 연기자는 방송 활동으로 인기를 얻어 무대에 진출하는데 나는 무대부터 활발히 움직였다.

김세레나 누님은 쇼맨십이 뛰어난 훌륭한 가수다. 어떤 무대든지 올라서면 관중을 사로잡았고 화려한 의상, 현란한 춤, 매력적인 상냥한 목소리의 노래로 연예계에 와서 본 연기자 중에 가장 실력 있고 가장 감동을 주는 최고의 연기자로 생각한다.

야간업소, 극장, 방송국, 이벤트 행사장에서 같은 무대 같은 방송 프로에서 자주 만나다 보니 한 가족처럼 친해졌다. 서수남, 허참 등 인기 연예인들과 친목봉사 단체를 만들어 주기적으로 모임을 했다.

특별한 행사 큰 비용이 발생하면 김세레나 누님이 모두 해결했다. 만날 때마다 빈손으로 오는 법이 없다. 선물을 갖고 와서 나눠 주었고 자선 행사 때는 어려운 사람을 돕는 데에 거액의 성금을 내주었다.

회원이나 그 가족 지인들의 애경사에 반드시 참석한다. 민원을 부탁하면 거래처가 많고 발이 넓어 무슨 수를 쓰든지 자기 일처럼 처리해 주었다. 내 디너쇼에 우정 출연으로 매년 무대를 빛내주었다. 사례하면 누나가 돼서 이걸 받으면 되겠냐고 야단을 치며 거절한다.

나도 누님의 디너쇼에 게스트로 출연을 하는데 너무 많은 출연료를 한 번도 빠지지 않고 반강제적으로 기어코 주고야 만다. 억울하다. 모순이다. 후배 사랑이 넘치는 분이다.

김세레나는 곧 사랑이다.

한 몸으로 다했다. 저항가수, 사회활동가,
독도지킴이, 축구단 창단…

★ 밥 딜런보다 위대한 서유석

　　　　서유석은 특이한 가수다. 다른 가수가 경험하지 못하는 일들을 많이도 겪는다.

　세계 최초로 노래로서 노벨문학상을 받은(2016) 미국 포크싱어(Folk Singer) 밥 딜런(Bob Dylan)의 'Blowin' in the wind(바람만이 아는 대답)' 멜로디에 우리말 가사를 붙여 70년대 당시의 대학가를 풍자하는 '파란 많은 세상'을 발표했다.(1971년) 이 노래가 장차 노벨상을 받게 될 거라고는 생각지 못했을 것이다. 노래를 만들고 부른 밥 딜런 조차도 수상소식을 듣고 노래일 뿐인데 왜 노벨상을 주냐고 했었다나 어쨌다나? 세상에서 제일 큰 상을 주고 상금도 주는데, 참 복에 겨운 가수다. 미국은 복이 많으니까 그런데 왜 하필이면 이 노래를 택해서 개사했을까? 의문이다.

　우연이겠나? 그렇다면 우연히 일어나는 일인데 다른 가수들은 왜 개사하는 사람이 한 사람도 없었나? 45년 후에 노벨상을 받을 거라고 예상했다면 문학 작품을 써서 노벨상을 받는 것보다도 훨씬 더 어려울 것이다.

그래서 서유석은 밥 딜런보다 위대했다. 이 노래는 금지곡 목록집(한국공연윤리위원회 1979년 1월 15일 발행)에는 없는데도 대학가에 나쁜 영향을 준다. 학생들을 선동한다고 판단했는지 정보당국에서 서유석을 검거하기 위해 출동했다. 서유석은 TBC TV 방송국에서 『쇼쇼쇼』 방송 준비를 하다가 급히 피하라는 연락을 받았다. 출연자, 제작진, 방송관계자와 상의하고 안전지대 주소와 도피자금까지 챙겨서 통금이 있으니 우선 호텔 사우나로 대피했다. 의인의 도움으로 위험을 벗어날 수 있었다. 누굴까 궁금했다. 예측이 갔다.

엄영수, 서유석(가수), 박찬규(포럼 회장)

감사의 마음을 전하려고 찾아갔으나 전혀 모르는 일이라고 했다. 왜 나를 짚었냐고 힐책을 했다. 아직도 알 수가 없다. 같은 부서에 있지 않다면 이런 정보를 얻을 수가 없다. 그렇게 빨리 정확하게 전달할 수도 없다. 그때 잡혀갔으면 큰 상처를 입었을 것이다. 다시는 무대에 설 수 없을 수도 있다. 사건의 주범, 대학가를 돌며 불렀던 '파란 많은 세상'을 발췌했다.

학교 앞에 책방은 하나요. 대폿집은 열이요. 이것이 우리 대학가래요.

학교 앞에 책방은 하나요. 양장점은 열이요. 이거 정말 되겠습니까?

새야 새야, 참새떼야. 말 많은 새야, 매연가스에 쫓겨가다니요.

아, 내친구야 묻덜 말아라. 너도 몰라 나도 몰라요~. 왜 규제를 받아야 되는지 검거 대상이 되는지 정말 모를 일이다.

★ 위기 때마다 나타난 의인을 찾습니다

1974년~1975년경에 TBC 라디오 「밤을 잊은 그대에게」 DJ로 진행을 맡았다. 청소년과 대학생 젊은 층이 심야에 많이 듣는 인기 프로다. 생방송 중에 UPI 통신 기자가 미국 신문에 기고한 칼럼을 소개했다. 미국 내륙에서 태어나 비행기나 배를 타본 경험이 없는 미국 학생이 월남 참전 지원병으로 입대했다. 우리나라도 1965년 9월~1973년 3월까지 55,000의 병력, 연인원 30만 명이 세계 평화와 월남 공산화를 막기 위해 미국의 요청으로 참전하여 싸웠다.

신병은 미국이 전차, 야포, 화학무기, 헬기, 전투기 등 최첨단 무기를 갖고 있고 대규모의 병력을 파견하고 있으니 자신 있게 베트콩을 소탕하겠다고 월남에 왔으나 월남엔 국경은 있지만 전선이 없다. 전투는 월남 안에서 이루어지는데 적군과 아군이 식별이 안 된다. 공산군은 각 가정의 가족 중에 섞여 있다. 양민처럼 일하다가 지령을 받으면 갑자기 베트콩으로 돌변하여 살상, 폭파, 테러, 방화를 일삼으며 밤, 낮 언제 어디서 나타날지 모른다. 피해가 심하다. 동료가 하나둘 쓰러진다.

시간이 갈수록 겁이 나고 불안·초조하다. 공포에 시달리다 한밤에 정신적 발작인지 아무 데나 총을 쏘아댔다. 아침에 일어나보니 소대장이 그 총에 맞아 사망했다. 월남에 대한 충분한 교육과 훈련이 없었다. 이런 전쟁에 한국의 젊은이가 왜 희생되어야 하냐고 안타까움을 이야기했다.

월남전 문제는 매우 민감한 문제다. 경제 발전, 국위 선양, 한·미 동맹, 국가 안보 등이 연결돼 있어 자칫 잘못 이해하면 크게 오해할 소지가 있다. 체제에 대한 도전, 한국군에 대한 부정은 결코 아니다. 소재 자체를 선택한 것이 화근이었다.

어디선가 누군지도 모르는 의인에게 다시 연락이 왔다. 사태가 심각하니 우선 대피하라는 것이다. 성균관대에서 체육부장을 할 때 총학생회장을 했던 선배가 마침 방송국에 있었는데 거금을 주며 격려하였다. 대전 쪽으로 가라고 해서 시키는 대로 움직였다. 이번 사태는 후유증이 오래갈 것으로 예상했다. 곳곳에 숨어있는 의인들에 미안하다. 그들의 도움이 민주화를 앞당기고 건강한 나라를 만든다.

✱ 대마초, 가는 세월에 보내고 문화예술을 구하라!

피신 중인 1975년 12월, 대마초를 피운 연예인에 대한 일제 단속이 대대적으로 시행됐다. 다음 해까지 이어지면서 방송, 문화, 예술계뿐 아니라 전 업종에 걸쳐 전국적으로 확대 됐다. 137명 입건, 120명 구속, 54명 연예인협회를 통한 제명, 처벌받은 사람은 공연, 방송을 정지시켜 연예계 퇴출을 유도했다. 수사와 처벌은 박정희 정권이 끝나는 1979년까지 계속되었다.

그 바람에 많은 연예인이 이민을 하거나 직업을 바꾸는 불행한 일이 많이 생겼다. 대중문화예술계는 침체의 늪에 빠졌다. 라디오 방송은

틀 노래가 없다고 했고 TV 방송은 출연시킬 연기자가 없다고 할 정도로 심각했다. 사회는 집단 우울증에 빠졌다.

대마초 사건은 억울한 면도 없지 않았다. 어제는 대마초를 마약이라고 하는 사람이 없었다. 물론 단속도 없었다. 고지도 없었다. 오늘 와서 갑자기 중범죄자로 낙인찍어 구속하고 언론에 공개해 망신 주고 과거 10년 전에 한 가치 핀 것까지 털어서 처벌 위주로 갔다. 추가 범죄자를 잡는다고 고문과 겁박을 일삼아 조용필 연행하고 구봉서, 배삼룡 선생까지 무고하게 소환되는 최악의 사태까지 일이 저질러졌다. 국내 포크, 록, 음악이 완전히 무너졌다. 젊은이에게 활력을 문화예술계에 격려를 해줄 필요가 생겼다. 서유석은 유배지에서 상경하였다.

무너진 연예계 재건에 앞장섰다. 포크팝에 중후한 선배 가수가 있어야 한다. 방송출연을 재개했고 유배 생활 때 불렀던 가는 세월을 내놓는다. 내공이 들어간 메시지가 있는 진지한 노래였다. 자신이 부른 노래 중 최고의 노래이자 그해의 (1977년) 최대의 히트송으로 선정됐다. MBC 인기가요 14주 연속 1위로 국민 애창곡이 되고 10대 가수상도 탔다. 서유석의 시대가 활짝 열렸다.

✱ 하룻밤에 가수 되고 이튿날 밤 TV 출연이라!

서유석의 회고

학교 근처 혜화동에 있는 카사노바란 주점에서 지배인으로 일 한 적이 있다. 직원, 손님, 영업관리 하는 게 아니고 사고처리반 팀장이다. 학생증이나 사전을 맡기고 술값을 외상으로 산 후에 나타나지 않는 학생을 자취방, 하숙방에 찾아가 수금하는 일을 했다. 회사원의 경우는 직장으로 찾아간다.

별로 좋은 직업 아니란 걸 알지만, 학비가 필요했다. 운동부 선후배 이끌다 보니 돈이 절실했다. 어느 날 업소에 구봉서 선생님이 오셨다. 삼선교 댁에 가시다 들리셨다. 잠시 후에 서영춘 선생님도 오셨다. 조용히 술한 잔만 하고 가신다고 하셨는데, 기타를 치고 노래를 하셨다.

"넌 뭐하냐?"라고 물어서 지배인이라 했더니 "손님도 없는데 지배인이 어디 있냐?", "너도 앉아 같이 한잔하자! 그리고 노래 좀 해봐." 하면서 기타를 밀어주셨다.

한두 곡 해드렸더니 "너 가수 해라. 노래는 내가 좀 아는데 넌 가수야." 한 번도 가수를 하겠다고 생각해 본 적이 없었기 때문에 당황했다. 다음날 다시 오겠다고 하시더니 TBC 『쇼쇼쇼』 조용호 PD, 『그랜드 쇼』 김연호 PD를 데리고 오셨다. 그 다음 날 TBC 방송국에 출연하러 갔다. 코러스를 해주는 가수들이 조영남, 트윈폴리오(송창식, 윤형주), 최영희 등 일류 가수들이었다. 그날부터 방송출연 가수가 됐다.

'가수가 이렇게 쉽게도 되는구나! 세상 참 살기 쉽구나!' 생각했다. 가수로 활동하다가 이름이 나자 라디오 프로에 DJ를 하게 됐다. 구봉서 선생님의 아들 구인회가 '구공탄과 연탄집게' 라는 듀엣 가수를 결성 음반을 내서 방송에 틀어달라고 찾아왔다.

몇 시간 안돼서 구봉서 선생님께서 전화하셨다. "우리 인회가 거기 찾아 갔지? 그 애가 판 틀어 달라는 거 틀어주면 안 된다. 절대 안 돼! 가수를 하려면 나하고 부자지간의 인연을 끊자고 얘기했으니까 그렇게 알고, 그 부탁 없던 걸로 해 알았지?" 너무 강경하게 단호히 말씀하셨다. 나는 한참을 가수를 하게끔 그냥 놔두시는 게 어떻겠냐고 한번 맡겨 보시라고 열과 성을 다해 말씀드렸다. 절대 안 된다는 것이다. 나도 할 말을 했다.

"아버님은 왜 남의 자식은 가만히 있는데, 가수 하라고 시켜서 가수 만드시면서 선생님의 아드님은 가수를 하겠다고 저렇게 애원을 하는데 못하게 말리십니까? 자기 집 자식은 못하게 말리고 남의 집 자식은 시키면 그게 이치에 맞습니까? 앞뒤가 안 맞지 않습니까?"

한참 들으시더니 "너 그러다 앞뒤로 맞을래? 맞아 볼래?"

★ 미끼상품 서유석으로 청취율 1위 등극

현대자동차가 1974년 세계에서 아홉 번째로 자동차 대량생산국에 진입하는 데에 성공했다. 우리나라 기술로 차량의 전체부품을 다 만들어 내게 됐다. 마이카 시대, 오너 드라이버 시대가 오면서 차가 날로 늘어나다 보니 차 안에 앉아 있는 사람 수가 집에 앉아 있는 사람 수보다 많아진다는 것이다.

차 속에 사람들은 차 밖의 세상 변화를 듣고 싶다. 내 차의 교통상황을 알고 싶다. 라디오를 많이 듣게 하려면 교통 인구를 붙잡아야 한다.

MBC 푸른 신호등은 교통정보 전달을 목적으로 18년 6개월 동안 지속한 간판 프로였다. 새로 출발하는 프로는 성공 여부가 진행자에 달려있다. 서유석에게 문의가 왔지만, AM, FM에 하는 프로가 잘나가니 다른 프로에 관심이 없었다.

교통 프로니까 우선 정확해야 하고 신뢰가 가는 인물이어야 하니 아나운서가 적격일 것이다. 만약의 경우 잘못 되더라도 본전은 한다. 최악에는 다른 프로로 옮겨가면 그만이다. 그때 상황에서 상승세를 타고 있던 차인태 아나운서를 추천했다. 제작부에서도 인기, 경험, 능력을 종합해 볼 때 적합하다고 인정했다. 그러나 본인이 거절했다.

TV, 라디오에 인기 프로를 몇 개씩하고 있는데 위험한 프로를 할 이유가 없다. 앞날이 불투명한 프로에 손댔다가 청취율에 실패하면 한계가 왔다. 떠날 때가 됐다. 심지어는 말아 먹었다. 죽 썼다. 거친 비난을 받게 된다. 하고 있던 프로마저 빼앗기고 뒷전으로 밀려나는 대재앙을 뒤집어 쓸 일이 있을까?

푸른 신호등은 출발하기도 전에 빨간 신호등이 됐다. MBC는 서유석을 설득했다. 서유석은 위험한 일을 잘한다. 아니 잘 저지른다. 도전 정신, 모험 정신, 개척 정신이 강한 연기자다. 요즘 말하는 험지를 겁내지 않는 젊은이들의 우상이었다. DJ나 MC들이 푸른 신호등을 꺼리는 이유가 있다. 상대편 방송 TBC의 송해 어르신을 앞세운 '가로수를 누비며'가 이미 청취율을 선점하고 독식 상태에 있었고 우후죽순처럼 교통 프로가 난립하여 달려드니 푸른 신호등은 뒤늦게 출발할 수도 없고 하지 않을 수도 없는 진퇴양난에 처했다. 출발과 함께 푸른 신호등은 계륵이 되지 않을까 겁이 났던 것이다.

서유석은 '가로수를 누비며'와 진검승부를 펼친다. 방송이 끝나자 모든 것을 내려놓고 정동 일대를 돌며 특히 전파상이나 TV·라디오 판매상, 오디오기기 수리상 등 스피커를 통해 밖으로 라디오 방송을 내보내는 곳을 찾아다니며 인사했다.

"안녕하세요 MBC「푸른 신호등」서유석입니다. 라디오 주파수를 점검해 드리러 왔습니다."

집마다 찾아다니며 MBC 문화방송으로 고쳐서 맞춰 놓았다. 상가 주인들은 인기가수가 방송 진행자가 직접 찾아오는 것을 난생처음 보는 일이다. 신기하기도 하고 고맙기도 하고 인사를 나누고 반갑게 맞이했다. 여태까지 다른 방송을 들은 걸 미안하게 생각했다. 서유석이 떠난 후에 이 이야기는 오래도록 화제가 됐다.

이제 주파수는 불변이다. 죽으나 사나 오직 MBC 푸른 신호등뿐이다. 어제는 광화문, 그제는 종로, 내일은 청계천. 서울 시내를 6개월 돌아다니며 스타 마케팅을 전개했다. 남대문시장, 동대문시장, 버스회사, 택시회사, 안내양, 기숙사 등 라디오가 있는 곳마다 누비고 다녔다.

방송 진행자를 많이 봐 왔지만, 서유석은 방송역사상 전무후무한 최초이자 마지막 진행자일 것이다. 나중에는 '왜 우리 집 라디오는 찾아오지 않느냐'며 방송국에 항의가 왔다. 기타를 메고 가서 주파수 설치와 더불어 위문공연도 즉석에서 한 곡씩 선물했다. 사실은 방송전파를 팔면서 미끼상품을 던지는 것이다. 어떻게 이런 발상을 했을까? 방송 DJ, MC, 스타로서 상상이 가지 않는 일을 하고 다니니 깊은 감동을 느꼈다. 알게 모르게 방송국은 항상 갑이고 청취자인 우리는 을이다. 방송국은 고압 자세다. 이런 인식이 팽배해 있었는데 방송이 고개를 숙이고 찾아와서 사정하니 얼마나 놀랐겠나? 천지개벽할 일이다. 정확히 6개월 후, 푸른 신호등은 청취율에서 모든 방송을 앞질러 나갔다. 부동의 라디오 교통방송 1위를 고수하기 시작했다.

✳ 돌고 돌아 다시 제자리, 기타 치고 노래하련다

1995년 가을 여의도 63빌딩 컨벤션 센터에서 인기 가수 서유석의 MBC 라디오 「푸른 신호등」 MC 18년 근속, 퇴임 기념식 겸 축하연이 성대히 거행됐다. 행사장 뿐 아니라 여의도 전체가 교통대란, 교통마비가 됐다. '교통' 자가 붙은 우리나라 모든 단체가 집결하였다. 교통가족의 잔칫날이라고 보면 된다. 서유석의 팬, 특히 모범 운전자들이 차를 몰고 달려와 행사장을 아수라장, 아비규환 속에 빠졌다.

방송국이 연기자에게 퇴임식을 치러주는 경우는 극히 드물다. 거의 보지 못했다. 그 긴 시간 동안 장수 프로가 되는 것은 사건·사고가 없어야 하고 MC가 인기를 유지해야 가능한 것이다. 방송국은 어떤 문제로 프로그램이나 진행자가 나쁜 뜻으로 언론을 타게 되면 진위를 가리거나 책임 소재를 따지지 않는다. 가장 손쉽고 부담 없이 처리할 방법을 택한다.

그것이 바로 연기자 즉결처분이다. 시끄러운 것을 잠재우는 것이 중요하다. 방송국이 공격을 받지 않는 것이 급선무다. 연기자는 많다. 대타를 세우면 된다. 연기자가 억울하거나 잘못이 있거나 없는지는 중요하지 않다. 지금까지는 늘 이렇게 처리해 왔다. 그래서 연기자는 100% 깨끗해야만 한다. 이런 문화 속에서 18년 6개월을 버텼다는 것은 기적이다. 방송사에 길이 남을 대기록이다.

이날 식장에서 눈길을 끈 것은 국회 쪽에서 대거 몰려온 국회의원들이다. 단순히 국회가 가까이 있기 때문이 아니라 전부터 서유석의 총선 출마가 큰 관심사로 남아 있었다. 그동안 한나라당과 국민회의는 영입을 위해 물밑 작업을 해온 것으로 보도된 적도 있다. 퇴임식 자리에서 혹시 출마 선언이나 입당 선언 같은 뉴스가 나올 가능성도 있어서인지 각 언론사에서도 많은 취재진이 나와 있었다. 축사하는 문화예술인, 정치인들은 한결같은 목소리를 냈다.

서유석이 최장기간 동안 최고의 인기를 유지하며 최고의 품질, 좋은 방송을 만든 「푸른 신호등」 프로와 진행자 서유석에 대하여 경의를 표하고 역대 가장 훌륭한 방송인으로 평가했다. 정계에 와서 나라 민족을 위해 큰일을 할 수 있고 당연히 해야 한다고 누누이 강조하였다. 정당 관계자들이 '영입을 위하여 방송국 경영진에게 협조를 요청했는가?'를 물었다.

서유석은 경영진은 상당한 어려움이 있었을 것이라고 회고하였다.

"그분들께 폐를 끼치는 것 같아서 빨리 결정을 해야 하는데, 개인적인 사정으로 시간이 지체 됐음에 안타까웠다는 말도 전해 들었다."

서유석을 영입하려는 이유는 무엇일까? 별표 전축 시대에 가는 세월로 100만 장 이상의 음반이 팔린 대중적인 가수다. 청년문화의 상징 통기타 포크팝의 전설로 젊은이의 지지를 받는다. 홀로 아리랑, 진주 낭군, 구전·민중가요를 발표하여 작품을 만들었다. 교통문화 발전에 이바지해서 교통가족의 지지를 받는다.

퇴임식 후, 1996년 제15대 국회의원 선거에 무소속으로 출마하였으나 국회 입성의 뜻을 이루지 못했다. 양당 정치제도 현실에서 무소속 출마는 위험성이 크다. 서유석은 양당정치의 피해를 줄이고 갈등과 불신으로 점점 극단적으로 싸우는 양당 대립구도를 완화하려고 무소속을 택했을 것으로 보인다. 선거 후 다시 음악 세계로 돌아온 서유석은 기타 치고 노래하며 공연활동을 활발히 전개하고 있다.

산수연 축하하는 가수 선우영아

너무 노력하지 마라.

너무 쫓아다니지 마라.

너무 한탄하지 마라.

그냥 편안하게 쉬고 있어봐라.

아프다고 쉬면 귀하니까 품귀현상이 나는 것과 같은 이치다.

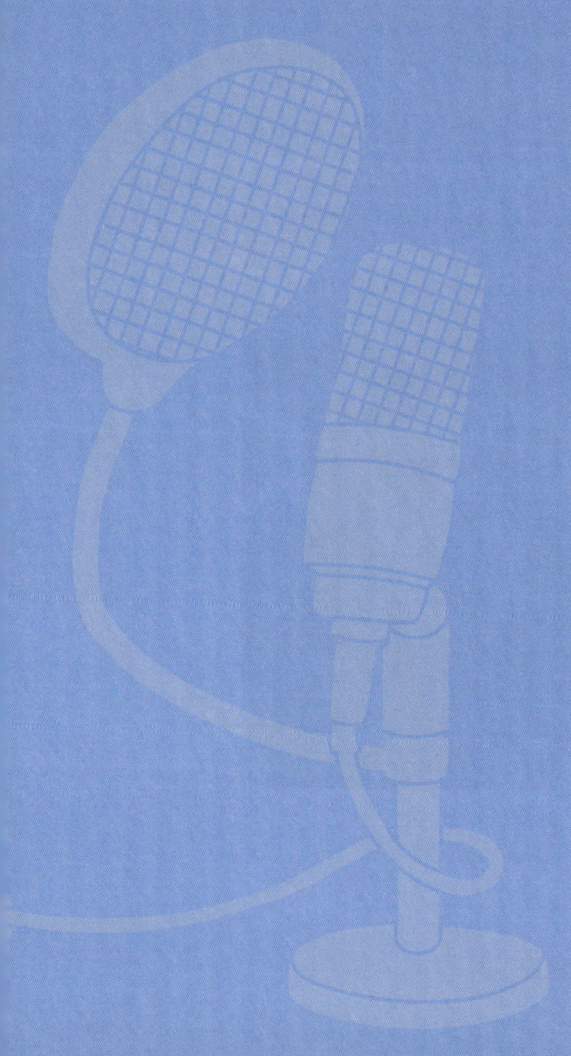

제2장 · 국내 인터뷰

 # 대통령 선거도 될 때까지 뛰면 된다.
(사수(四修)를 사수(死守)한 엄영수)

★ 100만 군중 무대에 데뷔한 최초의 개그맨

　　　1971년 4월 18일 일요일 오후, 장충단 공원 제7대 대통령 선거 신민당 김대중 후보 연설회, 고등학생이 청중으로 참여하는 것은 드문 일이다.

　　고교 시절 학급 대의원 선출에 지원자가 없었다. 해봤자 시간만 빼앗기고 급우들 심부름만 하는데 보상은 없다.

민상금 서울시의원 사무실 개소식에서
엄영수와 아들을 격려하는 김대중 총재

약아빠진 도시아이들 누가 대의원 하려 들겠나? 다 안하다 보니 내 차지가 됐다. 실력이 있어서가 아니라 덤터기를 쓴 거다. 대의원으로서 학생회장 선거장에 가서 투표를 해보니 웅변만 잘하면 학생회장 당선은 무난할 것으로 보였다. 마침, 대통령 선거가 있으니 유명 정치인들의 선거유세를 들어보는 것이 큰 도움이 될 것 같았다.

우리 시대 1순위 정치인은 김대중 후보였다. 나이에 비해 훨씬 젊고 영화배우 같은 미남이었다. 연설을 잘한다고 들었고 권력기관에 탄압을 받으며 고군분투하는 모습이 멋있게 보였다.

당장 DJ를 만나본다는 것은 어렵겠지만, 얼굴 모습을 볼 수 있다면 사인을 받든가 악수를 하거나, 하다못해 먼 거리에서 지켜보든가 어떤 접촉이라도 시도하여 흔적을 남겨두면 남들에게 자랑거리가 될 듯싶었다. 가는 날이 장날이라 했던가 장충단 공원에 사상 최초의 100만 인파가 몰렸다.

몇백, 몇천 명이 모여서 행사하다가도 압사 사고 나는 경우가 많았는데 백만 명이 넘는다 하니 무질서하게 뒤섞여서 우왕좌왕하면 몇십 명이 죽어도 모를 것 같았다.

죽는다는 생각에 겁부터 나는 것은 피해의식이 있는 것일까?

사람은 태어나면 서울로 보내고 말은 태어나면 제주도로 보내라! 이 말을 말이 들으면 말 같지 않은 말 말하지 말라고 말렸을 것이다. 말도 서울 가서 놀고 싶지, 제주도에 갇혀 살고 싶겠나? 서울은 블랙홀 비싼 땅 좀 밟아보자, 수도권 사수를 말하면서 명말들은 서울로 서울로 진격하니, 이때부터 서울은 말 많고 시끄러운 동네가 됐다.

드디어 1971년 서울 인구는 6백만 명이 넘고야 말았다.

백만 청중 속에 묻혀봤나? 수나라 100만 대군을 무찌른 을지문덕 장군 참 힘들었겠다. 역사학자의 일설에 의하면 수나라 전국 각지에서 징집된 100만 대군이 집결하여 고구려를 향해서 단순히 출발하는 데만 6개월 이상이 걸렸을 것이라고 한다. 당시의 통신수단과 도로교통 상황으로는 병사와 말과 장비가 안전하게 이동하는 데는 그보다 훨씬 더 많은 시간이 필요하다고 하니, 부지하세월에 고구려에 도착하면 기진맥진 녹초가 되어 싸워보지도 못하고 쓰러졌을 것이다.

내게는 충격적 광경인데 사진 한 장 못 남긴 게 후회막급이다. 5만 원짜리 전세 단칸방 자취생이 카메라가 있을 리 있나?

당시에는 야당 모임에 가면 나중에 혹시 불순분자로 몰리면 어쩌나 하는 두려움이 컸었다. 일부러 기록을 안 남기려 했을 수도 있다.

서울 시민 100명 중의 17명이 지금 이 시각 장충단 공원에 와있다는 것을 직접 눈으로 보면서도 왠지 믿어지지 않는다.

서울 시내 곳곳을 가보라. 평소보다 사람이 확 줄었다는 생각이 드나?

DJ 선거 캠프는 애초부터 100만 명이 모일 것이라는 예측은 해보지도 못했을 것이다.

연설회 전날 밤까지도 만일 청중 동원에 실패하면 어쩌나, 근심·걱정이 태산 같았던 사람들이 감히 100만이란 꿈을 어떻게 꾸겠나?

지금 생각하면 꿈인데 왜 천만 정도 모을 생각을 못 했나? 아니면 말고지. 그땐 순진했다. 지금 가짜뉴스 유튜브의 막가자는 식이라면 산 놈도 매일 죽이는데 못할 게 뭐 있겠나?

선거 역사상 유권자 100만 명 동시 동원이란 전무후무한 대기록을 달성했다.

주최 측의 심정은 어떨까? 드디어 우리가 대통령을 만들어 냈다고 자화자찬하고 승리에 도취할 것이다. 1주일 후인 4월 25일, 민주공화당 박정희 후보의 연설회가 이곳에서 열렸다. 청중은 DJ 때보다 적게 모인 것처럼 보였다. 그것이 오히려 DJ에게 나쁜 결과를 가져다줄지도 모른다.

이 선거에 유권자도 아니고 어떤 이해관계도 없다. 고교생인 내가 거짓말을 할 필요가 없다.

전국에서 표가 가장 많이 몰려있는 수도권, 수도 서울에서 밀렸다면 정권유지를 위해서는 반드시 이 상황을 극복해야만 한다.

정치란 무엇인가? 필요하면 무에서 유를 창조한다. 정치는 이기는 것이다. 지면 사라져야 한다.

밀리는 쪽에서는 무언가 대책을 세우지 않겠는가? 투표 후에 투표함이 바닷물 위에 둥둥 떠다니고 올빼미표, 피아노표, 개표 도중 정전사고 등 기상천외한 일들은 무엇을 말하는가?

김대중 총재와 인연을 맺게 한
서울시의원 민상금 의원 사무실 개소식

선거 때가 되면 갑자기 고궁박물관, 유적지, 영화관 무료 관람권을 나눠주는 의인이 나타난다. 마음씨 좋은 동네 아저씨가 공짜 도시락을 나눠주고 공짜 버스 관광도 시켜준다. 갑자기 사회가 훈훈해진다.

희귀한 일은 복잡한 100만 유세장에서 선거로 인해서 돌아가신 분이 한 분도 없었다. 쓰러지거나 사람에 밟혀 크게 다친 사람도 없다. 심지어는 넘어지거나 주저앉아서 살짝 다친 사람조차도 없었다. 공짜 도시락 얻어먹고 체한 사람도, 공짜 관광에 교통사고 난 사람도 없었다. 왜 없겠나? 사람이 모이면 사건 사고가 번번이 일어나기 마련인데, 그래서 보험도 들고 고소 사건도 나는 것 아닌가? 어떤 일이라도 한 건은 있겠지? 있으면 우리 쪽에는 악재가 된다. 없는 걸로 치자.

대한민국 국민 정말 장하다. 희생정신, 봉사정신, 인내정신 막강하다. 존경스럽다.

★ 끼 많은 엄영수, 정치무대 진입하다

오후 2시부터 후보자의 연설이 예정돼 있으나, 오전 일찍부터 인파가 뒤엉키고 정체되는 곳이 생겼다. 어디가 앞인지 뒤인지 분간이 안 되기도 한다.

공중에 돌아다니는 스피커 소리로 방향을 정한다. 연단 쪽으로 접근했다. 본부석 쪽이 항상 내 자리라는 느낌이 든다.

보스 기질이 있는 걸까? 왜 그랬는지 모르겠는데 아직 비어 있는 단상 위로 올라갔다. 갈 데까지 간 것이다.

우선 마이크부터 잡아본다. 아는 체를 했다. 학교에서 방송반 활동을 했고 그룹사운드 공연도 했기에 기계에 대한 지식이 좀 있었다.

간간이 녹음된 로고송도 나오고 안내 멘트도 나온다. 100만 청중 앞에 마이크를 잡고 서서 내려다보니 유세장은 장관이었다. 사람의 물결을 느낄 수 있었다.

사람 천지가 이런 것이구나 싶다. 항상 마이크를 잡는 자가 주인이다. 나는 갑자기 백만 명의 청중을 상대할 수 있는 사람이 됐다.

말 타면 종 부리고 싶다고 했던가! 정말 달리고 싶다. 사진도 찍고 싶고 무언가 한마디 외치고 싶었다.

단상 밑의 청중은 지금 나가고 있는 녹음된 스피커 안내가 마치 내가 하고 있는 것으로 보였을 것이다. 기분이 마냥 좋았다. 100만 시민의 시선이 느껴진다. 내가 진짜 연사인 듯한 느낌이 든다.

지켜보는 사람도 없었고, 있었다고 해도 심부름하는 아인 줄 알았을 정도인데, 초대형 사건·사고를 저질렀다는 것을 이때는 전혀 모르고 있었다.

생각해 보라! 보통 사람은 이런 무대에 일생에 걸쳐서 단 한 번도 서 볼 수 없다. 서기는커녕 구경도 못한다. 이 무대에서 마이크를 잡는다는 것은 죽었다 깨도 경험할 수 없다.

★ 엄영수의 학교생활

따지고 보면 그 당시 나는 고등학교 학생에 불과했지만, 이래 봬도 활동으로 치면 연예인 되고도 남았다.

학교 교내 행사 MRA 도덕 재무장 운동, RCA 적십자 운동 연극반, 방송반, 웅변반 활동, 고아원·양로원 위문, 선물 전달, 봉사활동, 스승의 날 기념 공연, 개교기념일 공연, 하다못해 소풍 가서 오락대회까지 거의 다 내가 참여했거나 행사 진행을 했다.

어떤 경로로 이 사진들이 내게 남아있는지 기억은 확실치 않지만 다행이다. 아마 사진반이었을 것 같은데 이렇게 확실한 증거가 있다.

그때는 스승과 제자는 한 가족이었다.

진정으로 스승의 그림자도 밟지 않았고 무조건 존경의 대상이었다.

선생님 또한 제자를 내 몸처럼 아꼈다.

너무 가깝다 보니 친근감에 선생님 모두에게 별명을 붙였다. 모든 학교가 그랬다. 자연스러운 일이었다. 미술 담당 이선열 깡다구(별칭) 선생님, 일반사회 담당 김문각 베트공(별칭) 선생님, 국어 담당 조희성 각하(별칭) 선생님과 학교행사 때 무대에서 찍은 사진이다.

일반사회 담당 김문각 베트공(별칭) 선생님
웅변반 기념사진

국어 담당 조희성 각하(별칭) 선생님과 함께
스승의 날 행사 기념 공연 무대

스승의 날 기념행사 '은사님께 드리는 글'을 내가 낭독했다.

고3 때였다. 대학로에 가면 지금도 마로니에는 피고 있다.

결혼회관은 지금도 있는지, 없는지? 우리 학교 Group Sound Honey Boys가 이 회관에서 음악 발표회를 했다. 학교 이외에는 청춘의 분출구가 아무것도 없었던 시절 성공리에 공연은 잘 끝났으나 공연장에서 학교끼리 다툼이 있었다.

스승의 날 기념식 "선생님께 드리는 감사의 글", 엄영수가 낭독했다.

남산으로 올라가서 학교끼리 맞대결을 했다.

관할 경찰이 예비군을 동원했다. 우선 수습이 중요했다. 그때는 내 마을 내 직장은 내가 지킨다는 예비군 구호가 유행이었다. 지역의 크고 작은 사건에 예비군이 도우미로 활약했다. 언론 기사에도 떴다. 공연 주도자 Honey Boys 멤버에 대한 처벌 문제가 논의 됐다.

음악 담당 선생님께서

① 우리 학교 학생은 피해자다.

② 다른 학교에서 온 학생들끼리 싸움을 벌였다.

③ 실력 있는 인재들을 선처해야 한다.

음악 선생님의 적극적인 변론으로, 뜨거운 제자 사랑으로 훈방조치가 내려졌다. 다행한 일이다. 그런데 사실은 ④가 한 가지 더 있었다.

④ 학생회장 엄영수 음악 발표회 MC였다.

미술 담당 이선열 깡다구(별칭) 선생님
스승의 날 행사 기념 공연 무대

당시는 학생 시위 데모 관계로 학생들의 사회활동이 민감하게 다뤄졌다.

그룹사운드 있는 학교가 거의 없을 때였다. 실력이 막강했다. 예술활동 격려 차원에서 사회봉사 활동이었기에 선처를 빌었다. 엄영수가 해서 안 되는 일이 있나? 나야 나, 나라고. 나 엄영수야, 그런데 엄영수를 알아주지 않는 데가 있다.

바로 장충단 공원이었다. 학생! 여기 올라오면 안 돼요?

어린 학생은 큰일 나! 어느 학교야! 경비원들이 달려왔다. 미성년자 문제, 고교생 동원 오해 소지가 있다. 선관위가 지켜볼 수 있다.

마이크 놓고 내려가세요. 뭐한 거요? 아무 일도 없었다는 듯 재빠르게 내려왔다. 데뷔하자마자 바로 파면이다. 이런 공연은 처음이다.

그러나 분명 나는 오늘 백만이 넘는 관중이 지켜보는 대형 무대에서 딩딩히 마이크를 잡고 데뷔한 대중 문화예술인이다.

쫓겨난 게 아니다. 임무가 끝나서 스스로 내려온 것이다.

우리나라에서 어떤 연예인이 고교 시절에 이런 무대에 서봤나? 안 서본 애들은 모른다. 여기 올라가 서보니 세상이 보였다. 사람은 서울 가서 서봐야 하느니라! 그래서 서! 서울이다.

관록과 인기와 능력이 있어야 가능한 일인데, 무명 초짜 아마추어 개그맨이 한반도에서 문화예술 활동이 개시된 이후 최초로 마련된 최 대의 이벤트 정치쇼에서 완벽하게 해냈다. 아무 문제 없이 맺었으니 이 건 인정해야 한다.

건국 후 최초의 일이다.

무대에 오르기만 해도 마이크만 들었다 나도 출연은 출연이다. 도둑 출연일망정 그 감동은 대단했다.

다른 사람 같으면 그런 곳에서 데뷔 무대를 만들어 놓고 활용할 생 각을 하겠나? 다시 못 올 기회다.

상이 차려져 있는데 우선 받고 보는 거다. 드시는 분이 임자 아닌가? 영원히 기억될 화려하고 웅장했던 데뷔 무대였다.

★ 준비된 대통령 탄생!

살면서 만났던 분들 중에 가장 오랜 세월에 걸쳐서 가장 많은 횟수 와 가장 긴 시간 가장 중요한 일로 만났던 분이 김대중 대통령이었다.

대통령 뽑는 일이 가장 중대한 것은 맞는 말이다.

한 나라의 대통령 선거에 출마하는 것은 어려운 일이지만, 그 네 번 을 같은 후보의 당선을 위해서 네 번 다 마이크를 잡고 연속적으로 운 동에 참여한 것도 특이한 인연일 것이다.

솔직히 말해서 DJ 선거 운동에 처음 나설 때는 개그맨으로 알려진 것밖에는 대중의 마음을 끌 수 있는 그 무엇도 제대로 갖춘 것이 없었다.

사상, 철학, 교양, 지식에 있어 형편없이 부족했다.

인기로 치면 유세단에 도저히 들어갈 수도 없다. 전 국민의 사랑을 받는 내로라하는 대스타들이 야권의 수평적 정권교체에, 자유민주 회복 정치사에 헌신하고자 대거 포진하고 있는 상태였다.

김대중 총재는 특별히 나를 아끼고 배려하였다.

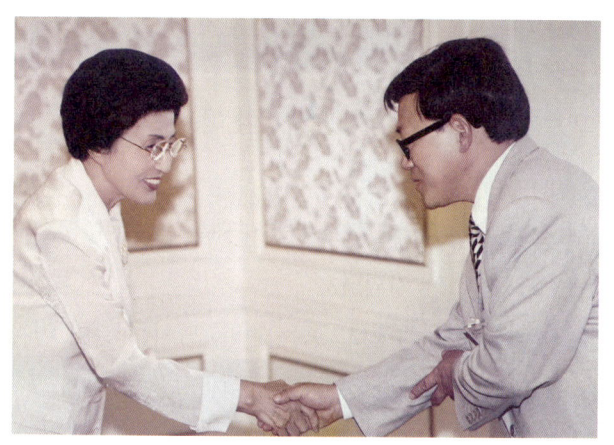

영부인 이휘호 여사의 초청으로 청와대를 예방한 엄영수

인재는 심사숙고로 결정하되, 한 번 쓰면 죽을 때까지 운명을 같이한다는 뜻으로 항상 엄 동지라고 호칭했으며 경어를 사용했다.

별도의 지시나 평가를 하는 법이 없고 스스로 알아서 처리하도록 모든 것을 개인 재량에 맡겼다. 남다른 용병술을 갖고 있었다.

나 때문에 선거에서 패배할 수도 있다는 것을 절감했기 때문에 밤새도록 준비하고 온 힘을 다하였다.

과연 내가 연단에 서서 득표에 도움이 될지 해가 될지 의문이었다.

그럼에도 대통령 선거에 나서는 제1야당의 후보를 소개하는 가장 중요한 일을 선거 때마다 전적으로 내게 맡겨준 것에 대하여 무한히 감사할 따름이다.

특별한 당의 공식 행사에 20년 이상을 봉사하였다. 당연히 사연도 많고, 전하고 싶은 이야기도 많다.

한 번도 정당에 가입하거나 좌·우파 신·구파 영·호남파 진·보수파 강건·온건파…. 어느 파에도 속해 본 일이 없다. 그저 그때그때 옳다고 생각하는 일에 전력투구하였다.

어디에다 써먹을까? 나 스스로가 가장 의심했던 나다.

유세장에 마이크를 잡고 DJ를 도울 수 있었다는 것은 영광과 보람이었다. 내게 그런 재주가 있었다는 것은 행운, 천운이었다.

첫 번째 선거 때는 정치에 관여할 수 없는 고교 시절, 팬 연설 학습을 위해 선거 유세장에 갔다가 명연설에 감동하여 팬이 되었다.

당선 기원 응원을 했다.

두 번째 선거 때는 민상금 서울시의원이 김홍일(김대중 후보의 장남) 의원을 소개했고, 한번 시작한 일, 당선될 때까지 뛰어보자는 각오로 임했다.

세 번째, 네 번째 총재의 일생에 마지막 선거유세는 언제나 그랬듯이 명동이었다.

대통령 선거 유세 마지막 날 마지막회. 명동 유세장 연단 뒤에서 대기 중인 이종찬, 김근태 의원, 사회자 엄영수(뒤쪽 배경에 준비된 대통령 선거 구호가 보인다.)

운동원들조차 애만 쓰고 이번에도 분패할 것으로 예측했다. 이회창 후보가 여론조사에서 계속 앞서고 있었고 차이도 컸다. DJ는 기상천외한 DJP연합을 들고나왔다. 처음 듣는 용어다.

승부수다. JP와 TJ를 모셔왔다. 이것이 어찌 현실로 이뤄졌는가? 용의주도했다.

토사구팽 전에 선수를 친다. 이인제는 신당 창당과 더불어 대선 출마를 선언했다.

이한동이 DJ에게 합류했다. 박철언, 김복동 등 정치 거물급 인사들의 대형 뉴스가 연일 연타 화려하게 터진다. DJ의 파격적 흔들기, 누구도 생각하지 못했던 세트 인사 영입, 정치권의 대대적 지각변동이 왔다.

막판 역전! 32만 표차로 이겼다. 상상불허, 예측불가. 현실성 없는 돈키호테 같은 전법으로 판을 뒤집었다.

DJ에게 이런 불규칙 스마트 플레이가 준비돼 있었을 줄이야. 준비된 대통령 탄생! 모든 것은 준비가 말한다.

DJ의 대선 네 번을 한 번도 빠짐없이 참여하는 기록을 세웠다.

마이크를 잡고 뛰어보니 알게 됐다. 대통령 선거도 될 때까지 출마하면 끝내 당선된다는 것을….

연금에서 돌아온 사형수 DJ
민주화를 지휘하다

★ 연금, 망명 10년, 징역 6년, 감시 탄압 40여 년

　　　　　국가에 의해 자기 거주지에 감금되는 형벌을 연금이라고 한다. 집밖에만 못 나가게 하고 경찰이 지키고 있으니까 당해보지 않은 사람은 보호해 주는 것으로 착각한다. 감금이란 구속이다.

　모든 것을 감시당하고 자유롭게 지내지 못한다는 것이다.

　김대중 총재는 동교동 사저에서 짧게는 10일 내외, 길게는 최고 78일간 크고 작은 연금을 54회에 걸쳐서 당해 왔다. 동교동 사저는 장기간 연금 장소로 쓰여왔다.

　김옥두 비서의 의하면 "집이 아니고 감옥입니다. 교도소장 이희호 여사, 교도관 남궁진(전 문화부 장관, 문서 담당 비서, 2선 의원), 김옥두(전 행정안전부 장관, 경호 담당 비서, 3선 의원), 우리끼리는 이렇게 부르기도 했습니다."

　연금은 법으로 정해져 있지 않다. 국가 공권력에 의한 횡포

남궁진(좌), 김옥두(우) 비서가 작대기에 프래카드를 걸어 연금 중 지붕 시위를 했으나 국내 언론은 침묵했다. 망원렌즈를 통해 뉴욕 타임즈를 비롯한 전세계 언론에 알려졌다.

인 것이다.

권력 남용이다. 형기가 기약도 없어 무한정 하는 깜깜이 생활이다. 감옥보다 더한 감옥살이라고도 불린다.

오늘은 연금 상태고 내일은 어떻게 될지 모른다.

김옥두 경호 비서를 통해 DJ 총재의 연금 생활을 알아본다.

김옥두 비서

외부인의 면회와 출입이 금지되고 옥내에서만 활동할 수 있습니다. 책자, 서신 교환이 불가능하고 모든 접촉을 차단해 고립 상태가 됩니다. 가장 어려움을 겪는 것은 생활비입니다. 수입이 전혀 없습니다. 국가에서 제공해 주는 것이 아닙니다.

활동을 못하게 묶어 놓고서 아무런 대책이 없습니다. 감옥은 숙식 제공에 치료 보호도 함께 해주지 않습니까?

연금이 실내에서 자유라 하니까 편한 줄 생각하지만, 어디까지나 갇혀 있는 것입니다. 자유를 빼앗긴 채 한 발짝도 대문 밖을 디딜 수 없습니다. 각종 기계를 이용해 녹음·녹화, 멀리서 관찰하며 잠시라도 시선을 떼지 않고 있습니다.

여러 곳에서 들여다보고 엿듣고 있다고 생각하면 소름이 끼칩니다.

김홍일 장남을 통해서 비용을 일부 받았습니다. 친정에서 또는 이모가 전해준 적도 많습니다. 우리에게 성금을 보내면 당국의 조사가 들어가기 때문에 우리를 도울 수가 없습니다. 우리의 일거수일투족을 들여다보고 철저히 분석하고 있습니다. 24시간 도청하고 있습니다.

가끔 새벽에 전화가 옵니다. 우리의 정신상태를 알아보려는 것입니다.

카터 인권재단(민주주의 인권 증진 국제기구), 앰네스티(인권운동 사법 정의 실현 국제기구), 백악관, 교황청 등에서 김대중 선생에 대한 인권

탄압을 중지하라는 항의가 빗발쳤습니다.

개인의 자유를 억압하고 학대하는 불법 만행을 규탄하는 메시지도 계속 왔습니다. 사저를 감시하기 위한 경비초소가 다섯 개, 멀리서 동향을 카메라로 살피고 도청하는 안가가 다섯 채나 있었습니다.

오히려 탄압을 비밀리에 강화하면서 선처하는 양 거짓 선전을 하였습니다. 신문조차도 볼 수 없도록 했으나, 격렬히 항의하여 나중에 다행히 신문은 구독을 했습니다.

무사히 오늘을 잘 지내는 것이 무엇보다도 중요하고, 내일은 전적으로 내일에 맡기고 삽니다. 아침에는 일찍 일어나 기도로 시작합니다.

하루에 있었던 신문 방송을 종합해서 면밀히 분석하여 현안을 만들어 회의를 하고 교육과 분석을 통해 대책을 세워 놓습니다. 연금이 끝난 후를 대비하는 겁니다.

총재께서는 특히 철학책을 많이 탐독했고 경제, 영어, 군사, 과학, 분야의 자료를 자주 보았습니다.

서로 끝없이 대화를 나누고 연금 중의 계획을 철저히 짜서 계획대로 진행했고 하루도 무의미하게 보내지 않으려고 안간힘을 다 썼습니다.

화초를 가꾸는 일을 매일매일 계속했고 마당에 나오면 체조를 비롯해 줄넘기 운동을 꾸준히 하여 체력 단련을 했습니다.

특별한 일이 없어도 손님을 맞을 것처럼 항상 옷차림을 단정히 했고 헤어스타일을 말끔히 유지했으며 바른 자세를 취했습니다.

밖에서 연금 없이 생활하는 사람처럼 똑같이 지냈습니다.

총재께서는 옛날부터 붓글씨를 많이 썼습니다. 사인여천, 실사구시, 행동하는 양심, 경천애인 등 여러 가지 숙어를 한자로 쓰는데, 정신통일과 심리적 안정에 큰 도움을 주는 것 같습니다.

여사님께서 식료품을 구입하러 시장에 가거나 필동 친정에 갈 때는 차량에 형사 두 사람이 반드시 함께 동석해서 감시했으며, 시민단체 민추협 등에서 연금을 해제하라며 단체가 시위를 하러 오자 1천~2천 명의 전투경찰 병력을 동원해 적극 차단했습니다.

우리나라 언론에는 한 줄도 보도가 되지 않도록 통제하였습니다.

연금해제 할 때 또는 시작할 때는 마포 경찰서장이 통보를 했고, 나중에 우리에게 전화로 수소문하던 팀과 더불어 존경한다는 뜻을 전해오기도 했습니다. 사실 그때 그런 감시와 압박을 받으면 하루도 견디기 어려웠고, 장기간 계속되면 몹시도 마음이 흔들렸고, 우울증과 울렁증이 겹쳐 살아 있어도 산 게 아닙니다. 분노와 울분을 서로 인내하고 자제하면서 끊임없이 명상하고, 대화하면서 스스로를 달래고 훈련시켜 하루하루를 성실히 버텨나갔던 것입니다.

동교동 사저는 옛날 건물로 화장실도 지하실에 있는 구식이었고 에어컨도 없었습니다. 선풍기와 부채를 부치며 무더위를 넘겼습니다.

고난의 세월을 오직 몸으로 부딪히며 이겨내는 것입니다.

총재께서는 집권 시나리오 구상 통치계획, 부서 조각, 인재육성 방안, 국가 전력 배치, 정국 구상, 국제정치 대응 방안, 국내외 주요 현안 점검을 게을리하지 않았습니다.

연금은 갇혀있는 것이 아니다. 연금술사처럼 이심전심 국민과 소통하고 양심과 대화방 대중과 놀이방을 만든다. 김대중 민주투사에게 연금은 자유로울 때보다 더 큰 투쟁을 한다.

해외 언론에서는 연금에 대한 질타가 수없이 쏟아졌습니다.

군사정권은 이를 무시하고 감옥에 넣지 않은 것이 큰 은혜를 베풀고 특혜를 주는 것처럼 역선전을 해왔습니다. 죄인을 자유롭게 편안한 생활을 보장시켜 주고 있는 것처럼 위장하였습니다.

감옥에 들어가 투쟁하려 해도 그것이 주는 국민 저항과 민심 결집, 자유 우방 여러 나라의 비난을 잠재우기 위해서 고육지책으로 연금을 선택했던 것입니다. 저희들을 감금하고 외부와 단절시켜 국민들로부터 잊혀지게 하려고 하기 때문에 제가 직접 이불 소청을 뜯어서 먹물 글자는 좀 엉성했지만, "김대중 선생을 석방하라!" 대형 플래카드를 만들었습니다. 이것이 뉴욕타임스에 실려 유명 통신사를 통해 전 세계 언론에 알려졌습니다. 지금도 그 사건이 민주화 운동의 상징으로 가끔 언론에 소개되고 있습니다.

고난과 좌절의 긴 세월이었으나, 국민 여러분의 성원 덕분에 버틸 수 있었습니다. 평생의 은혜에 감사드립니다.

✴ 가시밭길 연금살이

1986년 4월 3일부터 동교동 자택에 경호 담당 김옥두 차장, 문서 담당 남궁진 비서, 가사 도우미, 총재님 내외분, 운전기사 모두 6명이 강제 연금됐다. 언론과 사람의 발길이 끊겼다. 모든 것이 차단됐다. 거의 매일 하는 일이 아침 식사 후에는 앞마당에 있는 ㄷ자형 화단에 여러 종류의 꽃나무를 심고 가꾸는 일이었다. 총재께서 지팡이로 모종할 자리를 일일이 정해주었다. 꽃을 사랑하고 꽃나무 가꾸는 취미가 있는 것은 박정희 정권 때부터 감옥생활을 오래 했기 때문에 많은 사람들이 익히 다 알고 있는 사실이다. 정치범이 감옥에서 할 수 있는 일이 무엇이 있겠는가? 정치생활 대부분을 연금, 감금, 재판, 투옥, 망명을 되풀이하는 것으로 보냈으니, 꽃을 가꾸는 데는 거의 전문가 수준일 것이란 생각이 든다. 총재께서는 정말 유별난 데가 있었다. 꽃나무 심는 것으로만 그치는 것이 아니라 매일매일 꽃나무를 옮겨서 심는다. 너무 옮겨 심으면 뿌리 흡착이 잘 안되고 뿌리 손상이 많아서 화초에 해로울 것 같은데, 반복적으로 계속 시키니 일을 하면서도 힘이 더 들고 싫증도 난다. 어느 날인가, 이희호 여사께서 화단에 나오셨다. 걱정을 하신다.

이희호 여사: 아유, 왜 사람들을 이렇게 고생을 시키세요. 그만 좀 하세요. 꽃도 너무 만지면 귀찮아서 싫어해요. 저렇게 자꾸 옮기면 잘 자라지 못해요.

우리가 하고 싶은 말을 다 하셨다. 총재님의 생각은 달랐다.

D J: 한곳에 오래 있으면 햇볕을 받는 쪽만 계속 받고 못 받는 쪽은 어떻게 할 것인가? 땅의 거름 성분과 양이 다 틀려서 영양을 골고루 흡수할 수 있게 해야 합니다. 물을 줘도 늘 많이 먹는 쪽과 부족한 쪽이 있지 않나 걱정입니다. 이것을 옮겨 심어 햇볕과 물과 영양분을 골고루 섭취해서 꽃나무 전체가 잘 자랄 수 있도록 해야 합니다.

김옥두 비서: 듣고 보니 맞는 말씀이었습니다. 우리가 생각지 못하는 것을 생각하고 계셨습니다. 오후에는 "김대중 선생의 연금을 해제하라!" 만들어 두었던 플래카드를 작대기에 걸어 높이 들고 지붕 위에서 시위를 하였습니다.

남궁진: 사다리를 타고 지붕에 올라갈 때는 체구가 작고 겁많은 내가 먼저 올라갔고, 체구가 크고 튼튼한 김옥두 총장이 나를 받쳐 줘서 먼저 올려보내고 뒤이어 혼자 올라갔지요. 어느 닐인가, 내가 올라가는데 오래된 대나무 사다리가 부러지면서 곤두박

질쳤어요. 김옥두 총장이 떨어지는 나를 거뜬히 받았어요.

그때 마침 사다리가 부러진 것은 행운이었지요. 만약 김옥두 총장이 올라갈 차례에서 부러졌으면 밑에 받치는 사람이 없으니, 콘크리트 바닥에 그냥 처박혀서 얼굴이나 다리를 크게 다쳐 대형 사고가 날 수 있는 위험한 상황이었지요.

5월 4일 새벽 4시, 대학교 친구로부터 전화가 왔어요. 내용은 "친위 쿠데타가 있을 것이다. 동교동 작전은 오후 2시에 개시한다. 착검상태에서 진입하니 다칠 수도 있다. 순응하라. 연행할 것이다." 김옥두 차장에게 보고를 했지요. 총재님과 마주했어요.

D J: 믿을만한 사람의 정보입니까?

남궁진: 예, 전에도 고급 정보를 준 적이 여러 차례 있습니다.

D J: 이 물건을 날이 밝으면 꽃밭에 깊게 묻으세요. 지금부터 잡혀갈 준비를 해야 합니다.

남궁진: 총재님께서는 목욕을 하고 속옷을 갈아입으셨어요. 김옥두 차장과 저는 그때서야 왜 꽃나무를 계속 옮겨 심으며 가꿨는지를 알았어요, 언젠가는 이런 날이 올 것을 예상했던 거지요. 안 보이는 먼 곳에서 감시조가 우리의 행동 하나하나를 다 보고 있었을 거예요.

저 사람들이 오랫동안 갇혀서 지내다 보니 별난 짓을 다 하는구나. 마당에서 별다른 듯할 짓이 없으니, 꽃나무를 옮겨가며 심고 거기다 화풀이하고 스트레스를 푸는구나, 이렇게 생각하도록 유도를 하신 거지요. 비밀서류를 꽃밭에 묻는 것을 눈치채지 못했지요.

계엄군이 오기 전에 식구들이 모두 모였습니다. 식탁에 둘러앉아 마지막 아침 식사를 했습니다.

D J: 식사를 하기 전에 기도를 하겠습니다. 기도는 각자 하도록 하세요.

몸도 마음도 깨끗이 하고 차분한 목소리로 기도했다.

D J: 김옥두 차장은 어떤 기도를 했습니까?

김옥두: 나라의 민주화를 반드시 이룩할 수 있도록, 총재님 내외분이 늘 건강할 수 있도록, 민주화 추진을 위한 동지들이 축복받을 수 있도록 도와주십시오, 이런 기도를 드렸습니다.

D J: 남궁진 비서는 어떤 기도를 했습니까?

남궁진: 저도 김옥두 차장과 같은 기도를 했습니다.

사실은 총재님 내외분의 건강과 행복, 동교동계 가족, 재야 민주 인사들, 민주시민들, 그리고 우리 가족들 모두 하나님께서 축복해 주실 것을 기도했지만, 지금 상황이 그런 것을 일일이 말할 상황이 아니라서 그냥 간단히 대답했다고 한다.

D J: 그런 기도도 참 좋은 기도입니다. 그러나 오늘 같은 날은 특별한 날이니 이런 기도가 어떻겠습니까? 모든 것을 주님께 맡기겠습니다. 주님의 뜻대로 하시옵소서.

남궁진: 우리는 기도를 다시 한번 더 했지요. 모든 것을 주님께 맡기니 주님의 뜻대로 하시옵소서, 아멘. 기도가 끝나고 무거운 분위기 속에서 일어나 각자의 위치로 가려 하는데 전화가 왔어요. 정보를 준 동기생 친구였어요. 작전은 취소되고 상황은 끝났다고 했어요. 주님께 모든 걸 맡겼더니 정말 주님께서 기도를 들어주셨어요.

D J: 전두환 정권, 그렇지, 내게 그렇게는 못 할 거야. 암 절대 그런 일은 없을 거야.

남궁진: 나와 김옥두 차장은 목욕탕에 들어가 수돗물 꼭지를 크게 틀어놓고 목 놓아 울었어요. 혹시라도 총재님 내외께서 들을까 봐 걱정했죠. 그냥 하염없이 눈물이 흘러내렸어요.

전두환 군사 독재정권이 친위 쿠데타를 계획했었는지는 알 수 없었지만, 계획을 연기한 것 같았어요. 정권을 내놓지 않고 영구집권 하겠다는 본래의 계획에서 벗어날 수 없었기에 여러 가지 방안을 놓고 고심했을 거예요. 곧 6·10항쟁이 일어나고 동교동 연금이 78일 만에 해제됐어요. 뒤이어 군사정권의 항복 문서인 6·29 선언이 이뤄지며 민주화는 급격히 진행됐지요.

정대철 헌정회장이 주관하는 남북통일 세미나에 참석한 후
기념촬영 남궁진(전·문화부장관 2선 의원)

1회 지방 선거 후 총재 내외분 초청 만찬회에 참석하여
기념 촬영을 하였다. 오랜동안 행사 사회를 했으나 사진
이 별로 없어 아쉬움이 크다.

✱ 원치 않는 강제 망명

1996년 새정치국민회의 김대중 총재 내외와 김옥두 사무총장이 뉴욕을 방문하여 환영 나온 교민, 지지자들과 인사를 나누고 있다.

1979년 10·26사태 이후 신군부는 12·12 군사반란, 5·17 비상계엄 전국 확대를 감행했다. 전두환은 김대중 내란 음모 사건을 조작하여 DJ에게 사형을 선고하였다.

미국 대통령 지미 카터, 로널드 레이건, 서독 수상 빌리 브란트, 교황 요한 바오로 2세를 비롯한 세계 저명 인사들의 대대적인 구명운동으로 DJ는 1982년 12월 23일 미국에 망명했다. 망명 당시 일화를 DJ께 직접 들었다.

당국자: 몸도 마음도 아주 불편하실 텐데 인도주의적인 배려와 새 시대의 화합 차원에서 2~3년 신병 치료를 할 수 있도록 형집행정지로 석방하려 합니다. 가족과 함께 미국에 보내드리겠습니다.

D J: 나에게 특혜를 주는 것처럼 얘기하지만, 나는 죄를 짓지 않았습니다. 나는 무죄로 나가야 합니다. 형집행정지에 응할 수 없습니다. 김대중 내란음모 사건과 광주 민주화 운동 사건으로 억울하게 구속된 사람들이 갇혀서 고통받고 있는데 나만 나갈 수 없습니다. 나는 끝까지 싸우다 여기서 쓰러지겠습니다.

이희호 여사: (1983. 12. 10. 고위층의 제의를 받고 진주교도소에 2년 7개월째 갇혀 있는 남편 면회) 감옥에서는 할 수 있는 일이 한계가 있습니다. 밖에 나가서 세계 언론을 움직일 수 있는 것은 당신뿐이라고

합니다. 가족들과 재야 인사분들과 협의했습니다. 미국에 나가시면 더 이상 민주인사들을 탄압하지 않겠다고 합니다.

D J: 모든 것을 들어준다는 이 말을 믿고 미국행 비행기를 탔습니다. 갑자기 교도관이 기내에 올라와서 형집행정지로 석방한다는 석방 결정문을 꺼내서 읽고 전달했습니다.

이때 나는 비로소 속았다는 것을 알았고, 원치 않는 강제 망명을 당하게 됐습니다. 미국에서 나의 망명 활동은 전두환 군사정권의 실체와 한국 민주주의 상황을 언론을 통해서 세계 여러 나라에 알리고, 미국 정부 내의 주요기관 민간단체와 한인 사회에 조국의 민주화를 도와줄 것을 간절히 호소하였습니다.

DJ는 평소 만찬 모임이 있는 날은 자신이 연루돼 있는 역사적 사건에 관해서 자세히 설명해 주곤 했다.

진실을 전한다는 사명감으로 피곤한 몸과 바쁜 일정에도 불구하고 열정적으로 밤늦게까지 계속했다. 주인공이 직접 전해주는 사건 비사는 재미와 감동이 넘쳤으며, 극적인 반전과 위기의 연속인 DJ의 일생을 본인에게 직접 들은 것은 매우 큰 영광이라 생각했다. 공개되지 않은 새로운 이야기들을 모든 사람이 숙연히 경청하였다.

DJ 선생님과 같이했던 시간 중에 가장 재미있고 유익했던 시간이, 다 편안하고 여유있게 즐길 수 있어서 다른 행사장 사회 볼 때와는 큰 차이가 있다. 말씀을 알아 듣기 쉽게 하면서 지루하지 않게 조크를 간간이 섞어서 부드럽게 혼자 진행한다.

늦더라도 대충하거나 피로한 기색 없이 초지일관의 자세를 유지한다.

낮에 있었던 행사들은 보도진과 관중을 의식해야 한다. 최대한 분위기를 띄워서 열광적이고 감동적으로 이끌어야 한다.

긴장과 흥분이 고조된 상태에서 격한 단어와 톤을 높여서 대중의 호응을 끌어내야 한다. 그리고 코미디언답게 웃겨야 한다.

관객의 시선이 무대에서 이탈하지 못하도록 개인적인 잡담을 하지 못하도록 준비된 멘트를 과감히 날려줘야 한다.

객석은 DJ를 목표로 하나가 된다. 선동적인 단어에 격앙된 목소리로 애절하게 호소해야 한다.

관중과 사회자가 진심이 통할 때 그날 행사는 성공할 수 있다.

무대에서는 당의 운명을 걸고 생사를 건 투쟁을 한다고 봐야 한다.

정당 행사는 보통의 행사보다 길다. 힘이 들고 목소리가 상할 수도 있다. 강약 조절을 잘해야 한다.

DJ 선생님과 연관된 일화나 역사적 사실은 워낙 유명한 것들이 많다. 사건 사고 중에 잘못 알려진 내용에 대해서 바로 알게 됐을 때, 이야기 자체가 알려지지 않은 것인데 처음 들었을 때는 그야말로 나만이 아는 1급 비밀을 가진 것 같아 흐뭇했고, 어디 가서든지 자랑스럽게 이야기할 수 있어서 보람을 느꼈다.

다음 행사가 없고 시간이 넉넉하니 여유가 있어서 좋다. 예정된 시간에 이동해야 하는데 행사 시간이 길어지면 대혼란이 일어난다.

시간을 못 맞춘 것에 대한 사인이 사방에서 온다.

다음 행사장, 또 다음 행사장까지 영향을 미친다.

맨 뒤에 있는 행사는 1~2개를 취소하고 연기해야 한다. 그쪽 행사장 사회자는 대단히 곤란해진다.

곧 DJ께서 올 것이라고 기다리는 관중을 달래며 변명을 계속하고 있었을 것이다. 올 때까지 우선 시간을 끌고 있어야 해서 과장도, 거짓말도 한다.

사회자는 누구나 마찬가지다. 그런데 너무 늦어 아예 취소되면 이건 사건이다. 긴급을 요하는 독촉 메시지가 계속 올라온다.

수행 비서관들이 곁에 와서 귀띔을 한다. 정당에는 당연히 당 총재의 권위가 있다. 쉽게 메시지를 직접 전달하기가 곤란하다. 총재께서는 이유가 있는 것이다. 시간도 알고 행사의 경중도 안다. 최소 어느 때까지는 양해를 구하고 인사를 해야 하나, 무대를 하다 보면 부득이 늦는 경우가 대부분 발생할 수 있다.

그땐 사회자가 대단해진다. 총재를 말릴 수 있는 사람은 나밖에 없다.

총재가 말을 하고, 한 호흡 쉬고 다음 말이 이어질 때가 기회다.

쏜살같이 차고 들어가야 한다.

"네! 총재님의 말씀 대단히 감사합니다. 장시간 수고하셨습니다. 여러분께서 경청해 주시는 분위기가 너무 좋아서 30분을 더 할애하여 기쁜 시간 같이 했습니다. 이제 여러분의 열열한 성원의 박수를 받으며 다음 행사장으로 이동하겠습니다. 협조해 주시기 바랍니다."

치료를 마친 DJ는 조국의 민주화를 위하여 군사독재정권과 싸우는 동지들을 생각하니 미국에 계속 머무를 수 없었다.

민주 회복을 위한 효과적인 투쟁과 신한 민주당의 선거 지원을 위해서 미국에서 한국으로 돌아갈 결심을 하였다.

미국에서 극구 만류했다 필리핀 아키노의 마닐라 공항 저격 사건을 우려했다.

★ 민주 회복을 위한 귀국 그리고 연금

1983년 8월 21일, 필리핀 대통령 페르디난드 마르코스의 최대 정적 베니그노 니노이 아키노 전 상원의원이 독재정권과 싸우기 위해서 망명지 미국에서 마닐라 공항에 도착하여 트랩을 내려오던 중 정비사 복장으로 위장한 괴한의 후방 근접 저격으로 살해당한 전례가 있다.

현재 DJ가 처한 상황과 똑같았다.

괴한은 어떻게 됐을까? 경비 중이던 보안군의 집중사격을 받고 즉사하였다. 독재자들의 공통점이 있다. 민중보다 더 뛰어난 생각과 능력을 갖고 있다고 확신한다. 무기를 지닌 채 삼엄한 경계를 뚫고 비행기 밑까지 잠입해서 암살에 성공했다는 것은 설득력이 없다.

몇 주 전부터 작전지역으로 설정해 놓고 보안, 통제 업무가 이뤄지고 있었을 것이다. 평생 연예인 그것도 코미디언만 해온 나 같은 사람도 이 정도는 돌아간다.

이런 대형 사건이 그렇게 쉽게 이뤄질 수 있나? 거대조직이나 기관의 개입이 없이는 불가능한 일이다. 증거를 없애고 완벽하게 덮기 위해서는 사건의 기획자, 시나리오 작가, 진행 지휘관, 담당기관, 그 일가족, 우연이라도 지켜본 시민, 작전에 참가한 모든 병력·인력, 눈치라도 챈 사람, 전해 들은 사람들…. 다 뒤지면 전 국민의 수십%가 될지도 모르는 죄 없는 사람들이 사라져야 하는데 어떻게 처리할까?

결국 마르코스는 이 사건 이후 붕괴하기 시작했다.

D J: 귀국하다 살해될 염려가 있기 때문에 나는 귀국해야 합니다. 내가 희생함으로써 국민 전체가 안전하게 공항 출입을 할 수 있는 자유로운 나라를 만들어야 합니다.

미국도 더 이상 말리지 못했다. 오히려 안전 귀국을 위해서 미국의 정치계, 언론계, 영향력 있는 명사 등 거물급 인사로 방탄 성호단을 만들어 동승 입국했다. 총을 쏘지 못하도록 미국이 방패막이를 해준다는 것은 너무나 고마운 일이다. 지구상에 그러한 나라가 미국 말고 어디 있겠나? 그러나 냉정히 따져보자. 원시적인, 무모한 짓이었음이 분명하다.

쏘는 것이 두렵지 않다. 우리는 당당히 뚫고 간다? 국제정치를 뚝심으로 할 수는 없는 일 아닌가? 하늘에 맡기나? 권력에 마취된 광기의 집단들은 이미 많은 사상자를 냈다. 비행기를 통째로 폭파하는 경우 무차별 사격으로 탑승자 전원이 몰살당하는 경우 등 여러 가지 일들이 있어 왔다. 안전을 따진다면 아무리 따져도 이해 불능이다. 미국이 어떤 나라인가? 국제 정세연구소, 국내외 정치문제 연구소, 여론 조사 기관, 정보 전문 분석기관, 사건·사고 대책반, 다양한 각종 단체가 일을 하고 있다. 필시 돌이킬 수 없는 만약의 사태가 발생할 경우 어떻게 하겠나? 어떤 대책을 세웠을 것이다. 그것이 알고 싶다.

1985년 2월 8일, 미국으로부터 귀국하는 망명객 DJ, 김포공항은 세계 뉴스의 초점이 됐다. DJ는 일본에서 중앙정보부 요원에 의해 납치되어 서울에 올 때 바다에 수장되기 직전 하나님께 목숨을 살려 달라는 간절한 기도를 했으며, 그때 하나님을 보았고 예수를 만났다고 했다.

성령을 받았으며 신의 은총으로 살아남을 것이란….

그 이후로는 죽음에 대해서 어떤 두려움도 없이 담대하게 나갔다.

의로운 일은 어떤 어려움이 있어도 정의가 승리한다는 굳은 신념을 갖게 됐다. 아키노 암살에 대한 정확한 내용은 발표되지 않았다. 발표할 수가 없었다고 말하는 게 바른 표현이다.

전해진 내용만으로도 모든 비밀은 다 드러났다. 암살자에 대한 증오와 아키노에 대한 사랑을 무한히 극대화하기에는 거기까지면 충분하다.

아키노의 공항 참변은 역설적으로 DJ의 안전 귀국을 돕고 있다.

지켜보는 민중의 눈을 속일 수가 없게 됐다. 학습이 되었다. 그리고 성난 민중의 행동이 어떻게 전개될 것인지를 예상했을 것이다. 당일 공항으로부터 DJ의 동선이 될 듯싶은 곳에는 수없이 많은 사복 차림의 병력이 겹겹이 배치되어 있었다.

전날 동원 훈련을 하는 듯한 장면도 봤다.

일시에 나타났다가 일시에 철수했다. 경계를 강화했다는 것을 일부러 시민에게 알렸다.

DJ가 지나는 길에서 학생, 시민, 지지자들의 소요사태나 시위를 우려했던 걸까…? DJ의 위력을 실감했다.

어느덧 세계적인 인물로 부상했다. 형집행정지로 가석방했으므로 귀국하면 즉시 수감하여 잔여 형기를 치르게 하겠다고 협박을 했지만, 태연했다. 감옥에서 평화적인 방법으로 민주 회복 투쟁을 할 것이라며 가족과 더불어 빈손으로 귀국하는데 이렇게 난리를 치는 것은 전세 역전! 전두환 군사독재정권은 DJ를 두려워하고 있는 것이 분명했다.

신변 보호를 위한 미국 측 방탄 경호팀이 DJ를 에워싸고 공항에 내리자, 정보요원과 미국 귀빈 사이에 격렬한 무력 충돌이 벌어졌다.

집권을 위해 지지도를 높여야 한다. 영호남 화합을 위한 화개장터 축제로 기선을 제압했다. 이때부터 우위에 서게 됐다.

미국 측이 정부에 항의하고 외교채널을 통한 정식문제 제기가 있었다. 세계 언론에 보도되어 망신을 당하기도 했다. DJ는 가족과 함께 정보요원에게 강제로 이끌려 동교동 자택에 연금되었다.

남궁진 비서: 2월 9일, DJ로부터 긴급호출이 왔어요.

D J: 나를 도와서 일생의 과업인 민주주의 국가를 완성하는 데 크게 기여하기 바랍니다. 국민에게 보답할 수 있는 절호의 기회입니다.

전두환 호헌 세력은 통일주체국민회의 대의원들이 서로 감시하면서 100% 찬성이 나오는 체육관 대통령 뽑기를 계속하려 합니다. 대통령은 내가 내 손으로 뽑아야 한다는 대통령 직선제를 쟁취해야 합니다. 남궁진 동지가 비서를 맡아서 일해주기 바랍니다. 내가 너무 어려워서 보수는 없습니다.

남궁진: 나는 벌이가 없도록 늘 감시를 당했지요. 다행히 제 처가 여고 교사로 있었기에 버틸 만은 했어요. 물론 처도 권고사직과 해임 압력에 꽤 시달려야 했지요. DJ의 "다시 감옥에 들어가 투쟁하겠다는 결연한 의지에 국민은 감동했지요." 저도 이 큰일에 동참한다는 것이 영광스러웠기에 목숨을 바칠 각오로 열심히 일하겠다고 흔쾌히 대답했어요.

D J: 내가 귀국할 때 미국 정치인, 언론인, 유명인들과 함께 들어왔더니 군사독재정권은 "DJ는 사대주의에 사로잡혀 있다. 미국에 힘을 빌려 정치를 하려고 한다." 이렇게 비난하고 있습니다.

같이 온 미국 귀빈들은 저의 안전보장, 무사 귀국을 위해서 죽음을 무릅쓰고 자원봉사를 한 사람들입니다.

그분들에게 제가 부탁을 한 것이 아니고, 자기들 스스로 나를 돕겠다고 자기들이 비행기표를 끊고 저를 따라온 것입니다.

내가 그 사람들을 따라서 왔으면 사대주의지만, 그 사람들이 내 생명을 보호하기 위해서 나를 따라온다는데 그게 어떻게 사대주의입니까? 그것이야말로 나로서는 참 기분 좋은 일이 아니겠습니까?

그래서, 그럼 따라오십시오. 내가 앞서가겠습니다. 이렇게 해서 같이 들어오게 된 것입니다.

DJ의 귀국은 미국 정부가 군사독재정권을 신뢰하지 않는다는 것과 야당을 지지한다는 신호를 국민에게 전달한 것이다.

공항에서 보여준 미국 VIP 방탄 경호원과의 무력 충돌, DJ 가족의 강제 격리 입국, 지지자들 공항 접근금지 조치 행패에 시민들은 분노했다. 전두환 정권의 한계를 노출했다. 전두환 정권의 종말을 예고하며 희망을 품게 했다.

✴ 악법 선거에 도전

목숨을 걸고 돌아온 사형수 DJ! 민주화를 위하여 감옥에 들어가 싸우겠다며 밀고 들어오니 군사독재정권은 추풍낙엽이었다.

고작 한다는 짓이 구태의연한 연금 작전밖에 더 이상이 없었다.

정계는 요동쳤다. 껍데기 야당은 스스로 가면을 벗었다. 야권은 단일화를 이룩했다. 2월 12일 치렀던 12대 국회 총선 결과는 근래 보기 드문 투표율 84.6% 최고의 기록을 세웠다.

군사정권의 산물로 만들어진 선거법은 악법이었다. 그러나 누구도 저항하지 못했다. 재석 276석 중 지역구 184석, 한 지역에서 국회의원 2명씩 선출하는 중선거구제다.

선거유세 현장에서 청중들의 열광적인 지지에 반갑게 인사하는 김대중 후보

전국구 의석은 92석, 지역구에서 다수당을 차지한 정당에 ⅔인 61석을 무조건 배분하게 되었다. 이렇게 해도 의석수가 부족할 경우 여기에 안전장치로 꼼수정당, 위성정

당, 위장정당, 들러리정당, 관제정당, 없어도 되는 정당, 있을 수 없는 정당을 만들어 국회의원을 또 뽑아서 보탠다. 이것이 민주국가의 정당한 국회의원 선거법이다. 악법을 지키며 제도권 내에서 최대한 선전했다.

결과는 민주정의당 148석, 신한민주당 103석, 한국국민당 21석, 민주한국당 3석, 무소속 1석, DJ는 어떤 말도 국민에게 전할 수 없었다. 얼굴도 보여줄 수 없었다. 다만 침묵만을 보낼

차담을 나누는 김대중 총재와 김옥두 사무총장

뿐이다. 이심전심으로 민주화를 위한 대장정의 길에 너도나도 동참했다. 억압받던 민중의 가슴을 열었다. 이 선거는 전두환 정권이 민의에 굴복하는 계기가 됐다는 데 큰 의미가 있다.

박정희, 전두환, 두 군사정권 창출자는 왜 DJ를 그냥 두지 못하나?

감옥에 넣고, 재판에 회부하고, 징역을 살리고, 그렇지 않으면 연금을 하거나 지하실에 감금하고 고문한다.

다른 사람도 많이 있는데, 정말 단죄해야 할 죄를 지은 사람도 넘치는데 왜 늘상 DJ를 표적으로 삼는가?

DJ를 자기들보다 나은 존재라고 믿기 때문이다. 그러니 공정경쟁, 자유경쟁을 해서는 안 된다. 결국 다 빼앗긴다. 그래서 갖고 있는 모든 수단·방법을 다 동원하는 것이다. DJ는 85세 일평생을 군사독재정권과 반민주 세력과 싸웠다. 민주사회 민주국가 건설에 일생을 바쳤다.

결과적으로는 대통령이 아닌 민주 회복을 목표로 군사독재정권과 싸우며 너무나 처절하고 잔혹한 고난의 세월을 살았다. 그러면서도 인간이 감내할 수 없는 초인간적인 용서와 화해 관용의 철학을 실천하였다.

상생과 타협의 의회주의자
정대철 헌정회장!

✳ DJ는 언제 정치를 하는가?

정대철 의원(1944년생 정치인, 9, 10, 13, 14, 16대 5선 국회의원, 2025 헌정회장 재선) 국회 의원회관 사무실에 조심스럽게 손님이 찾아왔다. 비밀리에 만나 전달할 것이 있다며 절대 보안을 유지해 줄 것을 사전에 부탁했다. 그는 진주 교도소에서 근무하는 현직 교도관이다.

그곳에 수감 중인 DJ가 전하는 편지봉투 속에 있는 물건을 꺼냈다.

담뱃갑 속 은박 포장지였다. DJ 특유의 깨알같이 작은 글씨체가 보였다. 빼곡하게 쓴 쪽지 서신을 내밀었다.

DJ는 일본에서 납치되어 서울로 끌려온 후 1973. 10. 25. 연금에서 해제되자 정치 일정을 재개했다. 1976. 3. 1. 윤보선, 함석헌, 정일형, 문익환, 김승훈, 이문영 등과 함께 3.1 민주구국 선언을 주도하여 긴급조치 9호 위반으로 징역 5년을 선고받고 진주 교도소에서 복역 중이었다.

군사독재정권은 유신 헌법에 의한 긴급조치를 선포하여 국민의 자유를 억압하고 수많은 민주인사와 유신반대 학생들을 중형으로 처벌하였다.

정대철 의원의 아버지 정일형 박사(8선 국회의원, 외교부 장관)는 DJ의 모든 정치 사건을 변론했다. 정대철 가문과 DJ와는 오래전부터 관계가 깊다.

엄중한 특별 감시를 받아 가며 억울한 옥살이를 하고 있는데, 그 삼엄한 경계망을 뚫고 쪽지 서신을 전해왔다는 것은 그 자체로 감동적이었다.

자기 한 몸 추스르기가 얼마나 어렵겠는가? 감옥 안에서 감옥 밖의 사람들 걱정하기는 쉽지 않다.

DJ는 특별 감시 상태였을 텐데 상당히 위험한 일을 하고 있는 것이다.

그 당시 정치 상황은 엮으면 엮이게 돼 있고, 집권자의 지시대로 모든 것을 다할 수 있는 때였다.

쪽지 밀서에 적힌 DJ의 친서다. "정대철 의원의 국회의원 당선을 축하합니다. 우리는 조국의 통일시대를 대비해야 합니다. 상임위원회 활동에 있어서 외교위원회도 좋지만, 국방위원회로 옮기는 것이 더 좋겠습니다. 건승을 기원합니다." 교도관은 호남 출신이라고 했다.

다른 사항은 일절 묻지도, 말하지도 않았다. 시국이 시국이니만큼 들키는 날에는 그 집안 전체가 불행해질 것이고, 어떤 죄목을 걸어 어떻게 처벌하더라도 모든 걸 감수할 수밖에 없는 처지다. 목숨을 걸고 DJ의 불법 부당한 지시를 수행하고 있는 것이다.

DJ의 부탁을 들어준 것은 인간적인 일이다. DJ는 민중을 이끄는 힘이 있다. 감시하는 교도관을 내 편을 만들고 심부름까지 시킨다는 것이 말이 되나? 법은 지키라고 만드는 것인데 이런 경우 국회의원은 어떻게 처신해야 하나 걱정이다. 교도관은 발각되면 직업을 잃고 범법자가 되고 정보부에서 조사를 받아야 한다. 그 과정에서 상당한 고통을 받을 수 있다. 심하면 고문을 당할 수도 있다. 법이 제대로 국민을 보호하지 못하는 때였다. 인간 이하의 취급을 당할 수 있다. 죄수를 관리하며 일생을 보내고 있으니 교도관 자신이 누구보다 잘 안다.

정권유지를 위해서는 교도관 한 사람 죽이는 것은 아무 일도 아니다.

예로부터 북한의 지령을 받은 혐의를 뒤집어씌우는 일이 흔히 있지 않았던가?

그럼에도 불구하고 DJ의 부탁을 들어준 이유는 무엇일까?

DJ를 믿는 것이다. 우리 사회 곳곳에 민주 투사들이 숨어 있다. 결정적인 순간이 오면 정의의 편에 서서 자발적으로 움직여주는 거룩한 분들이다. 민주 회복은 이러한 분들의 협조가 없으면 결코 성공할 수 없다. 정대철 의원은 DJ의 가르침대로 상임위를 국방위원회로 옮겼다.

국방위원 중 여당에는 3성, 4성 장군들이 몇 분 있었다. 정부와 행사를 하게 되면 박정희 대통령을 자주 만나게 된다.

박 대통령은 선배 장성들에게는 반드시 먼저 찾아가 거수경례를 올리고 깎듯이 선배 예우를 다했다. 그리고 자주 회동했다. 박 대통령과는 공관에서 고등학교 3학년 때 이미 만났던 인연이 있다. 5·16 쿠데타 때 아버님이 외교부 장관이었다. 혁명이 나면 고위직은 무조건 오랫동안 구금 상태로 조사를 받게 된다. 외교부 공관은 국가재건 최고 회의가 사무실로 접수하고 우리 가족은 쫓겨났다. 나는 대학교 입시를 준비하며 2층에서 공부했는데 그냥 버티고 있었다. 박정희 의장의 지시가 있었던 것 같았다. 저녁 늦게 공관에서 마주쳤다. 인사를 했더니 "2층의 학생이군. 공부를 잘한다고 들었는데 열심히 해서 좋은 학교에 꼭 합격해요." 등을 두들기며 격려했다. 혁명을 일으킨 사람이라고 해서 얼굴을 유심히 살폈다. 눈빛이 강렬했고 기세가 당당했다. 빈틈이 없어 보였다. 세월이 흘러 16년 후, 유신정권 시대에 대통령과 야당 국회의원으로 마주쳤다.

국방 위원들과 청와대에서 만찬을 했다. 술잔을 놓고 밤이 깊었다.

갑자기 박 대통령이 기습질문을 했다. 최고회의 시절에 2층의 그 학생이 맞지요? 대통령은 기억하고 있었다. "정 의원에게 한 가지 꼭 물어볼 게 있는데 정확하게 대답 좀 해주시오. 유신에 대해서는 어떻게 생각하나요?" 어떻게 대답해야 할까? 뜻밖이었다. 그래도 대답해야겠기에 말을 하려는데, 그 순간 옆에 앉았던 차지철 경호실장이 내 발등을 지그시 밟았다. 밟는 강도가 서서히 밟았으나 계속 밟고 놓지를 않았다.

조심하라는 건지, 말하지 말라는 것인지? 그런 뜻이었을 것이다.

많은 생각이 동시에 떠오른다. 어떻게 할까? 대통령 앞이라 처음부터 긴장해 있었고 나름 조심스럽게 자리하고 있었기에 평소에 하고 싶었던 말이 떠오른다.

그런데 그때 박 대통령이 "화장실 좀 다녀와야겠어." 밖으로 나갔다. 그러면 그렇지. 그냥 한 번 찔러 본 것이려니 했다. 별다른 충돌이 없으니 다행이라고 생각했다.

차지철 실장은 안도하는 것 같았다. 그제서야 밟았던 발을 치웠다.

업무상 차 실장의 현 상태와 성격을 대강은 파악하고 있었기에 부딪히고 싶은 마음은 없었다.

잠시 후 돌아온 박 대통령은 자기 자리로 돌아가지 않고 차지철 실장과 내 자리 사이를 비집고 들어서며 앉았다. 의외였다.

무슨 일이 있을 것 같은 예감이 들었다. 짐작이지만 틀림없을 것이다.

차지철 실장이 좀 전에 내 발을 밟는 것을 대통령이 본 것 같다. 우리를 분리해 놓더니 다시 물었다. "정 의원은 유신에 대해서 어떻게 생각합니까?" 그간 많은 이야기를 나눴고 술도 약간 마신 상태였기 때문에 하고 싶었던 말을 다 했다.

긍정적인 면은 북한의 남침을 막고 통일을 이룩하며 사회 안정을 이룰 수 있으나, 부정적인 면은 민의에 의하지 않은 헌법과 법률 훼손으로 부작용이 심각하며 삼권을 모두 대통령이 갖는 것에 대해 국민 저항이 커지고 있습니다. 정치활동 제한이나 긴급조치로 고통을 겪는 사람들이 많습니다. 대타협과 대통합이 절실한 때라고 봅니다.

좌중에 잠시 침묵이 흘렀다. 박 대통령이 "그래, 그렇게 생각한다…? 그럴 수도 있지." 대통령은 그 자리에서는 긍정적인 평가를 했다. 유신시대, 감히 누가 직언했겠나? 유신 당사자에게는 항상 좋은 말만 전했을 것이다. 정확한 정보 전달자는 아예 접근을 차단시켰을 것이다.

차지철이 누군가? 절대권력자 밑에 붙어서 모든 것을 누리고 모든 권력 행사를 다 하는 사람 아닌가? 총애를 한몸에 받고 절대적 신임을 받기 위해서 대통령의 눈과 귀를 막고, 자신에게 유리한 보고만 올리고 불리한 것은 맞게 고쳐서 올렸을 것이다.

청와대 구중궁궐 한복판에서 박정희 대통령의 면전에서 이러한 도발적인 발언은 처음 있는 사건 아닌가? 유신의 피해를 알고는 있었겠지만, 처음 보는 장면에 몹시 놀랐을 것이다. 가장 센 저항탄을 맞았다.

정곡을 찌르는 말로 인해 대통령은 분명히 쇼크가 있었을 것이다.

나도 그렇다. 그동안 왜 생각이 없었겠나? 한 맺힌 사연이 너무나 많았다. 이러한 충격적인 말을 할 수 있었던 것은 고등학교 학생 시절에 공관에서 마주쳐 이미 인사를 나눈 사이였고, 아버님 정일형 박사를 5.16혁명 때, 명동 시국선언 사건 때 구속을 시켰고 징역형을 때려서 교도소에 보낸 사건이 있었기에 그 피해자의 아들이었다는 점에서 대통령은 무겁게 받아들일 것이라는 예측을 어느 정도는 하고 있었다.

다만 기회가 없었을 뿐이며 오늘 제대로 때를 만났다.

DJ가 여기까지 예상하고 국방위를 권한 것은 아닐 것이나, 결과는 이렇게 됐다. DJ는 대단히 존경스러운 정치가였다.

DJ는 5년의 징역형이 끝난다 해도 박정희 정권에 도전하고 비난했던 현 독재정권이 그대로 둘 것 같지는 않았다.

전력 때문에 상당히 압박할 것이 예상된다. 유신정권하에서 재기는 불가능하다.

먼 미래보다도 지금 당장 하루하루가 더 걱정이다.

담배 은박지 서신이 어떤 힘이 될까, 무슨 의미였을까?

진주교도소에서 지나친 접견 제한, 독방 감금 등으로 DJ는 단식투쟁을 했다. 죽음으로 유신정권과 싸우겠다는 선전포고다. 단식투쟁이 길어지자 위험한 상황을 우려한 나머지 김수환 추기경이 위로의 면회를 했다. 정권에 대하여 경고를 한 것으로 봐야 한다. 민중의 분노가 폭발 직전이란 뜻이다. 그럴수록 목숨을 걸고 극렬하게 저항했다.

정부가 보호하는 감옥에서 사망사고가 발생하면 세계 모든 국가와 언론의 비난을 받게 되고, 국내에서는 전국적인 정권퇴진 운동이 벌어질 것이다. 모든 책임은 현 정권 정부에 있다. 정권은 붕괴할 것이다.

서울대 병원으로 급히 이송했다. 일반인은 모를 것이다. 병원에서도 감옥과 똑같은 조처가 취해질 수 있다.

더 가혹한 조치가 내려졌다. 창문봉쇄, 서신제한, 운동금지…

생명을 포기하고 맨몸으로 몸부림치는 DJ를 유신정권도 어찌할 수 없었다. 국내외 모든 언론이 감옥 안에서 어떤 일이 벌어지고 있는지를 훤히 들여다보고 있다.

민중은 나약하다. 복종하며 순종하고 있지만, 때가 되면 반드시 세상 모든 것을 평정한다.

DJ는 때를 만들고 행동을 실천하는 정치가다. 1978년 12월 27일, 2년 9개월 만에 형집행정지로 가석방되어 장기 가택연금을 당한다.

DJ가 연금상태가 되면 투쟁의 장소가 바뀐 것뿐이다. DJ의 영향력은 부활한다. 갇혀 있어도 국민과 소통하고, 국민의 마음을 움직인다.

10·26 사태의 서막이 올랐다.

DJ는 감옥에서 그 무엇도 할 수 없는 처지에서 미래의 통일을 대비해야 한다는 제의를 어떻게 도출해 냈을까? 마치 곧 집권하는 것처럼 자신감과 여유를 보였다. 현실을 비관하지 않고 자신이 감옥에 있다는 것도 전혀 의식하지 않는다.

정대철 의원은 담배 은박지 쪽지를 받으면서 도저히 이해할 수 없었다.

포기하지 않는 DJ! 계속되는 정치투쟁! 생명을 걸고 자유와 양심을 향해 도전하는 정신은 너무나 아름다운 일이었다.

DJ는 삶 자체가 모두 정치 행위에 해당한다. 납치된 것, 재판받은 것, 그가 감옥에 가는 것, 단식투쟁을 하는 것, 쪽지를 전달하는 것, 교도관을 설득하는 것, 정대철 의원을 국방위로 유도하는 것, 김수환 추기경이 면회를 오는 것, 연금을 당하는 것, 그의 시련과 고통과 유신정권 철폐에 대한 끝없는 도전은 모두가 민주주의를 완성한 훌륭한 정치활동이었다.

1987년 제13대선 여의도 광장 백만 인파의 환호에 답하는 김대중 후보와 경호비서 김옥두 총장

평민당 때부터 선거 현장에 초청을 받았다. 나라를 위한 일이 하고 싶었고 누군가를 돕는다는 보람도 있었다.

민주화를 위한 40여년 역경과 시련 김대중 후보의 마지막 명동 선거유세가 끝났다. 내일 투표 어떤 결과가 날지 만감이 교차한다.

모든 것을 버리면
천하를 얻는다

✱ 대통령 아저씨 얘기 좀 합시다. 출판기념회

코미디언과 개그맨을 합친 합성어 개그디언 중에 책 출판과 출판기념회를 가장 많이 한 사람은 작가 손철 선생일 것이다. 시화전, 동양화전, 서양화전, 도예전, 소장전 이외도 뭔가는 계속해 왔다. 그러니 신기록을 세우게 되는 거 아닌가?

출판기념회 당일의 판매 부수도 최고 기록일 것이다. 재력가 지인들이 많았고, 특히 여러 분야에 걸쳐 막강한 조직을 갖고 있었다. 하다

『대통령 아저씨 얘기 좀 합시다.』

못해 나같이 책을 멀리하고 사는 사람도 혼자서 출판기념회마다 50~200권 정도를 구매했다. 그렇게 샀는데도 책이 모자란다. 세월이 가다 보면 다 나누어 주고 한 권도 안 남는 책이 있다. 똑같은 책을 다시 한 권 구하려면 그야말로 골칫거리다. 출판사에도 없고, 작가도 갖고 있지 않다. 그렇다고 책 받은 사람에게 놀려달라고 할 수는 없지 않은가? 그냥 준 책을 돈 주

고 다시 산다? 책이란 것이 같은 책이 두 권만 집에 있어도 한 권은 쓰레기나 다름없다. 허나 한 권도 없으면 그건 꽝이다. 마지막 한 권만은 남 주는 게 아니었다. 반드시 구해서라도 갖고 있어야 한다. 작가 선생에 대한 예의다. 시인 손철 작가의 예인, 시사, 풍자 저서 『대통령 아저씨 애기 좀 합시다』 출판기념회, 1996년 11월 여의도 63빌딩 3층 행사장, 기념회를 빛내기 위하여 축사, 연사로 정치인 중 유일하게 노무현 의원이 참석했다. 의외였다.

사회자인 내게도 언급이 없었다. 팸플릿에 들어있지도 않았다.

여의도에는 대통령을 꿈꾸는 대선주자가 집결한다. 한 당에만도 열 마리가 넘는 용들이 있을 정도니까 선거철에는 이용 저용 그용 요용 나용 고용 조용 새용 헌용 강용 약용들이 용용용용대며 엄청 시끄럽다. 킹메이커도 많다. 국회의원은 어떤가? 전직 현직 도중하차직 당선무효직 복역중인직 소송중인직 구속중인직…. 하필이면 대통령과는 전혀 관계없을 것 같은 노무현 의원이 나타난 것은 미스터리였다. 이때만 해도 노무현 의원은 대통령 출마 예상자로 전혀 거론이 안 되고 있었을 때다.

더 이상한 것은 왜 초대에 응했을까 하는 것이다. 아마도 책 제목을 보면서 본인을 부르는 것 같은 자기 이야기인 것으로 느꼈을 수 있다.

본인은 남모르게 대통령의 길을 꾸준히 개척해 가고 있었을 터, 계획대로 접근하는 일들이 자주 발생하기도 했을 것이다.

행사 전날, 렉싱턴 호텔(구 맨해탄호텔) 사우나에서 손철 작가는 수심이 깊었다. 보통 사람의 출판기념회에도 국회의원, 시의원, 구청장, 시장, 군수, 정치가들이 여남은 명씩이나 귀빈으로 참석한다. 이것은 기본적인 구색을 갖추는 것이다. 하물며 정치풍자를 한다는 개그맨의 행사에 책 제목도 『대통령 아저씨 애기 좀 합시다』, 거창한데 대통령은 아니더라도 그 흔한 정치인 한 사람을 구하지 못했으니 낭패 아닌가? 물론 공식적인 섭외를 진행했을 것이다. 책의 내용에 문제가 있지 않았나 여겨진다.

다 포기하고 연예인, 종교인, 학자, 체육인 중에 누구를 세울까? 정치인을 신랄하게 비판하는 코미디 책이란 걸 알았을 때 과연 축사를 해줄까?

노심초사 고민 중인 이때 뜻밖에도 탕 안에서 노무현 의원 얼굴과 마주쳤다. 깜짝 놀랐다. 분명 청문회 스타, 정의에 불타는 강인한 정치인 노무현 의원인 것 같은데, 왜 지금 여기서 마주쳤을까? 간절히 구하니 이루어졌단 말인가?

하도 고대하며 애를 태우니 착시현상으로 허상이 보였단 말인가?

싸우나 안의 김이 서려 산신령을 만난 듯한 분위기였는데, 김이 걷히고 잠시 넋이 나갔다가 들어오면서 자세히 보니 틀림없는 노무현 의원이었다.

웬 횡재인가 싶었다. 실례인지 아닌지, 옷을 입었는지 벗었는지는 가릴 필요도 없이 무조건 인사를 하고 출판기념회 축사를 정중하게 부탁했다.

싸우나 탕 안에서 가릴 필요는 전혀 없는 게 맞습니까? 맞지요, 맞습니다. 맞으므로 해서…. 노무현 의원은 급작스러운 제안에 주변 환경상 길게 얘기할 수 없으니 거절하기도 난감했을 것이다.

지금 생각해 보면 책 제목이 대통령에 관한 것이고, 순순한 연예인들이 많이 모인다고 하니 축사를 도와주는 것이 좋겠다고 판단하였던 것 같다.

연예계 최고의 마당발! 발 넓다고 소문난 손철 작가지만, 이번에는 발 벗고 나서도 못할 일이란 걸 알았다. 그래서 몽땅 벗고 나서니까 축사 연사 섭외가 깔끔하게 이루어졌다. 마치 노무현 의원이 대통령이 될 것을 알고 얘기하자는 것처럼, 책을 쓴 것처럼 제대로 됐다. 손철 작가는 사실 우연히 책을 썼다. 제목도 우연히 그렇게 달았다. 축사도 우연히 마주쳐 부탁했다. 처음부터 끝까지 우연이다. 노무현 의원은 당연히 응했다. 대통령 될 것을 당연히 알고 있었다. 상당히 오래전부터 준비해 왔으니까.

"어제 늦게 축사의 말씀 부탁과 함께 이 책을 받았습니다. 처음부터 끝까지 정치인에 대한 비난이 많았습니다. 받자마자 밤새도록 다 읽어 봤습니다.

어제 밤새도록 욕 들었습니다. 이런 책을 써 놓고 오라칸다? 왜 오라 카겠나?

정치인을 칭찬하면서 오라 해도 안 올 판인데 야단을 치면서 오라 하면 누가 오겠습니까? 올 리가 없습니다.

그럼에도 제가 온 것은 나까지 안 가면 정치인이 누가 가겠나? 나라도 가줘야지. 한 사람도 안 올까 봐 걱정이 돼서 왔습니다. 정치인들은 '왜 이런 책을 썼을까?' 묻지 말고 겸허히 받아들여야 합니다. 저는 노동자를 위한 법을 만들려고 했지만, 시간이 오래 걸리고 설득할 곳이 너무 많고, 한계를 느껴 두 번이나 의원 사직서를 냈었습니다(1차 1989. 3. 21, 2차 1990. 7. 13). 국회가 반민주악법을 불법하게 양산하는 통법부로 전락하고 정부가 국회를 무시하는데, 국회는 무엇을 하겠냐는 이유를 들어 극렬 저항했습니다…."

25분간 비교적 긴 시간을 진심이 담긴 축사로 큰 감동을 남겼으며, 참석자들은 박수와 함성으로 감사를 표했다.

★ 대통령을 향한 무한도전

노무현 국회의원 후보자의 출정식 및 출판기념회가 2000년 3월 부산에서 열렸다. 사회는 엄영수였다. 지역감정 해소를 위해 일부러 적진에 몸을 던진다. 실력과 실적에 자신이 있기 때문에 계속 도전한다. 한국 정치의 병폐를 개혁하고자 몸부림치지만, 대중은 인물을 보지 않는다. 정당과 보스를 볼 뿐이다. 옳고 그름을 상실했다. 이런 상황에서 정치 행사 사회를 볼 때는 무어라 말할 수 없는 고통이 따른다. 계란으로 바위 때리는 게 아니라, 바위로 내 머리를 내려치는 고통이 느껴진다. 냉엄한 세계는 바보 노무현을 만들 뿐이다.

부산 영남은 고향이다. 이곳에서 활동했기에 지인도 많다. 인맥도 잘 구축돼 있다. 변호사로서 정의 사회 구현을 위해 치열하게 싸워왔다. 억울한 사람이 없게끔 약자 편에 서서 특히 노동자를 위해서 온 힘을 다했다.

결과는 낙선이다. 옳고 그름의 문제가 아니라 진영논리에 의해, 보스 정치의 잔재에 의해, 흑백논리에 의해 좌절하게 된다. 그러나 도전은 계속된다. 흔들림 없이 나갈 것이다.

국회의원 되는 것이 대통령 되기보다 훨씬 더 어렵다.

대통령은 실력 있는 사람이 좋은 정책 제시하고 운동 잘하면 반드시 당선된다. 국회의원은 당선이 되는 텃밭이 따로 있다. 실력이나 정책이나 운동이 필요 없다. 깃발의 색깔, 지도책의 색깔, 보스의 색깔이 당락을 결정한다.

낙선을 경험하면서 실전을 통해 이것을 깨달았다. 그러나 이것 때문에 드디어 노무현 대통령이 탄생할 수 있었던 것이다.

지는 것을 두려워하지 않고 맨몸으로 계속 도전했다. 실패로서 지역감정이 잘못됐다는 것을, 청산해야 한다는 것을, 인물 위주의 선택을 해야 한다는 의식개혁을 부르짖었다.

노무현 대통령 영상기록물 중에 엄영수가 끼어있는 영화가 있다. 어느 구석엔가 바늘 끝만큼 나온다. 있다는 게 중요하다. 출연은 출연이다. 대선 때는 김흥국과 함께 정몽준 의원 유세차를 타고 수도권을 돌며 노무현 후보 연설회를 도왔다. 이쯤 되면 막가자는 얘기가 아닙니다. 보통 인연이 아니라는 얘기입니다.

선거운동 관계자가 정몽준 차를 타락해서 여러 날 수도권을 돌면서 유세에 총력전을 펼쳤다. 안 되는 놈은 뒤로 넘어져도 코가 깨진다고 했던가? 정몽준이 지지 철회하는 바람에 헛고생만 잔뜩 했다. 내가 잘못해서 이런 일이 난 것 같아 죄송했는데 이게 웬일인가? 그게 전화위복이 됐다. 동정과 위기의식 느낀 지지자들의 결집으로 오히려 역전홈런이 됐다.

1999. 11. 바보 노무현의 일생을 돌아보면 대통령이 될 만한 사연과 사건이 적지 않게 있었다.

1981년 전두환은 정권 강화를 위해 전국적으로 용공조작 사건을 발생시킨다. 부산 지역 학생, 회사원, 교사, 민주화 운동가 22명을 불법체포 지하실 감금, 고문하여 국가보안법 계엄법 등 위반으로 5~7년의 중형을 선고한다. 노무현 변호사는 권력의 횡포에 분노, 무료 변론 법정투쟁으로 1983년 12월, 피고인 전원 형집행정지로 풀려나게 한다. 이후 민주항쟁 운동가로, 인권변호사로 변신, 1987년 11월 변호사 업무정정 명령이 떨어진다. 이를 부림사건이라 하고 정치적 인물로 주목받게 된다.

제13대 국회에서 5공화국 청문회(1988. 11. 2~1989. 12 .31.)를 통해 재벌과 전·현직 대통령에게 초선 의원으로서 당당하게 국민적·논리적 질문을 딘져 청문회 스타로 전국적인 인물이 되며 인기 절정에 이른다. 2002년 6월 13일, 조양중학교 2학년 14세 신효순, 심미선 양이 미국 장갑차에 치여 생명을 잃었었을 때 어린 학생들을 추모하며 노무현이 흘린 진실의 눈물은 국민을 감동시켰다.

니들이
전유성을 알아?

✽ 천재 전유성 성공 비결? 탤런트 4수 꽝!

전유성 형은 탤런트 시험에 네 번 실패했다. 탤런트 합격자 수는 지망생 중 20~30명 정도 뽑는다. 천 명이 넘게 지원하니 경쟁률이 높아 합격하기가 어렵다. 인물, 연기력, 음성, 독창성, 자태, 장래성, 품성… 여러 가지를 볼 텐데 불합격 이유가 키 때문이라고 한다. 수험생들을 일렬횡대로 열 명씩 세워놓고서 시험관이 질문하는데

면접관: 키가 얼마나 되나?

전유성: 178cm입니다.

면접관: 키가 크시네, 다음 수험생.

전유성: 다른 사람에게는 어떤 연기자가 되려 하느냐? 어떤 작품을 해봤느냐? 특히 여자 지망생에게는 여러 가지를 물어보면서 나한테는 맨날 키만 물어보고 끝나는 거 있지? 3년 내내 똑같은 얘기만 해! 안 뽑을 거면 맨날 왜 물어봐? 오기가 생겨 열 번 도전 목표를 세웠지. 근데 네 번째 도전하려고 방송국에 갔다가 우연히 후배를 만났어. 세상에 이럴 수가 있나?

"전유성 선배님! 방송국엔 어쩐 일이세요?" 물어보는 거야. 물론 다른 일 보러 온 것처럼 얘기했지.

나는 대학에서 연극 영화의 연출을 전공했었는데, 이 후배는 연기 전공으로 학교 때 내가 가르쳤고 나한테 야단도 많이 맞았었지. 그런데 일찍 탤런트 시험에 합격해서 드라마에 출연하고 있더라구. 이런 일이 있냐?

후배 앞에서 수험표나 달고서 마주치면 선·후배 간에 차마 못 볼 장면 아니겠어?

그래서 탤런트를 포기했다고 한다. 포기한 것까지 치면 실질적으로는 네 번 불합격한 셈이다.

전유성은 탈란트가 많다.
다양하게 산다.
⋮
마술사 전유성.
삐에로 전유성.
소녀 전유성.
실제 진유성.
여자 전유성
다 잘 어울린다.
그래도 탈렌트 4수 꽝했다.

✳ 사제지간 끝없는 사랑

최고 인기 프로그램 TBC TV 쑈쑈쑈(MC 후라이 보이 곽규석)에 코미디 콩트가 몇 편씩 방송되고 있었다. 코미디 작가로 데뷔할 방법을 모색했다. 콩트 원고를 그 정도는 쓸 것 같았다. 우선 TBC 녹화 프로그램 현장에 방청객으로 접근전을 시작했다.

몇 주간 운현궁 스튜디오까지는 갔으나 누굴 만나 어떻게 진입할까 고심했다. 무조건 부딪혀야겠다고 마음먹었다.

곽규석 선생님이 화장실 갈 때 따라갔다. 같이 소변을 보는 척하다가 곽 선생님이 손을 씻을 때 말을 걸었다.

언제나 누굴 만나든 있는 그대로 하던 그대로의 차림이다.

전유성: 선생님, 콩트 코미디 원고는 누가 쓰세요?

곽규석: 대개 내가 쓰지. 왜?

전유성: 제가 한 번 써갖고 오겠습니다. 받아주십시오

곽규석: 아! 좋아요! 써갖고 와봐요.

전유성: 그날부터 원고 쓰기에 전념했다. 열 편 정도 써서 곽규석 선

생님 사무실에 전해놓고 그냥 왔다. 맞부딪히면 단번에 까일까 걱정이 되었다. 집에서 쑈쑈쑈를 시청하면서 초조하게 기다렸다. 노래가 끝나고 코미디 콩트로 넘어가면서 앗싸, 내 거다! 내 원고가 채택되었다! 방송 작품으로 만들어져 전국에 전파를 탔다. 너무나 기쁘고 감격적이었다. 단숨에 작가 그것도 방송작가가 되었다. 곽규석 선생 사무실로 출근하게 됐다.

장소팔, 고춘자 둘이서 만담을 하는 식으로 썼는데 계속 반응이 좋았다. 세 사람이 하는 콩트도 만들었다. 나중에는 네 명이 출연하는 콩트까지 만들었다.

그 시절 쑈쑈쑈에 출연하던 가수들이 콩트의 배역을 나눠 맡았다. 쟈니 브라더스, 브루벨스, 박일호, 조영남, 장고웅, 양용인. 내 계산이 빗나갔다. 원고 쓴 지 몇 개월이 흐른 후 곽규석 선생님께 진지하게 말씀드렸다.

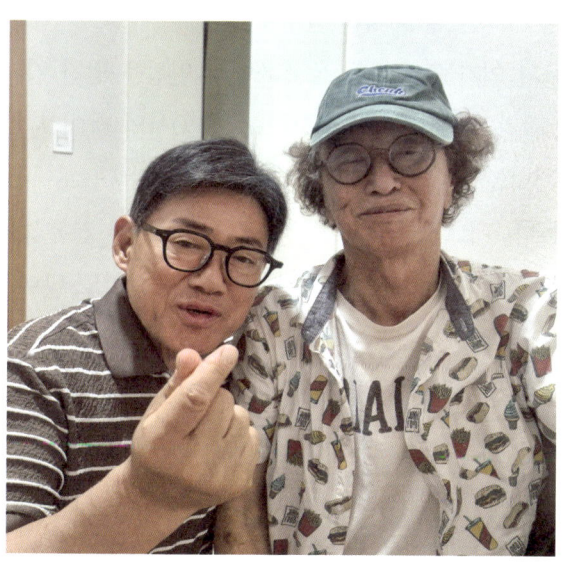

어느 곳에서 무엇을 하던지 애경사는 반드시 참석한다.

전유성: 선생님, 저는 개그맨으로 방송을 하고 싶습니다. 콩트에 출연하려고 일부러 세 사람 네 사람이 하는 콩트를 썼습니다. 그런데 다른 사람들에게만 배역을 주고 저한테는 안주기에 직접 말씀드립니다. 콩트 배역을 받아 개그맨 연기자로 출연하고 싶습니다.

곽규석: 아, 그랬어요? 좋아요. 한번 해봐요!

드디어 그렇게도 하고 싶었던 개그맨 겸 개그 작가로서 인정을 받고 데뷔했다. 방송 출연의 꿈을 이루었다. 순전히 곽규석 선생의 배려다. 쉽게 쉽게, 거침없이, 뭐든지 다 받아주는 거 쉽지 않다. 연예계에 이런 분 드물다. 전유성 형은 곽규석 선생을 정말 잘 만났다. 천재기 때문에 천재를 알아보는 거다. 인재를 가려내는 정확한 눈을 갖고 있다.

MC로, 코미디언으로, 배우로 다양한 활동을 펼친 당대의 톱스타 한국 코미디를 지적으로 품위 있게 만든 후라이 보이 곽규석 선생은 전유성 형에게 개그맨 별 배지를 달아주었다.

당대 최고의 인기 프로그램 쑈쑈쑈에서 인정을 받자 갑자기 바빠졌다. 사람이 달라졌다. 라디오 최고 프로인 『0시의 다이얼』, 『밤을 잊은 그대에게』, 청소년층에 절대적인 인기를 끌고 있는 프로에서도 초대 손님으로 부른다. 개그스타 전유성 씨! 아이돌 스타! 전유성을 모셨습니다. TV, Radio뿐 아니라 유명 연예인의 매니저 일도 많이 해 보았다. 영화에서도 섭외가 왔다.

뭔가 바쁜 일들이 생기면서 잘 풀릴 것 같더니 갑자기 곽규석 선생님의 사업이 부도가 났다. 직접적인 책임은 없었으나 빚쟁이들은 곽규석 선생이 연예인이기 때문에 잘 해결이 되는 듯했으나, 사건의 책임자가 빚 감당을 못하자 언론화시켜 문제를 만든다. 인기 절정이던 곽규석 선생은 난감해졌다. TBC는 쑈쑈쑈 프로그램의 체면을 지켜야 했다. 결국 후라이 보이 곽규석 선생은 모든 것을 정리하고 미국으로 떠나게 된다.

얼마나 애석한 일인가? 다재다능한 한국 대중문화의 큰 스승이 채권자에게 시달려 그 모든 재주를 사장시킨 채 타국으로 떠난다니! 할 일이 태산 같은데 당사자는 물론 코미디언 문화예술인 대중문화를 사랑하는 모든 분이 슬픔에 잠겼다.

연예인 교회를 세웠고, 장로였다. 하느님께 모든 걸 맡겼다. 목사님이 되었다. 인생은 무상하다 인기나 명예보다 사랑을 택했다. 떠나기 직전 코미디 PD 김웅래, 김경태 연출 대가들에게 "나의 마지막 제자 전유성을 잘 봐주시기 바랍니다. 한국 코미디를 위해서 큰일을 담당할 수 있는 인재입니다. 많은 성원과 사랑을 부탁드립니다." 내가 데뷔시킨 내 제자를 끝까지 책임진다는 제자 사랑이 대단하다. 더 어려운 상황에 놓여 있으면서도 제자를 챙기느라 최선을 다하는 모습이 너무나 아름다웠다.

과연 우리나라 현대 코미디의 선구자는 후라이 보이 곽규석 선생님이다. 전유성을 제자로 삼아 못다 한 일들을 꽃피우고 있다. 얼마 전, 전유성 작 『지구에 처음 온 것처럼』 코미디 콩트 모음 책자가 발표됐다. "후라이 보이 곽규석 선생님 보고 싶어

전유성 형과는 인생 선후배, 코미디 가족 선후배, 연기 선후배, 작가 선후배, 결혼 선후배. 배우는 처지였다. 사제지간 이기도 하다.

요. 생각이 납니다. 선생님 품에 안겨 울고 싶습니다." 평생 그리워하고 은혜에 감사하는 마음을 표현했다. 전유성 작가의 애절한 심정을 털어 놓았다.

✱ 전유성의 길

청도마을에 교회를 인수해서 리모델링한 후 카페로 고쳐 영업을 했다. 스님들께서 단체 손님으로 몰려왔다. 교회 간판이 걸려 있었다면 카페에 스님 오지 말란 법은 없으니 자연스럽게 와서 웃음꽃을 피우고 있다. 웬만한 사람은 교회였었던 사실을 모른다. 나만이 느끼는 재미있는 일이다. 한참을 웃었다. 알면 병이야, 모르는 게 약이라고, 전유성 형이 개그맨인 건 맞다. 이런 걸 갖고도 웃을 수 있으니까. 웃기는 것보다 웃어주는 것이 더 중요하다. 손님 없는 장사가 있을 수 있나? 개그맨은 웃기는 사람이 아니라 잘 웃어주는 사람이다. 남의 말에 웃어주지 않으면서 내 말에 꼭 웃어달라는 건 억지다. 웃기고 싶으면 우선 웃는 것부터 배워라. 남원 벌판에 있는 농막을 리모델링해서 카페를 차렸다. 손님이 미어터져 본 적은 없다. 그냥 꾸준히 만석이다.

밖에서 기다리는 사람도 있으니, 대박이 터졌다는 말을 써도 되겠다. 겨울에 네 식구 한 가족이 카페 마당에서 눈싸움을 했다. 눈사람도 만들었다. 카페를 만들지 않았으면 이 시간에 저 사람들은 어디서 무엇을 했을까? 뭐든지 하고 싶은 걸 하긴 했을 거다. 그러나 저렇게 식구들이 즐거워할 수가 있었을까?

사람들이 자주 찾아온다. 몹시도 흐뭇하다.

웃음이 난다. 웃겼으니 개그맨이 할 일 했다.

"저런 자리 또 하나 없나요? 좀 알아봐 주시겠어요? 사례는 충분히 하겠습니다." 전화 문의도 꽤 온다. 처음 만들 때는 아무런 대책이 없었다. 그냥 내 생각대로 살고 싶은 나의 자유분방한 취향 때문에 저질렀고, 나를 믿고 내 뜻에 따라 장사를 한 사람이 고마울 뿐이었다. 아이디어를 받거나 잘 된다고 집세를 올린 적도 없다. 망한다는 계산은 아예 해보지도 않았고, 돈벌이를 한다는 문제를 깊이 생각하지 않았다. 어떻게 보면 장난삼아 지나는 길에 한 번 떠들어 본 거다. 만약 장사가 안되고, 다 들어먹고, 빚지고 나 앉아서 나를 원망하면 어떻게 할 뻔했나? 다행이 잘된 거다. 여기서 멈춰야 한다. 무슨 법칙이 있어서 통계와 근거를 갖고 한 게 아니다. 문득 난 생각을 버리기 아까워서. 전문가도 아니고, 점을 본 것도 아니다. 순전히 느낌으로 어림잡아 해본 게 먹혔다.

인생 뭐 있나? 내 경험에 인생은 될 대로 된다. 노력, 상식, 법, 수학, 순리 등이 지배하는 세상에 살지만 인생은 그렇게 되는 게 아니다. 남들에 의해, 알 수 없는 이유에 의해서 이끌려 간다.

모든 개그맨의 선배! 늘 새로운 것을 추구한다.
조영남 옹의 팔순잔치에 축사를 꺼냈다. 밥값하자! 작품으로 말했다.

앞으로는 창업이다, 개업이다 안 할 것이다. 컨설팅업자도, 부동산업자도 아니다. 똑같은 짓은 못한다. 새로운 장난이 무엇인지는 몰라도 그 길로 가야 한다. 전유성의 길이다.

✱ 명품이 된 불량감자

KBS 방송국 코미디 프로 유머 1번지, 쇼 비디오 쟈키, 유모어극장 초창기부터 전 프로가 다 없어져 코미디 없는 방송이 될 때까지 전유성 선배와는 오랫동안 같이 일했다. 코미디 프로가 없어지자 코미디언들은 당황했고, 전전긍긍하는 모습을 보였다. 전유성 선배는 코미디 프로가 잘나갈 때도, 지금도 방송에 연연하지 않았다. 하고 싶은 일들을 다 하면서 방송을 병행했다. 코미디의 무한 확장을 실천으로 보여준다. 항상 책을 읽고 책을 쓴다. 코미디를 지방자치단체 기업체의 지역축제나 문화예술행사에 컨설팅 자문 기획을 해주고 아이디어를 제공한다. 우리가 극장 안에 관객 몇 사람 놓고 공연을 한다. 특강을 한다. 개인적인 일을 하고 다닐 때 우리나라 전체를 한눈에 보면서 코미디 문화의 미래를 설계하고 있다. 인기에, 수입에, 방송프로에 목을 매고 살 게 아니라, 코미디 전체의 발전을 위해 폭을 넓히라고 행동으로서 모범을 보이는 것이다. 방송 코미디가 침체 상황에 있을 때도 꾸준히 많은 제자를 길러냈다. 결국은 인재들이 나와서 큰 일을 한다. 인재를 발굴하고 키워가는 작업이야말로 코미디 분야가 어려우면 어려울수록 가장 시급한 문제일 것이다. 전천후 코미디언 선배가 우리 곁에 늘 있어서 우리를 지켜봐 준다는 것은 얼마나 다행스러운 일인가? 코미디언의 축복이다.

오늘의 전유성 형이 사방팔방으로 무한 질주할 수 있는 원동력은 탤런트 시험에 실패했기 때문이다. 무슨 소린가? 합격한 사람에 대한 명예훼손 아닌가?

일단 합격하면 그 직업에 충실해야 한다. 벗어날 길 없다. 휩쓸려 가는 것이다.

전유성 형이 탤런트에 합격했으면 완전 망하는 길이다. 국가적 손실도 크지만 얼마나 억울했겠는가? 아찔! 끔찍이다. 탤런트가 되면 즉시 드라마에 투입된다. 작가가 주는 대본 있는 그대로 외워야 한다. 한 글자도 마음대로 고치지 못한다.

긴 대사 외우려면 다른 일을 못 한다. 오로지 대본에 전념해야 한다. 암기하는 기계가 돼야 한다. 녹화 끝나면 외웠던 대사 바로 다 잊어버린다. 이 작업을 계속 반복하면 자유로운 영혼이 어렵다. 애드리브는 드라마 화음을 깬다. 있을 수 없는 일이다.

전유성 형처럼 대사가 느리면 고생 엄청나게 한다. 독창적 아이디어가 무한하고, 살아있는 생활 조크가 일품인 분이 새장에 갇히게 되는 것이다.

다음에 시험을 치러 또 갔으면 "키가 얼마나 되나?" 또다시 이 한마디를 못 넘어갔을 것이다.

지금 책을 쓰는 작가, 대학 연극영화과 특강 강사, 코미디언 연기자, 사업가, 문화예술 기획자, 개그맨 후배 양성….

이런 작업을 할 수 있는 능력을 모두 상실하게 됐을 것이다. 탤런트 시험 실패한 것은 하늘의 배려다. 코미디뿐만 아니라 문화예술 전체를 풍요롭게 하려는 신의 한 수다.

솔직히 우리끼리 얘기지만, 사람의 그 말투, 그 언어 습관은 평생 못고친다. 탤런트 시험만 치시다가 지쳐서 쓰러질 것이다.

태어날 때부터 코미디를 시키려고 뭔가 어색해서, 아쉬워서 다시 찾는 사람으로 특별히 만들어서 보낸 분이다. 영수의 생각이다. 좋은 생각.

얼마 전 토크쇼에서 인류가 멸종하지 않는 한 코미디는 사라지지 않는다는 명언을 날려 코미디언을 격려했다. 대사가 어색한 전유성 연기가 어색한 전유성 방송 프로에서 볼 때 방송국이 볼 때 방송 PD가 볼 때는 불량 코미디언이다. 불량 코미디언은 지금 코미디를 위해 가장 많은 일을 하고 있다. 불량이지만 명품이다.

예술 작품이 가득한 집, 명작 명품 일거란 생각에 골치가 아프다. 전유성 형 양복 입은 모습은 처음 보는 듯하다. 무슨 옷을 입어도 사람을 쉽고 편안하게 한다.

✷ 멈추지 않는 노인과 바다

어떤 작품이든 노인 역할이 있다. 많이 나오는 것도 아니다. 대사도 적다. 작품 구성상 필요하다. 노인 연기를 해봤지만, 연출자가 많은 것을 요구하지는 않는다. 머리에 흰 칠하고, 주름살 그려서 만들고, 수염 붙이고, 다 쓰러져가는, 어떤 때는 꼭 죽을 것 같은 목소리를 내면 노인 역할이 다 되는 줄 안다.

아니다. 노인 연기야말로 제대로 하려고 들면 시간이 오래 걸린다. 우선 젊은 연기자가 노인이 될 때까지 기다려야 한다. 그래서 진짜 나이 많은 노인은 연기 현장에선 잘 안 쓴다. 젊은 노인을 쓴다. 나이가 들면 잘리는 이유가 무엇인가? 노인 연기는 우선 노인티가 나야 한다. 수줍음이 있어야 하고 완벽할 수 없다. 뭔가 모자라는 듯 해야 한다. 의도적·의식적 계획적이 아니라, 실질적으로 어눌하고 어설프고 부자연스러워야 한다.

나도 모르게 허한 데가 있어야 한다. 정신없어 보이고 실수가 있는 것처럼 걱정스러워야 한다. 겉돌아야 한다. 후다닥 매끄럽게 처리가 되면 안 된다. 여기에 맞는 배우를 어떻게 구하나? 이런 노인 봤나? 봤다. 이 난제를 해결할 준비된 연기자가 있다. 전유성 노인이다. 그 누구도 이의가 있을 수 없다. 그가 하던 대로, 살던 대로만 하면 자연산 명연기를 할 수 있는 노인이다. 유성이 형은 어색해요. 유성이 형은

전유성의 특징은 어색함이다. 무얼 해도 어색하다. 세월이 무섭다. 그 어색함에 우리는 익숙해졌다. 자연스런 어색함 별 말이 다 있다.

부자연스러워요. 이구동성으로 하는 말이 세뇌를 시켰다.

이 감정평가가 위대한 연기자를 만든 것이다. 전화위복이 됐다. 전유성은 나이 들어서도 쓰임의 범위가 넓다. 생각이 젊고 활동이 아이돌적이다. 무궁무진한 아이디어의 보고다. KBS, MBC, SBS 3사 방송국의 중요한 노인 역할을 돌아가면서 모두 해치웠다. 건강이 허락하는 한 영원한 연기자라 할 것이다. 누구도 전유성을 나이 들었다 생각하지 않는다. 왜 젊은 오빠인가는 실적이 말한다. 지금도 열심히 일하고 있다. 지금도 시간에 쫓기고 있다. 다른 걸 보지 말고 오직 그가 한 일을 보라!

★ 전유성이 한 일

부산국제코미디훼스티벌에 명예위원장을 맡아 후배들의 자문에 도움을 주고 있다(2013년~ 현재).
- 청도 철가방 극장 건립기획, 시범 운영, 개그맨, 배우 지망생 교육
- 청도 소나 개나 쇼 기획·제작·연출, 코미디 박물관 건립 기획
- 청도 구봉서 선생 동상 건립 기획, 코미디 창작촌 건립 기획
- 서영춘 선생 흉상 제작 기획
- 달성 송해공원 송해 박물관 건립 기획
- TBC 쑈쑈쑈 작가, KBS 유머 일번지 출연
- 개그맨 제자 30명 방송 진출
- 영화감독, 영화광고 카피라이터, 콩트 수필집 『지구에 처음 온 것처럼』 출간
- 지방자치단체 축제, 기업체 행사, 이벤트 쇼 홍보 기획 컨설팅

★ 문병하러 와서 초상 치르는 놈

전유성 형이 청도에서 남원으로 이사한 지 7년째다. 한번 가서 인사를 드려야겠다고 생각만 되풀이하면서 가지 못 했다. 가끔은 이벤트 행사장에서 서울에서 만나기 때문에 미루다 보니 그렇게 됐다. 형은 서울까지 오는데, 오면 연락하고 보고 가는데, 동생은 남원까지 왜 못 가나? 연예인의 나쁜 습관 중의 하나가 돈이 되는 곳부터 찾아다닌다는 것이다. 그렇게 살아서 번 돈 다 어디 갔을까…?

남한테 갔겠지. 돈도 못 벌고 남원에 가보지도 못 하고…. 병원에 입원

했다는 소식을 듣고서야 전화를 했다. 마치 입원하기를 기다린 것 같다. "영수야, 지금 퇴원해서 집에 가는 길이니까 내일쯤 집으로 오면 볼 수 있을 거야."

보통 선배 같았으면 "지금 아프니까 나중에 연락해." 간단히 마무리 했을 것이다. 심신이 괴로운데 쉬어야 한다. 입원이란 것이 휴양이나 관광이 아니다. 죽음과 가장 가까운 거리에 다가가 있는 것일 수 있다. 겨우 한숨을 돌리고 되돌아 나오는 분에게 무리한 부탁을 했다.

입원했는데 얼굴 한 번 내밀지 않았다고 할까 봐 체면상 찾아온 것 같은 느낌이 든다. 사실 다른 목적이 있었다. 남원에 가는 길에 오래전 부터 계획했던 엄영수의 '연예계 비사, 남기고 싶은 이야기' 책을 쓰면 서 전유성 편을 넣으려고 이에 관련하여 인터뷰를 요청한 상태였다.

남원 외곽 딸 내외와 함께 사는 아파트 거실. 유성 형은 방바닥에 누 워서 겨우 말을 이어갈 정도로 힘들어했다. 숨을 가쁘게 몰아쉬면서 손으로 얼굴을 가린 채, 그러나 찾아온 후배에게 책 출판에 최대한의 도움을 주려고 사력을 다해 일어났다.

부축을 받으며 소파에 앉아서 몇 마디 말을 주고받았는데 얼마 버티 지를 못했다. 바닥에 앉아 벽에 기댄 채 예기하는 것이 낫겠다고 해서 자리를 옮겼지만, 여전히 불편했다. 어떻게 자세를 취해봐도 온몸이 아 픈 것이다. 응급상황을 면한 것이지 완치된 게 아니다. 원상태로 다시 바닥에 누웠다. 한 손을 이마에 얹었다. "이런 추한 모습을 보여서 미 안하다. 이렇게 하면 안 되는데", "괜찮습니다. 이렇게 심할 줄 몰랐습 니다." 만사가 귀찮고 고통스러워하는 환자를 상대로 인터뷰를 한다는 것은 차마 못할 일이다. 그 정도는 안다. 일찍 마무리하려고도 했다. 또 나중에 선화로 보충하면 된다. 그런데 전유성 형이 누군가? 적극적 으로 지난날을 회고하면서 오히려 나에게 질문을 자꾸 던진다.

미국 광철이 연락 오냐? 그 돈 받았니? 책 제목은 뭐로 했니…?

인터뷰하러 갔다가 인터뷰를 당했다. 내가 기억 못 하는 것을 물으면서 화제를 끌어냈다.

안정을 취해야 한다며, 쾌차를 바란다며 악착같이 인터뷰를 계속 이어가는 나는 일중독에 걸린 중환자라는 생각이 들었다.

이쯤 되면 누가 환자고 누가 문병자인지 모르겠다. 그러면서도 일단 발동이 걸리자, 욕심을 냈다. 책에 실을 기념사진을 찍으려고 환자를 억지로 일으켜 세우다가 삐끗하여 뒤로 뒤집어지는데 아차 싶었다. 옆에 있던 사위와 딸의 도움이 아니었으면 큰 사고가 날 뻔했다. 더 가관인 것은 유성이 형이었다. 그 상황에서 괜찮다며 다시 부축하라고 시키면서 안간힘을 쓰고 벽에 기대고 버텨, 결국 사진을 찍긴 찍었다. 이쯤 되면 문병을 온 게 아니라 초상을 치르려고 작정한 놈 아닌가?

유성 형은 불타는 투혼, 누구도 말릴 수 없는 열정이 있다.

✳ 사랑하는 개그맨에게 주는 전유성의 선물

만나면 새로운 이야기를 하자! 고리타분한 구닥다리 이야기 지겹지도 않은가. 신선하지 않더라도, 본받을 게 없더라도 우선 안 해본 이야기를 시작하자. 여태껏 만나서 한 얘기가 그 얘기 그 타령이면 만나지 말아야 한다. 고정관념에 사로잡혀 있다면, 도식적인 행위밖에 모른다면 이미 우리의 상상은 없어진 것이다. 푸른 하늘을 마음껏 날아서 갈 데까지 가보자. 창조한다, 개발한다, 연구한다, 이런 거창한 것을 하라는 것이 아니다. 겁내지 마라. 다만 한 가지만이라도 변화를 주자는 것이다. 나비효과란 게 있다. 일파가 만파 아닌가? 내가 곧 우주라, 한 가지만 바꿔봐도 뭔가 새로운 사건이 일어날 것 같지 않은가? 뭔가 기대가 되지 않은가? 설렘이 있으면 살아남을 수 있다.

언제 생겼는지 모르는 잡다한 생각들이 새로운 발상을 막는다. 낡아빠진 쓰레기를 마음에서 싹 쓸어내자!

새롭게 태어나기 위해서 오늘 죽는 것은 거룩한 일이다. 늘 하던 대로 하면 편하다. 결과는 뻔하다. 맴돌다 사라지는 것이다. 1cm만 물체를 이동시키면, 1°만 눈높이를 높이면 분명히 뭔가 달라졌다. 느낌이 없더라도 바뀐 사실이 있다. 내 일생에 전유성 형을 만난 것은 정신혁명의 성공이었다.

우리는 매일 크게 변하고 있다. 고정 관념 때문에 받아들이질 못한다. 늙었다는 지혜로움일 뿐이다.

선언은 누구나 할 수 있다. 실천하는 전유성 형의 바꿈 철학은 오늘의 개그 문화를 이룩했다. 개그맨들은 바꾸는 것에 주저함이 없다. 바꾸다 바꾸다 최상의 것을 선택하는 것이다. 대본도 바꾼다. 소품도 바꾼다. 필요하면 PD도 바꾼다. 아예 방송국도 바꿔본다. 어떤 때는 나를 바꿔야 한다. 관념도, 사상도, 앞으로는 뇌 자체를 통째로 바꾸는 날이 올 것이다. 내 맘에 들지 않는 나를 그대로 둘 수 있겠나? 할 말이 없을 때가 있다. 그땐 걱정하지 말고 쉬면 될 것이다. 그때 하는 말이 쓸데없는 말이다.

생각이 날 때까지 할 말이 생길 때까지…. 전유성 형은 오랜 세월 코미디와 더불어 약진해 왔다. 현역으로 문화예술의 여러 분야에 기여하고 있다. 바꿈의 철학이 옳다는 것을 입증하고 있다.

★ 한가한 날의 추억

전유성: 40여 년 전쯤에 네가 한 말이 생각난다. "형, 나 내일 시간 있어요. 내일은 정말 아무 일도 없어요" 방송국에 들어와서 처음 쉬는 날이라고 해서 도봉산에 갔었지.

엄영수: 그때 김재화 작가도 같이 갔지요.

전유성: 그래, 도봉산 정상에서 색소폰 부는 사람 있던 거 알어.

엄영수: 네, 생각납니다. 산중의 악사

전유성: 산속에서 들으니까 아주 애잔했어. 30년이나 불었다는 사람이 우리가 깡통에 돈도 담아 줬는데 삑사리가 났지.

엄영수: 맞아요. 삑사리 났어요. 잘할 수 있는 것처럼 계속 다시 했는데 계속 삑사리가 나드라구요.

전유성: 그런데 니가 갑자기 녹음기를 꺼내드니 그 사람하고 인터뷰를 했어. 방송에 쓸 거라고….

엄영수: MBC라디오 이종환의 달려라 팔도강산 리포터로 출연하는 게 있었는데 그걸 취재했죠. 그날 도봉산 경찰 산악구조대상하고도 했는데 의외로 산에서 사고가 많드라구요

전유성: 일 없다드니 없기는. 놀러 가서도 그 새 건수를 만들었잖아?

엄영수: 시간이 남아서 오후에는 남이섬까지 갔었지요.

전유성: 남이섬에서 만난 사람 중에 엄 씨라는 분이 있었는데, 같은 엄 씨라고 너한테 돈을 빌려달라고 했는데 너 그거 받았냐?

엄영수: 형님도 전에 얼마간 빌려 간 게 있을 것 같은데요?

전유성: 꿨다고 다 갚았니? 길을 막고 물어봐 안 갚는 사람이 훨씬 더 많지…

　전유성 형은 나도 기억 못 하는 40여 년 전 오래된 일이었는데 정확히 기억하고 있었다. 할 일이 많아서 책임감 때문에 조기 퇴원을 한 것 같다. 이번에 잘 넘겼으니 100세 이상 장수할 것이다. 내비게이션이 쌩쌩하게 살아있다. 엊그제 나온 업그레이드 된 신제품이다. 건강상 인터뷰는 초인간적인 일이었다. 프로의 근성 장수의 비결은 계획에 없었어도 닥치면 해내고야 마는 거다. 어떤 이유로도 전유성의 가는 길을 막을 수 없다. 죄송한 일이었지만 45년을 그 곁에 붙어 갔다. 붙어 가는 나를 아끼고 격려해 준 전유성 형님 고맙습니다. 존경합니다.

인생은 추억 쌓기. 쌓지만 말고 가끔 꺼내 보자. 묵히면 잊어버린다. (일본 여행 중 찰칵)

진인사대천명의 사나이
임하룡!

★ 사이코 드라마의 대가

임하룡은 한양대학교 연극·영화 재학시절, 사이코 드라마로 위문·위로 공연을 많이 했다. 사이코 드라마란 주로 정신병원에서 환자에게 배역을 주고 대본 없이 하고 싶은 행위, 하고 싶은 말을 마음껏 하게끔 하여 속내를 털어놓게 하고, 문제를 파악해 치료하려는 것이다. 역할을 바꿔서도 해보는데 욕구가 해소되고, 스트레스가 풀리고, 갈등을 이해하는 데 도움을 준다. 어릴 때부터 듣던 얘기가 있다. 정신병원 의사는 환자들과 대화를 많이 하고 늘 어울려 있다 보면 나중에는 정신병 환자가 된다고 한다. 정말 그렇게 되는게 아닐까 걱정을 한 적이 있다.

임하룡은 오히려 병원에서 봉사하던 시절에 정신을 바짝 차리고 무장을 단단히 하였다. MBC 청춘만세, KBS 유머 1번지 시절에 방송을 같이 시작했던 개그맨 중에 가장 성공한, 가장 부유한 개그맨이 됐다.

젊은 날 봉사활동을 많이 해서 큰 덕을 쌓았기에 복을 받은 걸까? 임하룡이 군에서 제대하고 매우 어려운 시절이 있었다. 국립정신병원 의료부장 김유광 정신과 박사가 공연팀에 취직을 시켜주고 자비로 월급을 주었다. 이런 고맙고 거룩한 일이 있을까? 김유광 박사는 더 큰 축복을 받았으리라!

　나는 자선할 겨를이 없었다. 돈을 벌면 버는 대로 다 빌려줬다. 빌려주면 빌려준 대로 다 뜯겼다. 다 뜯겼지만 기분은 너무 좋다. 안 갚으려고 맘먹고 나한테 돈 빌려 간 사람들이 다 망했다고 한다. 사실 사업한다고 돈을 빌려달라는 사람은 환자로 봐야 한다. 사업자금이 마련될 때까지 일해서 저축해야 한다. 남의 돈으로만 사업을 벌인다는 건 잘못된 일이다. 그런 사업은 망할 수밖에 없다. 사업한다고 돈을 빌리러 온 사람에게 돈을 빌려주는 사람은 이미 입원이 돼 있어야 한다. 중증 환자다.

✷ 웃기는 인연

　김형곤, 장두석은 개그 콤비 중 가장 웃긴 듀엣팀이다.

김형곤, 장두석 듀엣
개그맨이 인기 절정일 때 자주 어울렸더니 덩달이로 이름이 알려졌다.

　장두석은 모창, 성대모사, 기타 연주, 작곡, 작사, 서예, 공예…. 만능 재주꾼이다. 김형곤은 타고난 웃음꾼 천재적인 개그맨이다. 그냥 보기만 해도 웃음이 절로 난다. 그가 한 말은 곧 대본이다. 유행어다. 반짝이는 아이디어는 독보적이며 시사 코미디에 촌철살인 제왕이라 할 만큼 정치문제에 해박한 지식을 갖고 있었다. 가장 짧은 말로 가장 길게 웃겼다.

　내가 MBC 개그맨 콘테스트에 입상한 첫날부터 함께 찾아와 축하 파티를 열어주며 밤새도록 술을 마셨던 기억이 지금도 생생하다. 서로 술을 좋아했기에 빨리 친해졌고, 같이 마신 술이 평생 어느 누구와 마셨던 술보다도 더 많았을 정도다. 김형곤, 장두석 듀엣은 유머 일번지, 젊음의 행진, 각종 특집 프로를 휩쓸며 핵폭발적인 웃음을 터뜨렸다. 신선했다.

KBS 코미디언실에서 유머 1번지
아이디어 회의 중 잠시 휴식을 취했다.

80년대 초에는 특집 방송이 많았다. 체육관, 공단, 공원, 극장 준공 기념, 시, 군, 구, 읍 승격 기념, 명칭만 갖다 붙이면 방송이 된다.

군사정권은 방송으로 국민에게 즐거움을 주고 국민 대화합을 유도했다.

인기 정상에 오르고 웃음으로 천하통일을 하고 나서 두 사람은 아쉬운 결별을 했다. 김형곤은 본인을 받쳐주는 역할의 연기자가 필요했다. 그 자리를 내가 채우게 됐다. MBC에서 잘린, 거의 실업자로 퇴출 처지에 놓였던 나는 김형곤의 배려로 기사회생했다. 운명이란 이런 거다. 잘려 있었던 게 행운이었다. 김형곤의 선택이 없었으면 나는 코미디를 떠나야 했을 것이다. KBS 입성은 유머 1번지 담당 PD의 스카우트 형식을 취했지만, 진실은 이랬을 것이다. "엄영수란 연기자가 있는데 그런 사람이 KBS에 꼭 필요합니다. 저희 프로에 영입하면 좋겠습니다." 김형곤은 KBS 개그맨 실장이었고 담당 PD로서는 필요한 연기자를 모으는 중이었다.

스타 김형곤과 방송활동은 화려했다. 어디를 가나 환영을 받았다. 라디오, TV 각종 프로들이 줄줄이 엮인다. 그러나 듀엣팀에서 받치는 역할은 한계가 있다. 웃기는 쪽만 보이지, 받치는 사람은 없는 것과 다름없다. 사실은 조수의 역할을 충실히 하는 것이고, 그것 때문에 내가 있는 것이다. MBC에서 이미 서세원을 받치는 역할을 했었는데, 이를 눈여겨본 나를 인정해 준 것이다.

KBS 생방송 코미디 프로 유모어극장에서 우연한 기회에 임하룡, 심형래와 더불어 「하룽서당」이란 코너를 했다. 학동들이 6명이나 출연했는데 역할이 별 볼 일 없자 다들 그만두고, 임하룡, 심형래, 엄영수만 색깔이 분명해졌다. 미련한 학동 심형래, 똑똑한 학동 엄영수, 학동들에게 시달리는 훈장 선생 임하룡, 갑자기 이 코너가 뛰기 시작했다. 걷잡을 수 없다는 말이 있다.

이 코너가 그렇게 됐다. 심형래, 임하룡이 대스타로 발돋움한다. 나는 옆에 괜히 붙어있다가 덩달이로 유명해졌다. 코미디 시청자에게 비로소 이름을 알리자, CF가 들어오고 영화까지 출연했다. 밤무대에서 부르고 지방 쇼에서 초청한다. 제정신이 아니다. 왜 사는지를 모르겠다. 임하룡, 심형래와 인연을 맺고 나서 이벤트 공연을 같이 다녔고, 임하룡 선배와는 같은 기획사에 소속되기도 했었다. 항상 말이 없는 편이었지만 무언중에 나에겐 관심이 많았고, 내일을 걱정해주는 것이 고마웠다. 그냥 하는 말 아니다. 증서가 있다. 가기만 하면 고액의 출연료를 받는 큰 일을 그 많은 연기자를 다 제쳐놓고 내게만 맡긴다.

'개그맨과 함께 떠나는 LA월드컵 한국 응원단' 행사 중 그랜드캐니언 관광

이 이상 확실한 증거가 있겠나. 돈이 말하지 않는가? 김형곤이 내가 필요해서 나를 불렀다. 김형곤에 의해서 지옥에서 환생했다. 엉뚱하게 임하룡, 심형래에게 쓰임을 당해 벼락출세를 했다. 그 후로 만사가 술술 술 넘어가듯 잘 풀렸다. 세상일이란 게 이렇다. 우리는 연기자다. 짜진 각본대로 가보는 거다. GAG맨은 앞뒤가 없지 않은가? 바로 가도 GAG, 거꾸로 가도 GAG, 앞뒤가 없는 철부지 애들이라니까. 어디로 튈지를 본인도 모른다. 그러면서 세상 다 아는 척 마이크를 잡는다. 혼자 떠들면 남들은 들어야 한다. 마이크 독식 그거 웃기지 않나? 그래서 우리는 웃기는 사람들이 된 것이다.

✱ 임하룡의 제테크 성공비결!

① 부인에게 달렸다. 일찍 결혼하라!

임하룡 선배는 최근 방송에 출연하여 자신의 재산을 공개하고 빌딩을 소유하게 된 경위, 재산형성에 대하여 자세히 설명하였다. 그 당시에는 야간업소가 최고 절정기였다. 남편은 방송과 공연에 바쁠 때라서 재테크와 저축은 아내의 몫이었다. 어린 나이에 일찍 결혼한 아내는 오직 집안 살림과 자식 교육에만 전념하였다. 모든 것을 아끼고 절약하여 남편이 저축왕 상 대통령 표창을 받게 하였다. 단시간에 인기 개그맨이 되어 일찍부터 큰돈을 벌었다. 부인이 집에서 철저히 관리하고 지켜주니 돈이 쌓일 수밖에 없지 않은가?

② 모두가 잠자는 밤에도 부지런히 일하자!

개그맨이 되기 전부터 무교동 명동 살롱 가를 다니며 무대를 섰다.

야간업소가 폭발적으로 증가했는데 문만 열면 손님이 몰려들어 초저녁부터 북새통을 이룬다. 임하룡 선배는 주로 호텔나이트클럽 디스코텍에서 무대에 섰다. 출연료도 많이 받았지만 새벽까지 무대가 열려있으니, 여러 곳을 뛸 수 있어 수입은 이루 셀 수 없었다. 자동기계가 필요했다.

개그맨들이 밤마다 유흥업소에 몰려다니며 야간 문화생활에 심취해 있을 때, 그런 곳에는 한 번도 놀러 다닌 적이 없이 부지런히 일만 했다.

하루도 빠짐없이 성실하게 야간업소 출연으로 땅을 사고 집을 샀다. 밤무대 일하는 것을 보고서 임하룡 선배를 인정하고 신뢰했다. 어쩌다 우리가 시간을 내달라고 하면 임하룡 선배는 언제나 똑같은 얘기를 했다. 나는 간이 약해서 말이지, 처가 집에서 기다려서 말이지…. 모든 걸 뿌리치고 오직 일만 했다. 인생은 일이다. 젊은 날 즐겁게 일하자. 가장으로서 할 일을 다하는 멋진 선배였다. 한순간도 쉬는 걸 본 적이 없다. 한가하게 식사하거나 차를 마시거나 함께 시간을 공유한 적이 없었던 것 같다. 연예계 생활 45년 코미디실에서만 25년 일한 것은 분명한데 별로 추억이 없나. 그렇게 너무나 바쁜 세상을 살았던 것이다. 45년이 흘렀다. 이번에 만나면 또 한 번 물어봐야겠다. 어떤 대답이 나올까? 간이 더 나빠져서 말이지, 처가 찾아온다고 해서 말이지…. 어쨌든 하늘은 스스로 돕는 자를 돕는다.

③ 한눈팔지 말라 초심을 지켜라!

회장님 회장님 우리 회장님 코너 출연 준비 중 (임하룡 선배와 기념 사진)

개그맨이 개그맨으로 영원할 수 있다면 최고의 행복이다. 조건이 있다. 건강한 상태로 무대에 설 수 있어야 한다. 리모델링을 하든, 새로운 소재를 계발하든 계속 웃겨야 한다. 웃기지 못하면 아무런 의미가 없다. 그렇게 되면 사업가로 변신하기도 한다. 참고로 살펴보면 정치가, 주택사업, 영화제작 감독, 주식, 기획사 분야는 거의 100% 실패했다.

음식점은 절반의 성공 정도다. 살아남기 위한 무한 변신이 여의치 않다.

임하룡 선배는 개그맨으로 출발해서 성공했다. 더 많은 수입을 위해 편안하게 살기 위해 한눈을 팔거나 다른 분야에 손대 볼일이 없다.

현역 개그맨인 것이 자랑스럽다. 한 길만 고집하고 초심을 지켰다.

"난 요새 일 들어오면 못 하겠어. 못 웃겨. 무대에 올라가면 뭘로 웃겨, 내가? 아! 정말 난 웃기는 거 자신이 없어..옛날에 어떻게 웃겼는지 몰라."

엄살처럼 늘 하는 말이다. 개그맨으로 벌어서 강남 한복판에 거대한 빌딩을 세웠는데 이런 말을 한다. 정말 웃기는 사람 아닌가?

④ 일단 강남이 목표다. 그리고 몸을 던져라!

강남은 전에도 강남이었다. 앞으로도 강남이다. 오래전에도 비싼 땅이었다. 집 장만은 어차피 힘들고 괴로운 일이다. 그럴 바엔 강남으로 가는 거다. 빚을 내고 무리를 하고 생사를 건 모험이지만, 하는 끝에 좀 더 버텨보자는 거다. 남들은 강남이 무서워서 변두리로 피할 때 역으로 학동사거리 강남 한복판에 터를 잡았다. 일단 밟기만 했다. 그리고 시작이다. 세월이 흐르고 보니 구상한 대로 현실이 됐다. 피와 땀과 눈물이 왜 없겠나?

대단한 쾌거다! 존경한다! 젊은이여, 야망을 품어라!

학창 시절에 누구나 즐겨 외쳤을 것이다.

연예인 넘버원 축구단 하게 아유회 임하룡, 이상운과 함께

벽에 써 붙인 사람도 있다. 어른이 돼서 외치면 안 되나? 노인이여, 야망을 품어라! 임하룡 선배의 별호가 노인, 좌상이었던 적이 있었다. 제대로 맞아떨어졌다. 그릴 수 있는 최대의 그림을 그린다. 그리고 거기

에 온몸을 몽땅 다 던져버린다. 임전무퇴 후퇴즉사!

그저 싸우고 버틴다. 그것이 비법이다.

★ 인간성이 돈이다

방송 녹화 날에 다른 스케줄을 잡아서 일하는 것은 방송국과 프로그램에 출연하는 다른 연기자에게 피해를 줄 수 있어 절대 안 된다. 동시에 두 가지 일이 생기면 원래 약속돼 있는 방송국 일을 하고 외부에서 온 일을 포기해야 한다. 이건 규칙 이전에 양심의 문제라 하겠다.

경험에 의하면 값비싼 일은 꼭 녹화 날 해달라고 섭외가 온다. 방송 출연료 30만 원 받을 때 외부 이벤트에서 몇백만 원짜리 행사가 섭외되면 아깝기는 참 아까운 일이다. 손해가 컸지만 룰을 지켰다. 신인이건 스타건 지켜야 한다. 어떤 연기자는 이런 경우가 생기면 제작진을 찾아가서 사정을 설명하고 양해를 구한다고 한다. 이야기가 잘 돼서 다행히 행사 전에 녹화를 먼저 끝내주면 양쪽 일을 다할 수 있다. 1타 3피가 따로 없다. 바로 이거다. 극히 생산적인 일이다. PD가 연기자를 위해서 조금만 신경을 써주면 모든 문제가 일시에 다 풀린다. 연기자는 녹화도 하고, 밖에서 생긴 공연도 하고, 방송국은 녹화하는 데 아무 지장 없고, 기획사는 행사를 성공적으로 할 수 있고…

연기자와 PD와 기획사가 윈윈윈 하는 것이다. 나는 제작진과 협의해서 그런 생각조차도 해보지 못했고, 그런 부탁도 안 한다. 부탁해도 어차피 안 들어줄 거고, 아마 불손하다고 프로에서 쫓겨나지 않으면 다행이다. 주변머리가 없는 건지, PD에 대한 피해의식이 있는 건지, 융통성이 부족한 건지, 뭔가 내 쪽에 문제가 있는지도 모른다.

임하룡 선배는 이런 문제를 어떻게 해결할까 궁금했다. 그는 발이 넓고, 초인이고 인격자다. 다른 분야까지 다 잘 통한다. 엔지니어 중에도 학교 선후배 직원이 있다. 녹화에서 중요한 일 중의 하나가 있다. "밥 먹고 합시다." 이 이상 가는 것이 없다. 특히 장시간 기계와 싸우는 일선 카메라, 주조·부조 엔지니어에게는 저녁 식사가 기다려진다. 녹화 중에 엔지니어 쪽에서 "김 차장님! 임하룡 씨 코너까지 녹화하고 식사하시지요." 밑에서 전하면 위에서 스피커로 전체에 고지하지 않을 수가 없다. "임하룡 씨 코너 끝나면 식사하고 다시 녹화하겠습니다." 저녁 식사 전에 녹화가 끝나면 대한민국 어디든지 행사를 갈 수가 있다. 이건 특혜도 아니고 아무것도 아니다. 저녁 식사는 언제나 있는 일 아닌가. 그냥 밥 먹고 합시다에 불과한 거다. 그러나 누구나 되는 일이 아니다.

엔지니어에게 인기 있고, 친하고, 뭐든지 잘하고, 인간성이 좋아야 되는 일이다.

★ 인간은 누구나가 하늘이 내린 사람이다

임하룡 선배는 선후배의 애경사를 반드시 챙기려고 애쓴다. 데뷔 시절 너무나 열악한 환경에서 고생했기에 그때를 생각해서 어려운 사람들에게 조금이라도 도움을 주려고 한다. 협회 행사에도 시간이 되는 한 적극적으로 참여해서 선배에게 인사하고, 건강과 근황을 묻고, 후배에게는 칭찬과 격려를 아끼지 않는다. 무엇보다도 개그맨으로서 성공했고, 평생을 모범적인 생활을 했고, 누구나 부러워하는 훌륭한 가정을 이뤘으며, 코미디를 열심히 하면 부자로 잘살 수 있다는 것을 천하에 보여준 교과서적인 연기자다. 말을 아낀다. 실천으로 보여준다. 업무나 재산이나 인기를 떠나 성품이 온화하고 인정이 넘쳐나니, 스타 이전에 휴머니스트로 존경받는 예술가다. 나와는 KBS 코미디언실에서 1982년에 만났고, 40년이 넘는 사랑과 우정을 쌓은 코미디 동지이며 연예계 선배이다. 맺고 끊음이 정확하다. 만나야 할 사람과 만나지 말아야 할 사람을 가려 깊이 생각하고 신중하게 행동한다. 나는 누구나 만나고, 누구나 친하고, 상식적이지 않은 것에 대해 대충 넘어가고, 부정한 것을 모른 척도 한다. 뒷날 그것은 큰 화근이 되고 문제를 일으킨다. 선배를 반만이라도 닮았으면 인생에 있어서 저지른 실수들은 대부분 예방하지 않았을까?

　하고 싶은 것을 하는 것이 즐거운 것이라며 특기와 취미를 살려 그림 공부를 열심히 했다. 정신통일, 자아성취도 되지만, 결국 돈이 따라붙지 않은가? 무엇을 해도 재운이 있다. 학창 시절 소질을 살려 정진하니 그림 실력이 급상승했다. 원래 어떤 일을 해도 집중력, 집념이 대단한 선배다. 거의 프로 화가의 경지를 날고 있다. 눈을 주제로 그리는데 강렬한 인상을 준다. 세상 모든 것에 눈이 있다. 세상 모든 것이 나를 보고 있다. 서로 관계를 맺고 교류하고 사랑한다. 모든 것은 모든 것을 감시하기도 하지만, 본다는 것은 통하는 것이다. 눈을 떠라. 눈을 살려라. 새로운 세계를 만날 것이다. 구매자들의 폭이 날로 확장되고 있다. 다양한 분야의 사람들이 전시회를 열 때마다 관심을 갖고 대거 몰려온다. 매회 기록을 세우며 승승장구하고 있다. 인맥 관계가 좋기 때문에 각계각층의 열렬한 팬들이 모여든다. 개그보다 미술가로 더 많이 알려지고 있다. 하늘이 내린 사람이 따로 있는 게 아니다.

박제가 된 천재
기러기를 아시오

★ 돈, 빽, 재수까지 없어야 웃긴다

개그맨 정명재는 서울 신길동 토박이다. 부잣집 아들처럼 얼굴 볼이 토실토실 귀티가 나고 복스럽게 보인다. 어린 시절은 어떻게 살았을까? 할머님이 손자를 애지중지, 극진히 키웠다고 자랑한다. 바나나, 포도, 감귤, 딸기를 자주 먹었고, 탕수육, 자장면도 말만 하면 바로바로 주문하여 배달이 왔다. 일반가정에서 쉽게 먹지 못하는 등심, 햄, 소시지, 치즈가 떨어지는 날이 없었다. 어린 시절 회상을, 먹었던 음식으로만 설명하는 사람을 난생처음 본다. 음식 종류를 자세히 기억하는 걸로 봐서는 집안 DNA가 우수하다고 생각되지만 먹느라고 정신 팔려서 공부를 소홀히 했을 것 같은데, 중학교 때부터 과외 공부 선생이 있었다고 하니 그런 취약점을 극복하려 했던 것이 아닐까? 이쯤 되면 가정환

맛집 음식점. 명태 코나리 집주인 정명재! 개그맨 시절보다 더 웃기는 얼굴이 됐다. 여유도 많다.

경 만점짜리 집안이다.

그렇지만 이런 집안에서 개그맨 되기는 애저녁에 날 샌 거다. 통계를 보면 개그맨은 어린 시절에 무조건 가난해야 한다. 열악한 환경까지 갖추게 필수조건이다.

왜 개그맨이 되고 싶었을까? 갑자기 아버지의 사업 실패로 전셋집을 옮겨 다니게 되었다. 처음 겪어보는 가난의 시련기는 고통스러웠다. 그래 잘된 일이다. 돈 없고, 빽 없고, 재수까지 없어야 웃길 수 있다니 정말 웃음이 절로 나온다. 이 정도면 개그맨 지망까지는 할 수 있지 않을까?

성격이나 말투가 여성스러웠고 초등학교 때부터 여학생 친구와 어울려 공기해지기, 사방치기 같은 걸 즐겨 했는데 수줍음을 잘 타서 선생님 앞에서 책을 제대로 읽지 못했다고 한다. 이 무슨 말 같지 않은 얘기인가? 글자를 몰라서 그랬겠지, 수줍다고 책을 못 읽어?

정명재는 쾌활한 성격이다. 순발력도 있고 개인기도 많다. 노력형이고 이해심이 많다. 측근들은 "개그맨보다 더 웃긴다, 탤런트 해라." 격찬했다.

KBS, MBC 코미디언실 간에 축구대회를 열었다. 1980년대 스포츠, 특히 축구 붐이 일어났다. 시청율 경쟁하듯 악착같이 싸웠다. 개그맨 초창기 모습이다.

친구가 신문지에 싸서 주고 간 밤을 먹으려고 신문지를 뜯었다. 좀 오래된 신문 같은데 TBC 개그맨 콘테스트라는 활자가 보였다. 먹으려던 밤은 눈에 들어오지 않고 신문지 조각만 크게 보였다. 개그맨이 되고 싶은 생각이 어쩌다 들기는 했을 것이다.

그러나 방법을 전혀 모르니 엄두가 나지 않았다. 우연히 TV에서 개그맨들이 방송 출연하는걸 마주할 때면 재미있게 봤고, 그들이 선망의 대상이 되기도 했다. 찢어지고 구겨진 신문지 조각을 주워 모았다. "TBC 동양방송 개그맨 콘테스트 지원자 원서접수 안내"에 관한 것이었다. 나는 지금 왜 이 신문을 들고 있을까? 하늘이 내게 기회를 주려는 것인가? 원서 제출 마감일이 오늘 오후 5시까지다. 지금 시간 오후 1시가 넘었다. 뜯겨진 신문지를 쓰레기통에 쳐서 넣었다면, 날짜가 하루, 아니 몇 시간만이라도 늦었다면…. 끔찍한 일이다.

우선 TBC 접수처에 전화했다. "시간이 촉박하여 우편으로 부칠 수 없으니 지원서와 대본을 직접 갖고 가겠다. 받아달라." 사정했다.

"받아주겠다. 침착하게 하라. 혹시 모르는 게 있으면 연락하라. 힘닿는 데까지 도와주겠다. 그런데 전화하신 분 혹시 개그맨 중에 손철이란 사람을 아는가?" 물었다. 정명재는 의외의 질문에 당황했다. 그리고 사실대로 말했다.

"코미디 프로를 자주 못 봐서요. 잘 모르겠습니다." 개그맨 시험을 치는 사람이라면 "가끔 TV에서 본 것 같습니다. 재미있게 봤습니다" 이정도는 해야 하는 거 아닌가? "오늘 친절히 안내해 주셔서 감사드립니다. 한 번 찾아뵙겠습니다."까지는 거짓말이라도 필요할 땐 약이 된다.

전화를 받은 TBC 개그맨실 담당자는 손철 개그맨이었다. 유명한 음악다방 예그린에서 DJ로 일할 때 "웃기는 정명재! 우리 친구들의 영원한 스타! 스타석에 추천합니다." 하는 쪽지와 함께 단체 손님으로 온 일행들이 정명재를 DJ 박스에 강제로 밀어 넣었다. 불시에 친구들에 의해 이끌려 나온 정명재는 김삿갓 북한 방랑기, 팔도 사투리, 아나운서 스포츠 중계, 전설 따라 삼천리 등 갖고 있는 재주를 다 쏟아놓으며 관객들을 웃음바다로 뒤집어 놓았다. "개그맨 손철에 도전한다"라는 스타 초대석 무대가 매일 진행되었다. 전화를 받아보니 목소리가 스타 초대석에서 그때 인상 깊게 본 바로 그 사람 정명재가 분명했다. 그래서 물어봤는데 손철을 모른다고 하니 손철은 난감했다. 할 말 없다.

✱ 원고를 들고 계엄군 경계망을 돌파하라!

정명재는 개그맨 콘테스트 선발대회에서 발표할 원고 쓰기가 더 급했다.

TBC 근처 다방에서 원고를 부지런히 써 내려갔다. 아마추어들은 대개가 늘 웃기는 소재가 있지만, 머릿속에 있을 뿐 이것을 원고화해서 갖고 있지는 않다. 원고지 30매를 쓰면서 커피를 다섯 잔이나 마셨다. 그리고 TBC를 찾아갔다. 방송국을 지키고 있는 계엄군과 마주쳤다. 웬 계엄군이? 1980. 5. 17. 전국 비상계엄 확대로 국가 주요시설에 계엄군이 진을 치고 있었던 시절이었다. 이 시기에 개그맨 선발대회를 한다? 누가 웃기고, 누가 웃어주나?

하필이면 개그맨 선발대회에 계엄령이 선포되다니. 아니다. 이럴 때 웃겨야 한다. 사회나 국가가 위기에 처했을 때, 시민이 짜증 날 때, 불행하다고 느끼고 있을 때 우리는 웃길 책임이 있지 아니한가?

태평성대에는 그냥 둬도 웃는다. 진짜 신수가 나올 것이다.

원고를 들고 당당하게 계엄군의 저지망을 뚫는다는 심정으로 정문을 돌파했다. 그때 내 나이 피 끓는 20대 청춘으로서 광주 민주화운동을 바라보며 군사독재에 대해 갖는 생각이 왜 없었겠는가?

괜히 죄 없는 계엄군에게 마음에도 없는 말을 걸었다. "수고 하십니다, 고생이 많으시네요." 계엄군은 돌발적인 인사에 엄숙하고 긴장된 표정을 풀면서 "아! 예?" 대답을 하다 말았다. 인사를 던져놓고 대답을 들을 새도 없이 발길을 재촉하여 벌써 정문 안으로 들어섰으니까. 그러고는 마치 내가 계엄군을 무찌르고 따돌린 것처럼 으스댔다. 무언가 저항을 하고 나서야 한다는 의식은 있었지만, 현실적으로 고작 이따위 유치한 행동을 했을 뿐이었다. 너라면 어쩌겠나? 비겁하지 않으면 어쩌겠나? 저 계엄군은 무슨 죄인가? 말단 사병으로 명령에 복종하고 있는 거다. 저 사람이야말로 저러고 싶겠나? 부당한 명령에 대하여 저항하고 시정해 줄 것을 건의해야 한다. 양심선언하고 정부를 상대로 투쟁해야 한다. 현실적으로 그것이 가능한가? 최하 졸병 앞에 너나 나나 부끄럽지 아니한가? 우리 인생 계급장 모두 떼내야 한다. 너와 나의 비극으로 넘어가면 그만일까?

1980.5.18. 계엄군이 아닙니다. 그냥 '엄군'입니다. 자매부대 체험왔습니다. 정명재는 가장 삼엄한 계엄령 하에서 웃긴 사람입니다.

✱ 찢어진 신문지 조각, 개그맨 만든다

정명재 개그맨 탄생에 가장 큰 역할을 한 것은 찢어진 신문지 조각이다. 예전에는 생선가게나 정육점에서 고기를 신문지에 싸서 팔았다.

누구도 거기에 대해서는 비위생적이라고 항의하는 사람이 없었다.

오랜만에 맛있는 고기를 먹으려니 정신이 고기에 팔렸었나 보다. 오히려 신문지에 쌌기에 더 맛있었던 것은 아닐까? 내 경험으로는 신문지에 쌌던 고기가 맛이 없었던 적은 단 한 번도 없었다. 1년에 딱 한두 번 먹는 고기라서 어떻게 됐든 먹기만 하면 맛은 최고다.

고교 자취생일 때 자취방에 천장과 벽을 신문지로 도배했던 기억이 난다. 방 전체가 한문 백과사전이 됐다.

그때 공부 참 많이 했다. 정명재 친구가 밤을 제대로 된 포장지에 싸서 주었으면 정명재는 개그맨이 될 수 없었다.

1980년 6월 5일 남산 숭의 야외음악당, 제2회 TBC 동양 방송 개그맨 콘테스트, 사회 이택림, 초대가수 조용필과 위대한 탄생, 3천여 명의 관객이 자리한 가운데 새로운 개그맨이 탄생했다. 대상 이성미·김은우, 금상 정명재, 은상 김형곤·장두석, 동상 조정현, 제1회 대회에서는 서세원이 대상이었다.

여기서 또 하나의 연예계 전설이 전해진다. 동상을 받은 개그맨 조정현은 개그맨 콘테스트 1, 2차에서 본선을 치르려고 계엄령으로 포위되어 통행이 금지된 광주를 탈출하기 위해서 우회로를 타야 했기에, 산을 넘고 논을 건너뛰어 계엄군을 피해 극적으로 마감 시간 전에 시험장에 도착하여 예선을 통과했다. 사선을 넘어왔다는 감투정신만으로도 무조건 합격했을 것이고, 이를 발판으로 정현 뷔페 사업에 대박을 터트렸다.

개그 역사에 길이 남을 최대의 행사였다. 최고의 개그스타를 배출했다. 최초의 개그맨 콘테스트이기도 하다. TBC는 방송국 중 가장 감성이 뛰어났었다. 개그콘테스트도 제일 먼저 했다. 개그 시대가 올 것을 예상하고 『살짜기 웃어예』, 『오라오라오라』 개그프로를 최초로 제작했다.

그러나 애석한 일이다. 어찌 알았으랴! 1980년 전두환 정권에 찍힌 TBC는 언론 통폐합으로 인하여 KBS에 흡수되고 개그맨 콘테스트는 없어졌다. 한번 찍히면 그 말로는 비참하다. 일단 찍히는 건 피하고 볼 일이다. 불행 중 다행인 것이 방송국 통폐합 전에 대회가 열렸다는 것이다. 막차 탄 정명재 전광석화처럼 움직여 금상을 받고 개그맨으로 데뷔하는 데 성공했다. 성공이 끝이 아니다. 산 넘어 산이다. 데뷔 전에 손철 선배에게 찍혔다. 군기 세다는 코미디 판에서 방송국에 들어오기도 전에 미리 찍혀서 들어온 것은 건국 후 처음 있는 일이다.

선·후배 간에 있었던 기막힌 사연은 아름답고 재미있는 방송 일화로 전해지고 있다. 2024년 9월 11~23일 인사동 갤러리 인사이드홀에서 열린 정명재 화백의 초대 개인전에 개그맨 손철 선배의 축시 낭송과 축사가 있었다. 전화로 인연 맺은 지 45년 만의 무대다.

원종관 아나운서 진행, 하일성 야구 해설가 초대 손님 생활 법률 프로에 고정 게스트로 같이 출연한 정명재. 엄영수 [진실게임 O.X 문제: 개그맨은 신문이 만든다?(O, X)]

✱ 길 잃은 기러기도 날아는 간다, 묻지 마라!

네로 25시에서 골뱅이로 대박 났다. 정명재
는 늦깎이 데뷔 대기만성 기록을 갖고 있다.
90~100세가 되도 다시 전설을 쓸 것이다.

정명재 개그맨은 결혼생활 10년
이 되던 1995년, 두 아들을 미국
으로 유학 보내며 부인을 딸려 보
냈다. 그 후 기러기 아빠로 산 지
29년이 지났다.

1977년 IMF로 이어지며, 환율이
3배 가까이 폭등하여 유학 중인 미
국 가족에게 생활비 송금하기가 어
려워졌다. 그러나 학비 때문에 휴학
을 하면 더 큰 손해가 나니 무리를
해서라도 졸업을 시켜야 했다. 악착

같이 버텼다. 문제는 방송활동 중단을 예상하지 못했기 때문에 벌어진
일이다. 방송하다 쉬게 되는 일은 누구에게나 언제든지 있을 수 있다.

정명재는 하루아침에 만들어진 개그맨이 아니다. 그의 재주는 다른
사람으로 대체할 수 없다. 이것이 정명재의 강점이고, 방송의 약점이다.

"방송이란 기다림과의 싸움이다"

물론 이거 믿고 기다리다 돌아가시는 선배들이 적지는 않다. 다른 분
야에 진출했으면 크게 성공하셨을 분들인데…. 정명재 정도면 이벤트
시장에서 충분한 상품이다. 내일이라도 기획사에서 유능한 매니저가
나타나 전속을 요청해 올지도 모른다. 억대 CF가 걸릴지, 영화가 터질
지 내일이 되어봐야 안다.

사랑하는 가족에게 송금하는 것이 삶의 전부였던 그는 변화된 환경
에 당황했다. 너무나 다급했던 나머지 음식점이라도 해서 급한 불을

끄고 다음을 도모하려 했다. 그러나 아쉽다. 개그맨이 평범한 자영업자로 변신했다가 다시 돌아간 예가 없다.

테이블 대여섯 개가 이마를 맞대고 옹기종기 모여있는 작은 밥집 주인아저씨 정명재! 그는 양심적이었고, 후덕한 성품이었다. 개그맨이란 타이틀이 또한 큰 힘을 보태준다. 올드팬들이 더 큰 음식점을 차릴 수 있도록 단체로 몰려왔다. 음식점 성공 소문이 나자, 부르지도 않은 방송국 카메라가 밀고 들어온다. 개그맨 정명재 밥집 사장으로 변신! 정명재 기러기 아빠 된 사연? 그간 얽힌 일들을 시청자에게 전했다. 사업은 확장일로에 놓였다. 당연히 버는 대로, 있는 대로 송금했다. 가족에 대한 무한 사랑이었다.

여기까지 와서 되돌아 갈 수도 없다. 오로지 날자. 하늘이 안내 하는대로 휩쓸려 가자!

그는 기러기가 좋았을 것이다. 일생에 단 한 번 짝을 맺고 정절을 지키며, 배우자가 죽더라도 평생 혼자 산다는 것에 감동했을 것이다.

사람들은 기러기에 대해서 애틋하다. 어디서 와서 어디로 가는지, 어떻게 나는지, 무슨 사연이 있는지는 관심이 없다. 어느 정도는 영물로 인정한다. 전통 혼례식에서 신부에게 기러기를 선물하는 전안례가 의식 순서 첫 번째인 것이 이해가 갈 것이다. 결혼할 때 축하 선물로, 나무로 된 기러기 한 쌍을 받으면 장식장에 곱게 모셔놓는 집안이 많다.

정명재는 자의든 타의든 기러기 아빠가 됐다. 미국에 있는 가족은 기러기 아빠가 보내준 돈이 적을지라도 아빠의 고생을 안타까워하며 공부에만 전념하고 있다고 생각하니 남들이 기러기라 한들 어떠랴, 물오리라 한들 어떠랴!

병아리도 좋다! 용기백배할 뿐이다. 문화예술인도 방송인도 모두 버렸다. 오직 기러기 가족의 뒷바라지에 몸과 마음을 다 바쳤다.

정명재! 그는 오늘도 작은 밥집에서 고기를 다듬고 홀 서빙을 하면서 즐겁게 손님을 맞는다. 늘 밝은 얼굴로 손님을 대하는 정명재지만 가족이 둘러앉아 삼겹살을 구워 먹는 행복한 모습을 보면 왈칵 그리움이 솟구친다. 그리고 "혼잣말로 어디쯤 왔을까(지인의 성원을 받아 출판한 시집. 직접 그린 삽화가 일품이다)?" 자문해 본다.

'회장님 회장님 우리 회장님' 분장을 끝내고 녹화 준비를 마쳤다. (대기실에서 대본 연습 중에 한컷)

✶ 박제가 된 천재를 아시오?

개그맨 정명재는 수준 높은 코미디를 보여주었다. 그는 분명 천재적인 웃음 재간꾼이다. 그러함에도 자신이 방송 코미디언이 될 것을 전혀 예상치 못했다고 한다. 겸손이 지나치면 거만으로 오해 받을 수 있다.

정명재: 상금에 눈이 어두웠다. 상금을 타서 술 파티를 열어주겠다고 술친구들과 했던 약속을 지키기 위해서 빵과 우유를 사 들고 삼청공원에 갔다. 웃기는 연습을 하는데 새들이 와서 듣고 웃었다. 새가 노래를 하고, 울고, 짖어대고… 많은 표현이 있지만, 새가 개그에 웃는 것을 내가 처음 발견했다. 골뱅이가 대중화되기 전이었다. 「쇼 비디오 쟈키」, 「네로 25시」를 통해 술 취한 연기로 대박을 터뜨렸다. 말하는 것은 술에 취했지만, 정신은 멀쩡했다. 서민 대중의 애환, 불평불만, 꿈과 좌절, 슬픔과 기쁨 등을 속 시원히 털어놓으면서 권력, 금력, 명예, 지식을 가진 자들의 위선을 통렬히 비판한 시사 풍자. 개그는 이 시대 코미디의 압권이었다. 이 코너를 위해서 술을 배우고 오랜 세월 마셔온 것은 아니지만, 애주가의 경험이 철철 넘치는 혀꼬부라진 비틀어진 연기는 시청자를 웃음의 술독에 빠뜨리고도 남았다. 골뱅이 붐을 일으켰다. 매출이 몇 배는 늘었을 것이다. 술집마다 안주 메뉴판에 골뱅이가 고정으로 자리 잡았다. 나부터도 안 먹던 걸 그때 처음 먹게 됐다. 골뱅이와 연관된 사업체들은 정명재 덕을 크게 봤다. 아니라고 할 수는 없을 것이다. 그러나 누구 하나 격려의 전화 한 통 없었다. 먹다 남은 골뱅이 통조림 하나 선물하는 사람도 없었다. 아니, 골뱅이 빈 깡통조차 구경도 못 해봤다고 한다. 그는 골뱅이를 유행시킨 골뱅이 홍보대사, 골뱅이 전도사로서 큰 일을 했다. 어렸을 때부터 미술에 소질이 있었다. 자신감이 지나쳤다. 20대 초반에 디자인 사무실 차렸다가 손해를 본 후 후유증이 컸다.

녹화장은 긴장감이 감돈다. 녹화는 연습이 말해준다. 당일날 잘할 생각 말고 연습하라!

코미디는 수단 방법을 가리지 않고 웃겨야 한다. 개인의 모든 경험, 개인이 저마다 갖고 있는 모든 재주를 사용할 때 새로운 웃음이 창조된다. 쇼 비디오 쟈키, 인생 스케치! 코미디의 다양성을 보여주었다.

정명재는 시도하는 것마다 히트를 시켰다. 개인기 개인기 하는데 미술 실력이 없었다면 이는 불가능한 코너다. 옛날 신동우 화백을 연상시키는 웃음 코너였다. 빅히트작이 됐다. 코미디를 떠나면서 그림을 접었다가 근래에 다시 붓을 잡았다.

미술 전시회 5회 동양화, 묵화, 아크릴화…. 재료를 가리지 않고 닥치는 대로 시도한다. 주제는 가족과 자연이다. 가족 파괴, 자연 파괴가 매우 심각하다. 인간의 갈등 중에 가장 큰 것이 가족 간의 일이다. 자연은 공해로 인해 신음하고 있다. 지구의 운명이 거의 사망 지경이다. 우선 살려야 한다는 사명감으로 그려나간다.

오래전에 시집 『어디쯤 왔을까?』를 출간했다. 시집이나 그림 모두가 그리움, 외로움을 담고 있다. 상처받은 사람들, 희망을 잃은 사람들을 위로하고 이끌어 주는 따뜻하고 부드러운 작품이다.

개그맨 정명재는 살펴본 바와 같이 다양한 코미디 테크닉을 갖고 있는 웃음의 천재다. 다방면에 걸쳐 재주

마이크 체질, 마이크만 잡으면 승승장구, 욱일승천 펄펄 날라 다닌다. 현재의 모습이다.

가 많고, 그 재주는 상당히 지적이다. 우리나라 방송에서 정명재를 떠나도록 했다면 그 전에 적어도 90% 이상은 구조 조정이 됐어야 한다. 정명재는 보통의 개그맨들이 습관적으로 늘 해온 코미디를 한 적이 없다. 독창적인 개인의 아이디어로 새로운 분야를 개척했고 좋은 성과를 냈다. 개그가 무엇인지를 보여줬다.

시청자가 인정한 국민 개그맨이다. 정명재를 목표로 공부하고 그의 개그 세계를 연구해 봐야 하는데, 그를 제거해서 웃음판을 후퇴시킨 자들의 만행은 코미디 역사에 기록되어야 마땅하다.

이것은 코미디 살인사건이다. 정명재가 방송에서 사라질 때 나는 요행히도 살아남아 있었다. 부끄러운 일이다. 나부터 책임이 있다. 같은 시대에 한방에서 20년 이상 같이 아이디어 회의를 했던 동료가 행방불명됐는데도 전혀 모르고 있었다는 것이 말이 되나? 코미디 사랑하는 시청자 입장에서는 이해가 되지 않을 것이다.

"정명재가 안 보인다. 무슨 일이 있나?" 제작진에게는 "왜 정명재가 캐스팅이 안 됐나?"로 들릴 것이다. 제작권 침해다. 누가 말할 것인가?

연기자는 모른 척한다. 잘 길들어 있다. 그 많은 방송 그 많은 프로 중에 정명재가 들어갈 자리가 없다면 이건 코미디다. 코미디 판에 코미디는 결과가 말한다. 지금 코미디 프로가 거의 다 없어졌다. 연기자를 귀하게 예우하지 않은 증거다. 박제가 된 천재를 아시오? 천재를 박제로 만든 이유가 있겠다.

천재 코미디언이 아쉽고 그리워서 우리 곁에 두고 영원히 볼 수 있도록 배려했다면 이 또한 좋은 코미디 소재가 되겠다. 이름하여 박제 코미디! 다음엔 누가 붙잡혀 올까? 정명재는 박제 상태에서도 분명 새로운 코미디를 준비하고 있을 것이다. 그는 늘 새로운 곳을 향해서 나가는 예술가니까 지금은 어디쯤 왔을까? 일산 명마루에 머물고 있다. 작은 업소지만 맛집으로 손님이 꽤 몰려온다. 그를 알아보는 팬들은 그에게 미안함을 갖는다. 서로 말이 없지만, 통하기 때문에 말하지 않는다. 남겨두면 다시 찾아올 이유가 된다. 명마루 건물을 사서 코미디 극장을 만들어 볼까? 12년간 음식점을 경영하여 일산에 맛집 명(명태) 마루를 맛있게 차려 놓았다. 개그맨 정명재를 기억하는 팬들이 꽤 북적거린다.

이 분위기에 함께하면 우선 재미있다. 웃으면서 맛있게 식사하는 곳. 정명재의 인생 스토리가 안주가 되고 반찬이 되어 건강하고 맛있는 식사시간을 만들어 드립니다. 말씀으로 무제한 퍼드리는 골뱅이와 함께 하세요.

★ 기러기 아빠의 고뇌

다 잘 될 수는 없다. 매일 같이 할 일이 있는 것은 아니다.
뛰는 자에겐 못당한다. 아이디어가 넘치는 정명재 잘 될거야!

1989년 여행 자유화 시대가 열리자, 조기유학 붐이 일기 시작했다. 돈만 있으면 누구나 원하는 나라에 유학을 갈 수 있게 됐다. 치맛바람 타고 유학 광풍이 휘몰아쳤다. 기러기 아빠, 영어, 조기교육 3종 세트가 불티나게 팔렸다.

미국 교육제도를 알아는 봤나? 자녀가 어학원에 가야 하는지, 학교에 가야 하는지도 모르면서 일단 출발부터 하고 본다. 기러기 아빠라고 하는데 그 뜻은 유학을 목적으로 자식들과 아내를 해외로 보내고 자신은 국내에 홀로 남아 돈을 벌어 보내는 가장으로서, 한 번쯤은 유학 현지에 나가본 아빠를 말한다. 시중에는 재력에 따라서 여러 가지 새로운 두 아빠가 생겨났다.

펭귄 아빠: 어려운 형편에 무리해서 유학을 보내고 자녀가 있는 해외에 한 번도 가보지 못하는 아빠. 날지 못하는 펭귄에 빗대어

이렇게 부른다.

독수리 아빠: 유학 간 아이들과 돌봐주러 간 부인을 언제든지 보러 갈 수 있는 경제적 시간적 여유가 많은 아빠.

그런가 하면 좀 특이한 참새 아빠: 가족을 외국에 보낼 형편이 안 돼 강남에 소형 오피스텔을 얻어 아이와 아내를 강남으로 유학 보낸 아빠.

대전동 아빠: 자식 교육을 위해 강남 대치동에 있는 초등학교에 보내려고 강남에 전세를 얻는 아빠(대치동+전세=대전동).

또 어떤 아빠가 생길지 기대가 된다. 몇 년 전 정명재 개그맨은 방송을 통해서 기러기 아빠의 고뇌를 솔직히 토로했다. 아이들에게 기대를 많이 했는데 공부를 마치고 미국 현지에서 취업하여 돌아오지 않고 있다. 돌아온다 해도 나를 케어하거나 같이 살 생각은 전혀 없는 거 같다. 내 입장에서는 아이들이 미국에 있으나 여기 있으나 마찬가지다. 미국에 한 번 갔다 오는데 아이들 부족한 살림살이 채워주고, 용돈 주고, 교통비 선물비까지 다 합치면 1~2천만 원 이상 비용이 든다. 차라리 미국 가지 말고 그 돈을 가족에게 송금해 주면 그곳에선 큰돈이다. 유용하게 쓴다. 그 후 자녀와 아버지의 만남이 아니라 기계와 손님의 만남이다. 왠지 서글프다. 기계가 주는 돈에 부모의 고마움을 잊게 된다. 연예인 가족들이 외국 유학을 간 숫자는 일반인보다 훨씬 많다.

현지에서 뿌리를 내리고 잘 나가는 경우는 많지 않다. 글로벌 시대, 앞으로도 많은 학생이 유학을 가게 된다. 나가 있는 가족과 공유하는 시간이 적다 보니 가족, 학업, 취업 관계가 기대에 미치지 못한다. 한국에서나 타국에서나 경쟁력 적응력이 떨어진다. 아닌가? 미국의 유학 가족은 자동출금기기로부터 돈을 찾아 쓴다. 아버지에게 받았다는 생각을 못 한다.

자동출금기기와 가족들은 단골손님으로 항상 말이 없이 만났고, 말 없이 돈을 꺼내갔다.

✱ 기러기는 반드시 길을 찾는다

기러기는 V, W 자형으로 무리를 지어 이동하는 철새다. 무리를 이끌며 꼭짓점 선두에서 날아가는 기러기는 공기, 바람, 눈, 비 등으로부터 큰 저항을 받게 된다. 비행하기 가장 힘든 위치다. 그 뒤에 따라가는 기러기는 앞 기러기가 방패막이가 되어 모든 걸 막아주기 때문에 선두보다는 훨씬 힘이 덜 든다. 뛰는 놈 위에 나는 놈 있고, 나는 놈 위에 붙어가는 놈 있다는 말이 있지 않은가? 선두 기러기가 만드는 기류를 타고 가니 뒤 기러기는 에너지를 절약하며 편하게 붙어가는 것이다. 이런 논리로 보면 그 뒤의 뒤에 뒤에 기러기는 더욱더 저항이 적어진다. 선두는 지치면 바로바로 교체한다. 전체 기러기가 가장 적은 에너지로 가장 먼 거리를 동시에 날아가는 지혜가 놀랍지 아니한가? 이를 안행진법이라 한다. 기러기의 놀라운 지혜는 또 있다. 기러기는 배우자가 없어지면 당연히 재혼한다. 삼혼, 사혼 하지 말란 법도 없다. 종족 보존과 행복을 위해서 새로운 짝짓기를 한다. 수천수만 마리가 떼 지어 다니니 그놈이 그놈 같고, 이리 붙어도 저리 붙어도 표시가 안 난다. 우리가 발견하지 못 했던 것이다.

기러기가 정절을 지킨다. 평생을 혼자 산다는 인간들의 말은 잘못된 것이라고 항의하거나 실상이 아니라고 바로 잡으려 하는 기러기는 없다. 평생 수절하며 사는 척 아무 말이 없다. 받아먹을 건 다 받아먹고,

생색낼 건 다 내고 고결한 척 살지만, 그렇다고 인간에게 피해를 준 건 없지 않냐는 것이다. 기러기는 바로 읽어도 기러기 거꾸로 읽어도 기러기다. 어디다 갖다 놓아도 다 통한다. 그래서 영물이다.

우리 주변의 기러기 엄마 기러기 아빠들이 고민이 많다. 서로 멀리 떨어져 있다는 것, 제날짜에 어김없이 송금을 해야 한다는 것, 자식이 성공할 때까지 돈을 벌어야 한다는 것. 그것도 참을 수 있다. 아이들이 도중하차하거나 포기하는 날에는 모든 고생이 증발하는 것은 물론 국제적인 문제아가 발목을 잡는다.

이걸 죽이랴, 살리랴, 어쩌랴! 내가 만든 길이다. 어쩔 수 없이 가는 거다.

국가는 이런 사회문제의 실태조사를 하고 있는지, 어떤 대책이 있는지, 기러기 울음소리가 왜 사람에게서 나는지? 정명재는 가족을 위해 인생을 남김없이 몽땅 송금했다. 개그맨을 고이 접었다. 그리고 명마루 코다리 음식점에 갇혔다. 정명재 일병을 구해야 한다. 정명재는 스타였다. 지금도 스타다. 한번 스타는 영원한 스타다. 그는 겸손하게 일병처럼 손님을 받을 뿐이다.

인생은 흘러서 어느덧 기러기 아빠 29년 차가 됐다. 기러기의 수명이 30년이라고 한다. 자연사할 시간이 1년밖에 남지 않았다. 아니다. 노병은 결코 죽지 않는다. 노하우가 있어서 다만 죽은 척할 뿐이다. 어떤 자가 "노병은 죽지

정명재는 작가로 변신하여 책을 썼다. 다양한 재주
내용있는 개그가 큰 울림을 내렸다. 인생 누구나
돌아보자. 어디까지 왔을까?

않는다. 다만 사라질 뿐이다."라고 했는가? 맞는 말이다. 살아진다 →
살아간단 말이다. 새로운 소재로 새 웃음을 주던 개그맨으로서 오래전
에 시집을 출간한 시인으로서, 쇼 비디오 쟈키! 인생 스케치 방송을 통
한 화가로서, 모든 사람의 술주정을 한 몸에 다 받아주는 명 미국업주
로서 이간 정명재의 새로운 부활 신기록을 기대하고 응원한다.

화가까지 겸직하는 정명재 재주는 많다. 앞날은 밝다.
응원군도 날로 뜨고 있다. 올드펜들을 위해 준비하고 있으리라.

보이지 않는 스타
대중문화 지킴이 박성서!

✱ 이미자 특별전

부산 근현대역사관 동백 아가씨 60주년 특별전(2024. 10. 15. ~ 12. 8.)! 1부 동백 아가씨 작곡가 백영호, 2부 가수 이미자, 3부 부산 노래. 작곡가 백영호 선생(1920~2003)의 장남 백경권 원장은 (진주 서울 내과)병원에 보관 전시했던 백영호 선생의 유품 2만 5천 점을 부산시에 기증하였다. 이를 기념하고 축하하기 위한 특별전이 열렸다.

동백 아가씨는 백영호 작곡, 한산도 작사, 이미자의 노래로 대중가요 역사상 첫 밀리언셀러 음반으로 기록됐으며, 지금도 많은 여성들이 즐겨 부르고 있다. 남녀를 막론하고 가수들이 가끔 리메이크하여 새로운 음반을 내기도 하는 가요의 명곡이다.

이미자의 동백 아가씨를 다른 가수가 부르는 이유는 뭘까? 불렀더니 이미자에게 못 미친다면 당연하다, 이미자는 최고의 가수, 누구나 인정하는 스타이니 존경하는 뜻에서 기념으로 불렀다고 하면 충분히 인정된다.

만약에 이미자를 능가한다면? 보기 드문 가수가 나타났다 하면? 일순간에 대스타가 되는 것이다. 벼락출세가 이루어진다.

이미자의 권위와 위력은 상당하다. 이미자에 대한 도전은 많았다.

동백 아가씨를 통한 반란, 쿠데타로 나타나는데, 성공하는 걸 본 적은 아직 없었다. 대중은 만족을 모른다. 더 강한 개성, 더 색다른 창법, 특이한 음색, 천사같은 모습으로 이미자를 극복하는 가수가 나타나기를 기다린다.

우리의 상상과 관념을 깨트리는, 전혀 다른 가수가 반드시 있을 것이라고 생각한다. 누가 그런 생각을? 젊은 도전자들이 자신과 용기에 넘치는 인재들이 있다. 아름다운 일이다. 대중이란 만족을 모른다.

이미자보다 더 큰 감동을 더 큰 슬픔을 원하는 것이다.

그곳까지 무작정 가보고 싶을 것이다.

한국 최초의 남이섬 노래 박물관 개관 기념
가수 이미자 초대 특별전 기념 촬영

이미자를 존경하고 사랑하기 때문에, 그의 노래를 너무나 좋아하기 때문에 더 진화된 이미자를 만나고 싶은 것이다.

한국인의 가슴에 깊게 각인 돼 있는 슬픔의 대명사, 이 땅의 괴롭고 외로운 어머님들, 특히 한 맺힌 모든 여성을 위하여 평생을 몸 바쳐 노래한 가수! 그 이미자의 대표곡을 음반으로 만들었다면 그것만으로도 영광이고 화제가 된다. 잘 불러도, 못 불러도, 덜 불러도 손해 볼 게 없다.

어쨌든 무엇인가는 크게 도움이 된다.

그러니까 너도나도 이 노래를 부르는 가수는 계속 나타나게 돼 있다.

또 다른 이미자를 우리는 애타게 기다린다.

부전자전이라 했던가? 유품이 2만 5천 점이라는 것이 믿어지지 않는다. 이 방대한 양의 자료를 온전하게 보관한 것이나 공익을 위해 기증한 것은 결코 쉽지 않았을 것이다. 백영호 선생의 친필 악보, 마스터 테이프 원본, 박성서 평론가의 음반 포스터 도록, 이미자 선생의 훈장 여섯 점, 무대복, 한복, 기네스 기록 정부 인증서가 전시됐다. 이미자 선생의 참여로 특별전은 크게 빛났다. 오래전 박성서 평론가와 맺은 남다른 인연이 전시회 다리를 놓았다.

박성서는 누구인가? 1981년부터 월간 수정『여원』취재기자, 2001년 서울 문화사 편집부장 역임, 현재 한국대중문화연구원 연구위원, 한국가요작가 협회보『가요마을』, 2010년 한국전쟁과 대중가요, 기록과 증언 출판, 대한가수협회보『The Singer』편집위원, 타계하신 원로 인물에 대한 코멘트 전담, 2012년부터 조선일보를 비롯한 박성서의 토크콘서트 진행, 원로가수 초대 인터뷰 진행, KTV, 일간 신문 칼럼 20년 기고, 옛 가요 SP·LP 음반 30만 곡 D/B구축, 올림픽 홀 개관기념 기록으로 보는 한국대중음악사 상설 전시 책임자, 수만 장의 음반 수집, 대중음악 연구, 저서『한국전쟁과 대중가요, 기록과 증언』,『기록으로 보는 한국대중음악사』, 『백년음악 박시춘』, 『노래로 본 한국 현대사』, 타이틀만 열거해도 한이 없다.

더 이상의 언급이 필요 없다. 정체성을 의심할 정도로 광범위한 작업을 해왔다.

이력을 보는 것만도 어지럽다. 어지럽다 못해 골치가 아프다.

이렇게 해서 도대체 무엇이 될 것인가? 무얼 하자고 여기까지 판을 벌였을까? 목표는 없다. 그냥 무한 질주, 하는 일을 죽으라 열심히 하는 스타일이다.

재주가 많았다. 글재주만 해도 나 같은 사람은 비교가 안 된다. 월등하다.

박성서는 40년 지기 나의 절친이다. 웃음을 사랑하고 낙서를 즐겼다. 개그맨이 될 뻔도 했다.

가요에 관한한 하는 일이 좋아서 열심히 했다. 하다보니 전문가가 되었고 친구도 동지도 생겼다. 40년 변함없는 우정.

1981년, MBC 개그맨으로 데뷔했던 초창기 때 그가 들려준 낙서에 관한 얘기가 방송에 큰 힘이 되었다. 개그의 시작은 낙서다. 기승전결이 다 필요 없다. 한 글자로 웃겨도 된다.

그는 기자로 사건 사고 현장을 누비며 취재 과정에서 만난 많은 사람과 인맥을 구축했고, 여러 분야로 경험과 지식을 넓혀갔다.

그 결과 저널리스트, 칼럼니스트, 평론가로서 자리 잡았다.

박성서 칼럼니스트가 기획 제작하는 토크쑈에 출연했다.
그는 원로 가수들의 이벤트쑈, 방송 출연을 돕기 위해 항상 바쁘다.

원래는 팝송 평론을 전문적으로 했다. 사람 만나기를 좋아하고 그 사람들과 재미있는 이야기 나누는 것에 심취하다 보니 팝송 가수 개개인에 대해서는 책상에 앉아서도 무한정 글을 쓸 수 있는 실력이지만, 가수를 직접 만나는 것은 불가능하지 않은가? 그리고 책자로 전해 들은 소식이지, 진솔한 대화를 나눈 것이 아니었으니 늘 안타까웠다.

글자로 전해서 아는 것과 살아있는 대회와는 너무 격차가 많았다.

어느 때 인생을 노래하는 지적이고 허스키한 최희준 가수를 좋아하게 됐다.

그의 음반을 수집하다 보니 몇 곡 안 되는 줄 알았던 그의 노래가 땅속에 숨어있던 감자를 캐 올리듯이 줄줄이 엮여 딸려 나오는데 놀랐고, 내가 너무 우리 가요를 모르고 있었다는 데 대해서 반성도 했다.

이를 계기로 한국 대중가요에도 손을 대보니 원로 가수들을 알게 되고, 인연이 되려고 했는지 또 그런 프로를 담당하게 됐다.

우리 가요에 대한 애착심 원로 가수들의 삶에 관심이 많아졌다.

팝송은 현지 유학으로 발음이 좋은 젊은이들에게 맡기고 대중가요 전문으로 방향을 틀었다. 가장 큰 보람은 전혀 생각하지 못했던 곳에 있었다.

원로 가수들이 돌아가시면 방송국, 신문사, 유튜브, 잡지사에서 인터뷰를 나오는데, 박성서가 가장 많은 자료를 갖고 있고, 가장 많이 알고 있고, 최근까지 가깝게 만나고 있었기 때문에 거의 그에게 마이크를 댄다는 것이다.

그때 한 가수의 인생을 종합적으로 정리하고 그분의 삶과 예술에 대하여 논평하는 것은 가장 중요한 인생의 최종 마무리 작업이라는 것이다.

자연스럽게 이 분야를 전문적으로 담당하게 된 것에 큰 보람을 느끼며 대중에게 고인의 업적을 정확하게 전달하기 위해서 많은 준비를 했다고 한다.

원로분들은 만나면 다각도로 인터뷰하여 근황 체크부터 숨겨진 일화, 남기고 싶은 이야기, 이제는 말할 수 있다, 기막힌 사연 같은 것을 밑바닥까지 파고들어 기록하고 있다고 한다.

✶ 노래 박물관 준공

경기 가평 남이섬에 노래 박물관이 지어졌다. 한 군에 하나둘 있을까 싶은 대형 공원 건물이 90년대 중반부터 전국적으로 급격히 늘어났다.

지방자치제의 영향일 것이다.

극장, 공연장, 강당, 체육관, 문학관, 복지관, 문화센터, 기념관, 박물관, 수영장, 경기장 등의 간판을 달고 우후죽순처럼 일어났다.

박성서(대중음악 평론가, 저널리스트)는 노래 박물관에서 무엇을 할까 고민했다. 작곡가 박시춘 탄생 100주년 기록전(2013.8.3.~12.31.), 미8군 쇼 60년사 & 그룹사운드 50년사 특별전(2014.4.26.~2016.2.28.), 통기타 음악 50년사 특별전(2014.4.18.~8.31.), 이미자 특별전(2015.9.18.~2016.2.28.), 작은 시골 마을에서 성공하기 어려운 의미 깊은 행사를 거침없이 펼쳐진다.

세미 클래식 가수, 팝송 가수, 대중 가수와는 또 다른 대중가수!!
천의 얼굴을 가진 가수 이동원의 남이섬 팝송무대

지난날의 전시회는 관련 있는 명사들을 초청해서 대담을 하고 그 시절 가수와 가요를 소환하면 최대의 성과를 올린 것으로 자평했다.

박성서는 말한다. "보는 사람마다 관점이 다른 것입니다. 전시회를 여는 가장 큰 목적은 잃어버린 역사를 찾아내는 것, 잘못된 기록을 바로잡는 것, 과거를 오늘에 되살려 미래를 설계하는 것입니다. 재조명한다는 것은 같은 역사를 다른 관점에서 보고 새롭게 응용하는 것입니다." 전시회가 역사를 돌아보는 것에 그쳐서는 안 될 것이다.

그 시절의 문화, 추억, 향수, 살아있는 이야기를 찾아내야 한다. 그것이 어떻게 변해갔는지를 알아야 하고, 그 환경에서 가졌던 설렘과 감동 아픔까지도 찾아와야 한다. 모든 것은 자료가 말해준다. 자료를 보면 저마다의 느낌이 든다. 이제 와서 구할 수도 없고 영원히 없을 수도 있는 자료를 어떻게 구하나? 박성서는 대중음악 평론가, 저널리스트가 되기 전에 별다른 생각 없이 대중음악을 너무 좋아한 나머지 관계되는 모든 것들을 모았다.

즐기고 공부하는 데 그치지 않고, 애착이 가는 귀한 물건을 곁에 쌓아둔 거다.

일생을 음악 자료수집 취미 활동에 심취해 있었을 뿐이다.

대중음악에 관해 물어오는 사람에게 거절하지 못하고 친절히 알려준 것이 화근이 되어 전문가가 되었다. 이렇게 만들어졌어도 천직일까?

박성서는 말한다. "음반은 대중음악의 역사와 그 시대상을 노래한다. 50년이 넘는 세월, 발품을 팔고 가난한 살림을 쪼개서 모은 자료가 대중음악의 역사가 될 줄은 몰랐다."

대한민국 그룹 사운드 50주년 기념 콘서트를 기획 제작한 박성서.
그가 갖고 있는 기획력, 제작능력 뿐아니라 확보한 자료와 전시물이 놀랍다.

★ 왜 이미자인가?

　가장 큰 문제는 이미자 선생을 노래 박물관 전시회에 초대하는 일이다.

　그동안 이미자란 이름을 걸고 박물관, 기념관, 노래비, 공연장 건립, 문화재단설립, 동상 건립, 가요대상 제정 등 수만 건의 사업 제의가 있었을 것이다.

　단 한 건도 상담을 한 일이 없고 그 어떤 것도 허락하지 않았다.

　"그런 곳에 나간 전례가 없다." 이런 이유를 들어 특별 전시회 요청을 거절하였다. 찾아가고 전화를 하고 계속 문을 두드리는 일밖에 달리 방법이 없지 않은가? "나를 보고 싶어 하고 내 노래를 듣고 싶어 하는 팬들을 위해서 겸손하게 무대에 서서 노래하는 것이 내가 해야 할 일입니다. 다른 일에 나설 때가 아닙니다." 단호했다. 이미자 선생의 고결한 모습이다. 어느 분야든지 성공한 사람이 있다. 생전에 그 위엄을 알리기 위해서 여러 가지 거창한 일들을 벌린다. 극히 대조가 되는 장면이다.

　마지막 카드가 남았다. "전시회에 출품할 작품과 전시물 일체를 사진과 목록으로 전달하겠습니다. 선생님의 명예에 손색이 없도록 준비에 만전을 기했습니다. 보시고 판단해 주시면 더 이상 누를 끼치지 않겠습니다." 직원들과 3일간 작업을 하여 전달했다. 초조하게 연락을 기다리는데 선생님께서 전화를 했다. 단 세 마디를 했다. "어머! 어머! 어머!" 세 번 크게 놀랐다. 이 많은 자료를 어떻게 모았는가? 대중음악을 이렇게 사랑하는가?

　박성서의 집념, 박성서의 진정성, 박성서의 성실성을 인정한 결과다. 인간 승리! 박성서가 이미자 선생의 전시회를 꼭 필요로 했던 이유는 노래 박물관 개관이 우리나라에서 처음 있는 일이었기 때문이다. 2000년 당시 국가에서 건축비만 40억을 들였다. 대중음악을 즐기는 국민과 남이섬을 찾는 관광객, 마을 주민들이 가장 궁금해하는 최고 인기가수, 가요 역사의 증인, 현역 실세 스타를 한 번 모심으로써 그 기록과 흔적을 누구나 언제나 볼 수 있게 되는 것이다. 개관에 참여하고, 축하하고, 격려하는 것은 우리나라 대중음악의 발전에 크게 기여하는 것이다. 앞으로 제2, 제3의 노래 박물관이 기대된다.

동백 아가씨 특별전! 부산 현대박물관 (2024. 10. ~ 12.)
금지곡 때 이제 죽어야 하나! 22년만에 해금 가장 기뻤다. 국민가수 66년,
펜 은혜 감사하며 엘레지의 여왕 고별공연! 세종문화회관(2025. 4. 27.)

✳ 작곡 세계

대중 음악사에 없는 얘기일까? 있어도 되지만, 없는 게 더 나은 이야기일까?

작곡가 중에 악기를 다루는 것이 서툴고 악보를 만드는 것도 서툰 분이 간혹 있었다. 그런데도 작곡을 잘했다. 히트 송도 자주 터트렸다. 일제 강점기 전문적인 음악교육은 선택된 사람에게나 했다면 어떻게 될까? 좋은 악상이 떠오르면 아이디어가 넘치는 멜로디를 느끼면 어찌할 도리가 없다. 잘 기억해서 작곡 능력이 있는 사람에게 구술하거나 콧노

래로나마 전해주어 곡을 만들게 해야 한다. 천부적 재능을 갖고 태어났으나 교육 혜택을 받지 못해 꿈을 이루지 못할 운명에서 기적적으로 살아나는 방법이다. 문화예술의 창작이란 신비한 것이다. 명문 음악대학에 유학했어도, 일류 교수라도 자작곡 한 곡 없는 음악인이 부지기수 있다. 잘 가르치는 것과 잘하는 것은 또 다르다. 대중음악은 그 시대를 사는 대중의 생각과 삶에 맞춰야 한다.

천재는 대중을 읽고 있다. 이력서가 없어도 대중의 선택에 의해 명예, 인기, 부가 넘친다. 이쯤 되면 반드시 사건이 나게 된다.

작곡 대필을 하던 노동자가 갑자기 소를 제기했다. 천재가 발표한 작품은 모두 내 것이다. 천재는 작곡을 할 수 없는 무자격자다. 내 작품의 권리를 인정해 달라! 가요계가 아니라 세상이 원래 이런 곳이다.

40년도 더 넘은 시절에 저작권법, 실연자 권리 보호법이 미비했었다. 구술로 했든, 콧노래로 했든 최초의 제안자가 저작권자가 되는 것이 합리적이다. 작곡 대행자는 창작자의 작업 지시에 의해 단순노동을 한 것으로 봐야 할 것이다. 악보 의뢰인이 요청이 없었다면 이 작품은 존재할 수 없는 것 아닌가?

천재 가수 김정호의 요점은 안타깝고 슬프다.
음악사에 남는 큰 일에는 항상 저널리스트 박성서가 있다.

주객이 전도되면 창작자는 활동을 접었을 것이다. 그럴 때 손해는 일반 대중 전체가 보게 된다. 끔찍한 일이다. 어떤 작곡가는 음악의 크기를 1, 2, 3, 4…, 숫자로 표시하여 곡을 만들었다. 정밀한 작업은 전문 작곡가에게 넘긴다. 히트 송도 수십 곡 갖고 있다. 대중 음악계에는 우리가 상상할 수 없는 기발한 방법으로 히트 송을 만드는 또 다른 작곡가가 있을지도 모른다. 인간 승리다. 예술가는 작품으로 말한다. 어려운 환경을 극복하고 특유의 재능을 살려 가요의 명곡을 만든 원로 작곡가 선생님이야말로 오늘날 한류 K-POP MUSIC의 주역이 아니겠는가?

★ 대중문화예술의 검찰청

2007년 8월 문화예술계 종교계 학력위조 파문이 확산하면서 언론은 연일 새로운 얼굴을 찾아내서 집중 신상 털기를 했다. 남에게 피해를 주거나 불법을 한 것이 아닌데 어떻게 해서 위조란 단어를 붙였을까? 정확한 운동이나 범죄 소탕도 아니고 망신 주기, 깎아내리기에 불과했는데, 이 한방으로 매장시키려고 크게 벌여 요란을 떨었지만, 실제 매장된 사람은 한 사람도 없었다.

전 국민을 다 뒤질 것 같더니 신문 방송에 이렇게 좋은 먹잇감을 놔두고서 중간에서 왜 멈췄을까? 도오니이 안 돼서? 도우미이 안 돼서? 가수, 작사가, 작곡가 중에 프로필이 틀린 사람이 더러 있었다. ProFile은 약력을 뜻하는데, 연예인 약력이 사연이 많다. 언론이 연예인 보도자료를 쓰면서 서로 돌리다 보면 어떤 기사는 실제보다 좋게 써 줄 때도 있다. 부풀려질 수도 있고 추가될 수도 있다. 인터뷰할 때는 그렇게 얘기 안 했는데 전혀 다른 얘기로 둔갑해서 떠도는 것도 있다.

칭찬과 과장으로 한껏 부풀린 기사가 많이 있다.

박성서는 기자 출신이다. 평론가다. 대중 음악계의 헌병이다. 그는 늘 틀린 것은 바로잡아야 한다는 사명감이 강했다. 일종의 직업의식이다.

가요계 원로들과 오랫동안 쌓은 교분 때문에 바로 들이대지는 못했다. 식사를 한 후 소주도 한두 잔 걸쳤다. 이 일로 상처를 주고 평생 결별할지도 모른다. 그러나 평론정신, 기자정신은 장문의 편지를 담은 봉투를 전달하고야 말았다. "여기서 꺼내지 마시고 집에 가서 보십시오." 인사를 하고 헤어졌다.

원로께서는 평론가에게 촌지를 다 받아본다고 고마워했을지도 모른다.

박성서 평론가는 공익을 위해서 개인적인 희생을 감수할 수밖에 없게 됐다고 비장한 마음을 가졌을 것이다. 다음날 원로들이 연락이 왔다. "그게 언제 그렇게 됐나? 몰랐지. 옛날에 안 그랬었는데.", "나도 모르는 얘기야. 누가 만들어 놓은 것 같은데 맘대로 바꿔줘." 그렇게 바뀌어 있는 사실 자체를 모르고 있었다. 아무렇지도 않은 듯 얘기하며 얼마든지 수정하라고, 모두 이해한다.

박성서는 가볍게 처리할 일을 너무 무겁게 생각했다. 그의 진실, 정확, 양심은 대중문화, 의협심, 책임감이 너무 강했다. 연예계의 모든 문제를 해결하는 헌법이다. 오래전부터 갖가지 종류의 데이터베이스를 구축해 놓고 있어 그에게 연락하면 바로 사실관계를 파악할 수 있다.

사실 나이가 많아지면 몸 관리도 하기 힘들어진다. 인기 관리, 프로필 관리, 신문 방송 언론 관리는 거의 못 한다. 어떤 기사는 돌아다니다 보면 처음 언론사에 말해준 것과 전혀 다른 뜻으로 변질되는 수가 많다. 너무 깊이 생각하다 보니 일이 어렵게 돼버린 것이다. 배중사영(杯中蛇影)이란 말이 생각난다. 업무처리에는 원리 원칙을 철저히 지키고 완벽주의로 최선을 다하는 스타일이다 보니 이런 일이 생기는 것이다.

그 후로 원로들과는 더욱 친해졌다고 한다. 기사를 먼저 때리지 않고 편지를 먼저 때린 게 천만다행이다. 죽여주는 기사를 때렸다고 자랑할 때, 만약 상대가 죽지 않으면 내가 죽어야 하는 거 아닌가?

일생동안 발품을 팔아 팝, 대중 가요 음반을 수만장 모았다. 보람도 있고 고통도 있었다. 어느 듯 주변 사람들이 걸어다니는 음반 백과사전이라고 부른다.

이상벽 선생께서는 경향신문 방송 연예부 기자로 있을 때 일류가수가 동거를 하여 아이까지 낳고서도 총각인 것처럼 숨겼다가 발각된 사건의 보도를 맡게 되었다고 한다. 어떻게 기사를 쓰느냐에 따라 천당과 지옥이 된다. 사실 따지고 보면 무슨 죄가 되겠나? 해프닝감도 안 되는 일 아닌가?

이럴 때 그 가수의 사생활을 보호해 주고 미담 기사로 덮었다. 그 가수는 그 후에 특종 기삿거리가 생기면 자진해서 이상벽 기자에게만 전해주는데, 그런 인연을 여러 명 만들어 놓으니 언제나 손안에 특종이 넘쳤다고 한다. 한번 쓰고 끝날 기사를 평생 여러 번 쓰는 비결이다.

✱ 히트송의 의미

게스트 최백호 가수와 대담 중인 박성서 저널리스트. 이같은 프로를 30여년간 진행했다.

히트송 한 곡 있으면 자타가 인정하는 가수가 된다. 내 노래를 국민 모두가 따라 부른다니! 얼마나 많은 노력을 했겠나?

히트송 두 곡이면 인기가수다. 언제 어디서고 무대에 설 수 있는 전천후 가수다. 히트송 세 곡이면 스타 가수라 한다. 대중에게 감동 주고 사랑 받는다.

세상에 태어나서 큰 위업을 쌓았다. 히트송 한 곡 내기가 얼마나 어려운가?

아기를 낳는 것보다 더 어렵다고 하지 않는가? 그렇다. 맞는 말이다. 히트송은 일 년에 열 곡이나 나올까마는, 작년에 출생아 수는 23만 명이나 됐다. 당연히 히트송 낳기가 더 어렵다. 처음 한 곡 불렀는데 바로 히트송이 됐다면 신의 축복이고 조상의 은덕이다. 불렀는데 실패했고, 다른 가수가 불러서 히트가 된다. 속 뒤집어지는 일이다. 사람 잡는 일이다. 불렀는데 곧 잊혀졌다. 얼마 후 돌아가시고 나니 히트가 돼서 다른 가수가 부르고 돌아다닌다. 분통 터지는 일이다. 이럴 줄 알았으면 좀 더 버틸걸….

히트송이 터졌다고 으스댈 일 아니다. 이미자 선생은 LP 음반 690장을 발표했다. 노래는 총 1,900곡을 불렀다. 히트송만 무려 100곡이 넘는다. 이것도 1990 기네스북 기록이다. 지금은 더 늘었을 것이다. 조용히 살아야 한다. 작사, 작곡가가 서로 소통이 잘되고 상대방의 작품을 살려 주려고 최대한 배려를 한다. 그들이 곡만 만들면 히트가 되는 팀이었다. 이들은 스타 제조기 히트송 제조기라 한다.

작사가, 작곡가, 가수 삼위일체가 되어 히트송을 계속 터뜨린다. 이를 스타 자동 생산기, 히트송 자동 생산기라 한다. 보증수표란 말도 썼다.

백영호(작곡가)·한산도(작사가)·이미자(가수), 박춘석·정두수·이미자, 김희갑·양인자, 조용필·남국인, 정은이·주현미, 이러한 만남이 없었다면 우리가 즐겨 부르는 빅히트송은 세상에 나올 수 없었다. 인생은 맞는 사람 찾기 게임이다. 맞추면 맞는 것이다.

박성서는 대중문화를 지켜야 한다는 사명감, 우리의 역사를 바로 기록해서 후대에 자료를 남겨야 한다는 기자정신으로 누군가는 꼭 해야할 일을 위해서 사건·사고 현장부터 모든 이벤트 공연장을 바쁘게 뛰어다니고 있다.

50년 가까운 세월 아낌없이 청춘을 바쳤다. 돈도 명예도 인기도 안되는 일을 한류 문화를 지킨다는 자부심으로 스스로를 위로하며 전국을 누비고 있다.

금사향 선생을 모시고 대담 중인 박성서
외로운 원로 가수를 많은 프로에 특별히 초대하여 근황을 전했다.

칠갑산 지킴이
손철 거사 인생무상

✱ 손철 작명가의 명작 까치회

　　경제성장과 더불어 급격히 늘어나는 것이 야간업소다. 업소 현황을 들여다보면 그 나라의 경제 사정을 짧은 시간에 정확히 알 수 있다.

　쇼의 규모, 수준, 종업원 월급, 톱스타 출연료, 업소 세금, 음향, 조명, 영상, 각종 전자 시스템, 품질, 영업시간, 손님 수준, 쇼 출연자를 비롯한 외국인 취업자 상황 분석하면 세계 시장도 들여다볼 수 있다. 야간 문화가 가장 활발하던 시대의 경제성장률은 최고치를 기록했다.

손철 작가의 시골집 '해랑 달!'
문화예술의 숨결을 느낀다. 손철 거사 작명이다.

야간업소에 몰려오는 돈은 바로 소비로 풀리니 경제 활성화에 큰 도움을 준다. 자야 할 사람들 불러내서 유동인구 늘려주니 밤새도록 소비 촉진이 이뤄진다. 불야성 코리아 24시간 시장이 열렸었다.

1980년대에 최전성기를 누렸다. 카바레, 룸살롱, 극장식당, 나이트클럽, 스텐드바, 디스코텍, 7080 가라오케, 노래방, 술 파는 노래방, 노래빠, 가요홀, 단란주점, 콜라텍, 나올 수 있는 건 다 나온 것 같아도 새로운 업종이 계속 늘어난다. 업소마다 성시를 이루고 야간 공연이 펼쳐지니 전국 유흥업소 밤무대 사회자 친목 단체모임을 결성하게 된다. 까치회! 듣는 순간, 아! 저것이다. 가까이서 자주 보고, 익히 친근감이 드는 새, 큰 소리로 짖어대나 시끄럽지 않고, 사람 사는 곳에 날아드는 새, 너무 잘 어울린다. 문화예술계의 작명가 손철 MC의 작품이다.

알몸으로 왔다가 빈손으로 가는 인생
집과 산 사이에 사람이 산다. 손철 화백의 철학이다.

손철 선배는 사주와 인생철학 관상에 대한 지식이 있고 다방면에 대인 경험이 많은 분이다. 시인이며 화가이고 개그 작가이다. 언어 감각이 뛰어나 멋있는 작품을 많이 만들었다.

까치는 아침부터 부지런히 짖어대는 길조다. 업소 MC는 아침부터 부지런히 단골손님에게 전화 인사를 하고 팬들을 업소로 불러들인다. 업소의 간판이다. 웃는 얼굴로 손님 관리도 한다. 까치는 잡식성이다. 곡물, 곤충, 개구리, 고구마, 감자, 가리지 않고 잘 먹는다. MC는 노래, 마술, 춤, DJ 원맨쇼, 코미디, 전천후로 가리지 않고 잘할수록 인기와 함께 돈을 더 번다. 까치는 텃새다. 한곳에 10년 이상 오래 살고 매년 새집을 짓는다. MC는 한 업소에서 오래 머무를수록 출연료가 빨리 오르고 내 집 마련이 쉽다.

 까치가 울면 반가운 손님이 온다고 했다. MC가 돌아다니며 얼굴을 팔아 홍보를 하면 돈 있는 재력가들이 업소에 나타난다. 예기치 못한 일도 있다. 까치를 잡아먹는 맹독류가 줄다 보니 까치는 늘었다.

 농작물 수확과 한전 전기시설에 큰 피해를 주고 있다. 유해 야생 동물로 지정되어 사살 포획하고 있는 실정이다. 코로나로 인해 손님이 실종됨으로 해서 밤무대가 실종되고, 야간업소 MC는 집단 살상 사태를 맞게 된다. 까치와 사회자가 전멸 상태가 됐다. 애석하다. 조속한 부활을 기도한다. 최초의 개그맨 작명가 손철 MC(태평양 음악감상실, 관광열차 MC), 연예계 신인들에게 예명을 잘 지어준다. 개그맨 유쾌한, 듀엣 개그맨 오동광·오동피, 모창 가수 나운하, 엄지와 검지(사슴 소녀, 손철 작사), 둘다섯(긴 머리 소녀, 손철 작사)을 비롯한 많은 예술인에게 이름을 지어주었다.

연예인 무궁화 축구단(작명: 손철)
장두석, 손철, 석현, 김형곤― 서울 운동장 연예인 체육대회

★ 땅속에 머리 묻어도 누드 크로키는 보인다

고향 청양 칠갑산 고운 식물원에서 누드 크로키 사생대회를 열었다. 어른들은 한동안 머리를 땅에 묻는 벌을 받았다. 코미디가 따로 없다. 과연 코미디언다운 발상이였다.

청양 칠갑산 자락이 고향인 손철 화백이 인근에 있는 고운 식물원에서 문화축제 어울림 한마당 축제를 연다고 하여 연예인이 대거 몰려갔다.

시, 음악, 노래, 춤, 그림이 자연과 함께하는 대규모 행사다. 손철 화백은 시인이며 MC, 개그맨, 동양화가, 서양화가, 시화전 작가, 콩트·수필 작가, 작명가, 품목이 너무나 다양하다. 명실공히 탤런트라 하겠다. 한 코미디언이 이렇게 많은 분야를 개척하는 것으로도 최초의 기록 보유자다. 고운 식물원은 여러 번 행사에 왔었지만, 올 때마다 새롭다. 6,200여 종의 식물 희귀식물 멸종위기의 식물이 많고 롤러 슬라이딩을 할 수 있어 재미있다.

무대 위에서 행사가 한참 진행 중인 점심 때쯤 특별한 순서가 있었다.

개그맨 최초로 누드 크로키 사생대회를 열었다. 시골 사람들은 처음 보는 광경에 상당히 놀랐다. 어찌할 바를 몰랐다. 머리를 쳐들지 못하고 장시간 땅바닥에 숨기고 있어야 했다. 별다른 수가 어떤 수가 있겠나? 순박한 시골에서, 제한된 공간 밀실에서, 교육 차원에서, 예술 차원에서 간혹 이런 행사가 있을 수 있지만, 태양이 작열하는 대낮에 잔디 위에서 펼쳐지니 평생 한 번도 경험해 보지 못한 사람들, 전혀 아는 바 없는 사람들은 황당했을 것이다.

경험이다. 미리 사전에 기초적인 교육이 절실히 필요했으리라. 몸 둘 바를 몰라 적잖이 성인들만 모이는 산속의 식물원이란 제한이 있어 그나마 다행스러웠으나 동네 어르신들은 쇼킹한, 충격이었을 것이다.

이런 기획은 손철 화백이 아니면 그 누구도 생각조차 못 하는 일이다.

손철 화가의 작품 세계 복잡한 세상사 편하게 살자!

어찌 보면 충격요법으로 길을 터주는 것인지도 모른다. 하여튼 대단한 일을 저질렀다. 대중문화 예술무대 공연 중에 누드 크로키 사생대회를 접목한 최초의 화가 손철 선생께서 큰 일 한 건 하셨다. 공연예술을 좁디좁은 무대에 가둬두지 말고 날개를 달아줘야 한다. 세계로, 우주로 끌어내어 확장해 나가야 한다. 저 청양의 깊은 산골짜기 밑바닥 구석까지 파고들어야 한다.

✳ 웃기는 짝짓기

코미디 무대는 웃기기 위해 있다. 재미있고 부드러워야 할 것이다. 코미디언은 그렇지 않다. 웃음에 목숨을 걸고 도전하게 된다. 못 웃기고 내려오면 죽을 썼다고 하지 않는가? 죽음을 뒤집어썼다? 곧 죽었다는 뜻으로 받아들여야 한다. 웃겼나, 못 웃겼나? 다른 선택이 없다. 전쟁터에 나가는 전사처럼 비장한 각오로 무대에 섰다. 이쯤 되면 이건 코미디가 아니다. 아귀다툼 아수라장 아니겠나? 웃음 뒤에 이런 처절함이 있다면 코미디를 보고 누가 웃겠나? 코미디언의 목적은 코미디가 아니라 웃음에 있다. 꼭 코미디만 고집할 일 있나? 때로는 웃길 수 있다면 코미디 아닌 일도 해야 한다. 그런 것이 오히려 더 코미디로 대우받는 세상이 됐다. 지난 44년은 이렇게 살았다. 그나마 겨우 버틸 수 있었다.

까치회 사무실 개업식 (김형곤, 엄영수, 손철, 조치원, 오동광)

그대가 무대에 서보라! 황량하기 이를 데 없다. 믿을 것이라고는 나 자신밖에, 누구에게 도움을 청하겠나. 구체적으로 말하면 기억력 하나로 관객과 진검승부를 겨룬다. 기억처럼 불안하고 정신처럼 정신없는 게 또 있겠나? 발가벗겨진 채로 무대 위에 내동댕이쳐진 내 몸을 제멋대로 관찰하고 평가하고 처리하는 관객, 그들을 모조리 베어내고 살아남아야 했다.

우리나라 최초의 듀엣 개그맨은 김병조·강석 팀이 아니고, 외국 만화 주인공 데니스(손철)와 매드(김병조)였다. 둘이 무대에 서면 소재의 폭이 넓어지고, 볼거리가 많아져서 웃기기가 편하다. 아예 단체로 무대에 선다면 공연은 더욱 재미있을 것이다. 그러나 웃기지 못하면 떼죽음을 면치 못한다. 내가 잘해도, 파트너가 잘못해서 웃기지 못하면 동반 자살이 된다.

개그맨은 혼자서 무대에 서는 것으로 인식이 됐을 때 손철 선배는 듀엣을 구상했다. 데니스와 매드라는 이름도 보통 사람은 생각하기 어려운 이름이었다. 모든 것이 시대를 앞서 나갔다. 선구자답다. 듀엣은 상대역이 있다. 급할 때 피난처가 돼준다. 웃어줄 수 있는 한 사람이 분명히 옆에 준비되어 있다. 두 사람은 서로 바람잡이 마중물 역할을 해준다. 파트너 잘 만나는 것이 실력 쌓는 것 이상 중요하다. 시너지 효과를 잘 내면 상상을 초월하는 감동을 준다. 코미디 역사에 길이 남은 듀엣 코미디언이 있다.

양훈·양석천(뚱뚱이, 홀쭉이) 구봉서·곽규석(막동이, 후라이보이) 장소팔·고춘자(만담가) 남철·남성남, 서영춘·백금녀, 배삼룡·박시명, 송해·이순주….

파트너를 만나지 못해 제각기 혼자서 무대에 섰다면 서민 대중에게 큰 웃음을 줄 수도, 이렇게 이름을 남기는 큰 인기를 끌 수도 없었을 것이다.

연예인 무궁화 축구단 경기 중에 찍었다. 주장 이주일, 공격수 손철
한 때 연예계에 축구붐이 일었다.(1980~1990)

✱ 듀엣 개그맨 데니스(손철)와 매드(김병조)의 개그 발표회

1972년, YWCA 강당에서 손철(데니스) 김병조(매드) 듀엣 개그맨의 개그 발표회가 열렸다. 개그맨이 데뷔하면서 발표회를 갖는 것은 누구나의 꿈이겠지만, 꿈은 꿀 때가 아름다울 뿐 현실은 냉혹했다. 우선 신인의 신작으로만 관객을 모아 웃길 수 있겠는가? 얼굴이나 이름이 알려지지 않은 상황에서 흥행이 되겠는가? (인터넷이나 핸드폰이 없는 시대에) 관객 동원을 무엇으로 하나?

언론의 관심을 끌 수 있겠나? 방송에 연결이 될 수 있겠는가…? 안 되는 걸 따져보니 백 가지도 넘을 것 같다. 그럼 개그 발표회를 하지 말아야 하나? 답은 하나다.

배짱으로 저지르고 보는 거다. 손철 선배의 수법은 행동 개시 후 수습이다. 발표회는 대박이었고 웃음 마니아들의 많은 관심을 끌었다. 재미있으면 웃어줄 사람은 얼마든지 있다는 것이 확인됐다. 백 가지 고민을 배짱 한 방으로 날려 보냈다. 거기까지였다. 손철·김병조 듀엣은 최초의 개그 발표회라는 기록만 남기고 아쉽게도 바로 결별했다. 시대가 그들을 따라 갈 수는 없었다. 가장 짧았던 개그 듀엣이란 또 하나의 작명 신기록을 남긴다.

MC 손철로 알려져 태평양을 비롯한 대형 업소에서 사회를 봤다. 원형 머리가 당시 유행 헤어스타일이였다.

잘못되고 나면 꼭 조상 탓을 한다. 대개 이름을 조상들이 짓는다. 손철 작명가도 자신의 이름짓기는 쉽지 않았다.

개명하는 사람들은 이름이 나빠서 극복하기 위한 수단으로 개명하는데, 잘나갈 때 더 잘 나가려고 새 이름 짓는 사람도 있다. 이름이야 열 번 바꾸면 어떠랴! 성공만 할 수 있다면…. 실력이 안 되면 이름을 바꿔본들 역효과만 난다.

데니스와 매드가 무슨 뜻인지 알아볼 의무는 없다. 모른 척한다고 해서 아는 사람으로 쳐주는 것도 아니다. 무대에 설 때마다 이름을 설명하려면 한나절 일거리다.

헤어져서 각개전투로 나간 것이 훌륭한 전략이었다. 결과로써는 원원한 거다. 듀엣 결성이 오늘의 김병조, 손철을 만들었다. 전화위복 무엇이든 결행하라. 실패해도 건질 것은 많다. 닥치는 대로 하라. 놀면 뭐 해?

개그맨 야유회. 엄영수, 강석이 보인다. 개그맨 초창기 MBC청춘만세

✳ 작은 듀엣 결성도 국민과의 약속이다

김병조·강석 팀은 7~8년간 특색있는 연기를 보여줬으나, 청춘만세, 일요일밤의 대행진에서 김병조 MC가 스타로 발돋움하면서 다시 강석과 헤어지는 아픔을 겪게 된다. 즐거운 아픔이었을까? 강석은 MBC라

디오 프로그램 싱글벙글쇼로 진출하여 김혜영과 남녀 듀엣 개그 콤비를 이루었고, Radio 프로그램 사상 전무후무한 최장기간 최고 인기란 대기록을 세우며 롱런에 성공했다.

방송사에 신화적인 한 획을 그었다.

듀엣의 출연료 분배는 어떻게 될까? 동등한 입장에서 ½씩 나누면 공평할 것 같지만 그렇지가 않다. 선배와 후배, 사수와 조수, 주연과 조연 아이디어 제공의 비중, 인기 정도, 팀 이름의 소유권자, 매표 기여도, 방송 로비 공로, 팀구성, 투자금 관계, 공연 출연 섭외 기여도에 따라 복잡해진다.

상황이 이러함에도, 이 어려운 셈법을 어떻게 극복했는지 황금분할 문제로 불상사가 난 일은 한 번도 없었다. 기적이다.

듀엣 결성 그 자체가 성공한 삶은 아닐 것이다. 우리는 어릴 때부터 방송에서, 일상에서 듀엣 스타들을 늘 보면서 살았다. 그들은 모두 약진했다. 모범적이었다.

동업은 실패할 확률이 높으니 절대 하지 말라고 가르친다. 근거 없는 말이다. 경우마다 다르다.

서울 운동장 동대문구장 철거식. 사라지는 아쉬움이 서글펐다.

연예계 듀엣은 계약서조차 존재하지 않는다. 마음 맞는 사람끼리 적당히 구두로 약속하여 탄생하게 된다. 그리고 그 약속을 죽는 날까지 변함없이 지키며 일생을 같이한다. 시청자와 팬들과의 약속으로 보는 것이다.

개인의 수입을 계산하면 결별하는 게 맞다. 해체될 때 팬들이 갖는 아쉬움, 근심, 걱정, 이것이 격려와 응원으로 작용하고 있다. 팀을 끌고 가는 가장 큰 이유다. 이것은 불가사의한 일이다. 옛 코미디언 어르신께 존경과 사랑의 말씀을 드린다.

✴ 할 수 없이 먹고사는 놈

1980년대 초에 KBS 젊음의 행진, 유모어극장, MBC 영11 대표적인 공개 코미디 프로그램이 인기를 끌었다. 이 무대를 개그맨들 스스로 도살장, 칼도마라고 불렀다. 올라가서 성공하면 스타가 된다. 실패하면 은퇴를 각오해야 한다.

경험과 준비가 아직 부족한 신인들이 잘못 올랐다가 숨을 거두는 현장을 여러 번 지켜봤다. 기성 개그맨들도 출연 요청이 오면 겁을 내는 위험한 무대였다. 그러나 어떤 무대도 길은 있다. 노력하면 뚫리는 것이 무대다. 무대는 반드시 열린다. 매일 열리고 있지 않은가? 기다리다 보니 이런 일도 있었다.

KBS 젊음의 행진을 김형곤과 함께 유모어극장을, 심형래 임하룡과 함께 MBC 영11을, 서세원과 함께 출연하는 행운이 어쩌다 내게 찾아왔다. 당대 스타로서 인기 절정이었던 동료들과 방송국을 넘나들며 이 프로그램 저 프로그램을 우연히 함께하게 되었다. 누구나 할 수 있는

들러리를 서는 역할이 있는데 나만 찾는다. 할 때마다 히트를 했다. 동료들에 의해 유명세를 치르려니 양심상 너무 미안했다.

주는 배역을 거절하는 것은 괘씸죄, 불경죄에 걸려 방송국에서 쫓겨날 수 있다. 울며 겨자 먹기로 할 수 없이 출연해서 할 수 없이 이름을 알렸다. 그 덕으로 지금까지 할 수 없이 먹고사는 놈이 됐다. 방송이란 이런 거다.

운 좋으면 프로가 스타를 만들어준다. 때가 되면 고가의 상품으로 포장이 돼서 불티나게 팔린다. 말릴 수도 없다.

그렇다고 신인인 내가 내 맘대로 할 수는 없는 일이다.

남들이 노력해도 하기 힘든 배역을 가져다주니 생색내며 어쩔 수 없이 받았다. 너무 노력하지 마라. 너무 쫓아다니지 마라. 너무 한탄하지 마라. 그냥 편안하게 쉬고 있어봐라. 오히려 주가가 급등한다. 아프다고 쉬면 귀하니까 품귀현상이 나는 것과 같은 이치다. 물론 그러다가 은퇴식도 없이 쉬는 연기자 많다.

★ 인간의 잔인성 희석을 위해 코미디언이 있다

코로나 후유증으로 개그맨이 급격히 줄어들고 있다. 이 문제는 연예계 전 분야가 겪고 있는 고통이다. 야간업소 밤무대는 거의 사라졌다. 방송에서 코미디 전문 프로는 KBS에 유일하게 한 프로가 남아있다. 이벤트 쇼는 절반 이상 줄었다. 모든 모임이나 행사는 직접 인터넷이나 카톡 밴드로 전환하고 소통하기 때문에 만날 일이 드물다. 사람이 모이지 않으니 연예인 설 자리가 없다. 그래도 개그맨은 1년에 25명 정도 신인을 뽑는다. 천 명 회원 중에 선배 코미디언 3%, 젊은 개그맨이

97% 달한다. 듀엣 개그맨을 찾아보기 어렵다.

요즘 세대는 개성이 강하고 자기주장을 굽히지 않는다. 부당한 일을 참지 않고 직업 자체를 바꾼다. 방송이나 프로그램을 자주 바꾸고 의사 표현이 이합집산이 심하다. 둘 중에 어느 한쪽이 스타가 되거나 사건 사고로 열악한 처지에 놓이면 그 즉시 판을 엎어버린다. 듀엣이 운명이 바뀌었다.

오동광·오동피 재수와 재봉, 원재로·함재욱, 이 시대 마지막 남아있는 야전 개그 듀엣이다. 오랜 세월 버틴 비결은 인기가 있는 것도 아니고 없는 것도 아닌 데다가, 죽지도 못하고 살지도 못하기 때문에 버티고 있다 한다.

듀엣 중에도 갑과 을은 항상 존재한다. 많이 웃기는 쪽이 주연이고 갑이다. 웃기도록 받쳐주는 사람이 을이다. 일방적으로 바보가 되거나 당하는 역할을 한다. 어떤 갑은 일상에서 을에게 상전 노릇을 하는 수도 있다. 을은 참는다. 실직할 염려가 있다. 무대에서 물리적인 괴롭힘을 당할 때 객석에서는 가장 크게 웃는다. 인간에게는 어느 구석에 숨어 있는지는 몰라도 분명코 잔인성, 야만성이 남아있다. 인류가 아무리 진화해도 변하지 않는 진리다. 그래서 코미디는 영원한 것이다. 인간의 사악함을 희석시키는 일은 코미디가 한다.

여건이 되면 인간의 못된 근

화가 조영남과 손철 친구사이. 그림에 대해 의견을 나누고 있다. (화가 초창기 때)

성이 드러난다. 신이 코미디언에게 이것을 막는 신성한 임무를 부여했다.

　대중은 맞고 때리는 연기는 안 된다고 말한다. 맞는 사람을 보면 측은하게 여긴다. 그러면서 때리고 맞을 때 가장 크게 웃는다. 이율배반적이고 자기 모순덩어리인 인간이 웃음에서는 양심을 속이지 못한다.

독도 동해 바닷가를 찾아 잠시 휴식을 즐기는 손철 개그맨.
동해 독도 바다를 찾아

★ 치고받아 먹고 사는 식구들

　재수·재봉은 때릴 때 인정사정 볼 것 없이 있는 힘을 다해 힘껏 때린다. 공연장 안이 퍽퍽 울릴 정도다. 관객들의 웃음이 철철 넘친다. 애통해할 건 없다. 두 사람이 친형제다. 그렇게 해서 식구끼리 먹고 산다. 애짠하다나…?

　오동광·오동피는 35년간 같이 일했다. 조수 오동피(김만호)의 말에 의

하면 한창때는 하루에 따귀를 100대 이상씩 맞았다고 한다. 많은 사람들이 수십 년 동안 매일 맞았으니 아프지 않을 거로 추측한다. 그런 걸 또 물어보기까지 한다. 맞지 않은 사람들의 편견이다. 아픈 놈 더 아프게 하는 소리다. 살아있는 모든 사람은 맞는 것이 아프다. 의심 들면 한 번 맞아봐라!

「KBS 유머 1번지 회장님 우리 회장님」 김형곤이 호통을 친다. 엄영수 뒤로 비룡 그룹 회사 이름이 보인다. 손철 개그맨의 작품이다.

맞을 걸 기다릴 때가 가장 아프다고 한다. 공포심이 더 아프다. 언제든지 박차고 나가면 맞을 일 없다. 그렇게 하려면 무대를 떠내야 하는데 더 아픈 일이 생긴다. 생사보다는 고통 유무가 백번 낫지 않은가?

그냥 참고 무대에 서는 것도 괜찮다. 당당한 직업이니까? 때리는 사수 오동광은 나약한 조수를 때릴 때 마음이 너무 아프단다. 차라리 맞아서 몸 아픈 게 더 낫겠다고 한다. 배역이 그렇게 태어난 것을 어쩌라는 운명이다.

듀엣의 전설이라 불리는 함재욱과 원재로가 노인복지를 위한 청춘극장 무대에 서면 어르신들은 열광한다. 코미디가 음악과 더불어 전해질 때 웃음 유발이 쉽다는 걸 일찍 터득했다. 노련한 웃음 선수들이다.

웃음은 호흡이다. 재미있는 이야기도 호흡이 맞지 않으면 전달에 실패한다.

가벼운 얘기도 호흡이 제대로 맞아떨어지면 폭소가 터진다. 여기서 호흡이란 것은 사람이 자연스럽게 숨을 쉬어야 건강한 것처럼 두 사람이 주고받는 표정, 대사, 동작의 자연스러운 조화를 뜻한다. 악극 코미디부터 시작한 함재욱, 원재로 듀엣팀은 구봉서, 양훈 선생님을 거쳐 나훈아, 남진 톱스타들과 함께 무대에 섰다. 지금은 젊은 개그맨들과 합동공연을 하고 있다. 이러한 팀이 활동하고 있다는 것만으로도 자랑스러운 코미디 문화재라 하겠다. 대중 앞에서 때리고 맞는 연기를 매일 반복한다는 것, 맞아서 아픈 사람 오래도록 쳐다보며 실없는 냉소를 퍼붓는 것, 쉬운 일이 아니다. 오늘도 이들은 어디선가 힘겹게 하다 보니 천직이 됐고 자부심도 있다. 야전에서만 뛰다가 최근 코미디협회 개그맨으로 합류했다. 그들은 오랫동안 무대를 지키고 있을 것이다.

★ 경찰 위문공연 가면 김영란법 위반으로 경찰에 붙잡힌다

1981년 데뷔할 때 사회봉사 활동이 많았다. 캠페인 시민 운동, 모금 운동, 새마을 운동, 아들딸 하나만 낳기 운동, 농촌 계몽운동, 금연운동 궐기대회 규탄 대회, 4H 봉사활동, 이루 헤아릴 수 없이 많은 행사가 있다. 규모가 가장 큰 국민운동, 어떻게 다른지는 알 수 없지만 범국민운동도 있었다.

내실도 중요하지만, 목적 달성을 위해서는 많은 사람이 참여하고 널리 알려야 한다. 연예인의 협조가 필요했다. 십시일반 정신, 이웃사촌

근성이 살아 있는 때라 주민 호응은 열성적이었다. 실업자도 많을 때라
안 불러주면 섭섭했다.

손철 개그맨은 많은 모임을 꾸준히 유지하고 있다.
MBC 사장 엄기영, 충남 도지사 심대평, 고검장 임정혁

교도소, 경찰, 군부대, 아동양육시설(고아원, 보육원), 양로원 등의 위
문공연을 자주 갔다. 보람있고 재미있는 추억도 많다. 여기저기 시설에
서 위문공연 와달라고 요청하는 곳이 많았지만 일일이 다 응해줄 수
없어서 항상 미안했다. 그렇게도 인기있던 위문공연이 어느 날부터인가
없어졌다. 김영란법 위반으로 처벌될 수 있어 요청하지도 못하고 해줄
수도 없게 됐다. 명절 선물은 30만 원 이하, 음식 대접은 5만 원 이하
라야 한다. 그 이상은 위법이다. 뇌물이 된다.

공연을 무료로 해주는 것은 그 가격의 현금을 주는 것과 같다. 기부
행위에 해당한다.

✳ 새 사랑 위문회는 누가 위문하나?

손철 회장은 70년대 중반에 자선단체 연예인 봉사단 '새 사랑 위문회'를 만들었다. 연예인 스스로 만든 건 최초의 일이다. 국가 시설에 선물 증정과 위문공연을 해주며 수시로 봉사활동을 다녔다.

연예인 초창기 때
손철 개그맨의 귀여운 모습

전영록, 금과 은, 김인순, 강병철과 일곱 삼태기, 엄영수, 유쾌한, 둘다섯 등이 회원이었고 성우출판사 백승현 회장, 수덕사 방장 우송 스님, 거북이 농장 정충희 회장 등 30여 명이 후원 회원이 되어 행사비를 지원했다.

참 좋은 분들과 인연을 맺고 나라를 위해서 작은 일이나마 한다는 자부심을 갖기도 했다. 군부대 경찰서 법무부를 돌아다니며 많은 것을 배웠고 사회 견문도 넓혔다. 그러나 위문공연은 이제 옛 추억 속의 전설이 됐다.

6·25 사변통에도 군연예대가 있어 공연을 한 역사가 전해진다. 월남 전 때도, 이란·이라크 전쟁 때도, 심지어는 사우디 건설 현장에도 위문공연이 있어 군경과 건설노동자를 응원하고 격려하며, 희망과 용기를 주었다. 헌신적으로 봉사했다고 훈장이나 상을 달라는 것도 아닌데 공연 자체가 증발했다니, 그것도 김영란법(부정 청탁 및 금품

손철 화가의 자화상이다. 즐겨 그리는
이유는 어릴 때 모습이기 때문이다.

등 수수의 금지에 관한 법률)에 의해서라면 우린 그동안 무슨 큰 잘못이라도 저질렀단 말인가?

물론 그건 아니다. 팔자 사납다 보니 김영란법과 위문공연의 잘못된 만남이 이뤄진 거다. 까마귀 날자 배 떨어진다. 위문공연은 숭고한 봉사다.

김영란법은 부정부패 방지를 위한 것이지 입법 취지가 위문공연을 없애자는게 아니다. 새 사랑 위문회로서는 억울하겠지만, 국가와 국민을 위해 받아들여야 한다. 이익이 큰 쪽을 택할 수밖에. 공연이 없어진 것만도 큰 상처인데. 기부행위 뇌물죄가 거론되니 허망하고 야속하게 이를 데 없겠지만, 살다 보니 이런 날이 오듯이, 더 살다 보면 저런 날이 또 올 것이다. 손님 없을 때는 종업원들이 스스로 매상을 올리듯 자선단체 시사랑 위문회는 단원들을 위한 위문공연을 신나게 펼쳐야 한다. 아울러 새로운 공연처를 개발해야 한다.

주객이 전도된 작품. 경사를 축하하는 김동건 선생.
지나가는 손철 개그맨 낄까 말까 망설인다.